何啓民著

公孫龍與公孫龍子

臺灣學生書局印行

敬以此書獻祝

家嚴 魯存公七秩眉壽

自序

民國四十八年冬日，方從事魏晉南北朝談風之系列研究。遂因名理而及形名，因形名而白馬非馬，因白馬非馬而及於公孫龍矣。復因公孫龍而及於公孫龍子，因公孫龍子而旁及有關之論著。追迹往源，雖復時有會心，以非專務，除草成馬非馬與白馬非馬等一二短文外，迄未有系統之作。往歲，竹林七賢研究、魏晉思想與談風既相繼刋行，乃董理舊稿，以成完篇。自惟用力數載，差有創獲，非敢謂我是而他非，但以塗徑不同，立論遂廻異於前人耳。乃承中國學術著作獎助委員會惠予獎助出版，使得就教於世之博雅君子，謹此致謝。

何啓民　五十六年十月於臺北寓所

公孫龍與公孫龍子

目次

公孫龍與公孫龍子

何啓民

上　有關公孫龍與公孫龍子諸家異說之剖析

千百年來，治先秦諸子，於名家者流，必也稱引公孫龍(註一)；論其學，則往往據公孫龍子而爲之說(註二)。蓋其書見存，文雖六篇，而詭辭强辯，奇趣天成，獨絕千古，故爲世所重。然公孫龍其人其事其學，及公孫龍子其書其論其理，雖予人以極大探討之與味，而存世載籍，所能提供之資料，實未能滿足吾人之欲求，遂導致諸般爭論。今分擧其說，並依時序之先後，排比諸家之文，以見論爭焦點之所在，與乎理據之歸依焉。

一　有關公孫龍名號年世鄉里之爭論

史記卷七十六平原君虞卿列傳：

公孫龍善爲堅白之辯。

又卷七十四孟子荀卿列傳：

而趙亦有公孫龍，爲堅白同異之辯。

是卽吾人通常所指謂之公孫龍，亦卽見於莊子、呂氏春秋、戰國策、與淮南子者。然同書卷六十七仲尼弟子列傳云：

公孫龍，字子石，少孔子五十三歲。

此自另一人，與前引者不同。宋裴駰集解引鄭玄曰：

楚人。

高誘注呂氏春秋應言篇，言爲偃兵之說，亦卽倡爲堅白之辯者之公孫龍，其鄉里籍貫非「趙」，而曰：

魏人。

雖有趙、魏之異，猶未引起紛擾。至唐，司馬貞史記孟子荀卿列傳索隱曰：

龍卽仲尼弟子也。此云趙人，弟子傳作衞人，鄭玄云楚人，各不能知其眞。又下文云：「並孔子同時，或云在其後。」所以知非別人也。

小司馬稱「弟子傳作衞人」者，不見於弟子傳，恐爲家語之誤，張守節仲尼弟子列傳正義卽曰：

家語云衞人，孟子云趙人，莊子云堅白之談者也。

至此，非僅龍鄉里籍貫出現數種講法，亦合此二公孫龍爲一，其名號年世亦因之而並生疑問焉。

而殷敬順列子仲尼篇釋文云：

龍，字子秉。

此緣莊子徐无鬼：「莊子謂惠子曰：『儒、墨、楊、秉四，與夫子而五，果孰是邪？』」遂據之以爲龍之字。成玄英莊子疏乃直云：

秉者，公孫龍也。

龍之身份以是愈形複雜矣。

宋人始辨正其事，王應麟（一二二三——一二九六）漢藝文志考證卷七云：

（史記，趙有公孫龍，爲堅白同異之辯）志，毛公九篇，趙人，與公孫龍等並游平原君趙勝家。索隱謂龍卽仲尼弟子，非也。

同卷又云：

列子釋文：「龍字子秉，趙人。」莊子謂惠子曰：「儒、墨、楊、秉四，與夫子爲五，果孰是邪？」楊，楊朱也；秉，公孫龍也。

又困學紀聞卷十云：

莊子謂惠子曰：「儒、墨、楊、秉四，與夫子爲五。」列子釋文：「公孫龍，字子秉。」

秉，謂公孫龍也。

雖以索隱、正義說爲非，然採列子釋文，及成疏之說。元吳師道戰國策校注：

莊子稱公孫龍之學，合同異，離堅白；而史記平原君傳，稱公孫龍善爲堅白同異之辨；荀卿傳末以爲趙人；又見列子等書，同此人也。史遷稱莊子與梁惠、齊宣同時，楚威王欲以爲相，威王元年，當顯王三十年，故大事記以楚相之事附見下，至赧王十七年，趙勝封平原君，則周距平原未遠也。莊子書稱之喻，之喻事當宣王末年，赧王元年也，下至魏破秦軍邯鄲時，以爲赧王五十八年，則周之稱公孫龍，龍之在平原君門，皆相及也。唯以爲仲尼弟子公孫者則誤，蓋相去遠爾！

又明楊愼論公孫龍子自注曰：

周有兩公孫龍：一春秋孔子弟子，一戰國平原君辯士。

皆辨析此龍非仲尼弟子，然未嘗涉及龍字子秉之事。

清以後，討論其事者益繁，顧炎武（一六一三——一六八二）日知錄卷二十六史記七十六考證云：

仲尼弟子傳：「公孫龍，字子石，少孔子五十三歲。」按漢書注：「公孫龍，趙人，爲堅白異同之說者。」與平原君同時，去夫子近二百年，殆非也。且云「少孔子五十三歲」，則當田常伐魯之年，僅十三四歲爾，而曰「子張、子石請行」，豈甘羅外黃舍人兒之比乎？

汪琬（一六二四——一六九〇）堯峯文鈔卷九辨公孫龍子云：

按：史記仲尼弟子傳，龍字子石。家語以爲衛人；鄭玄又以爲楚人。已莫知其眞，追論歲月，決非趙之辨堅白同異者也。龍少孔子五十三歲。年表，孔子卒於魯哀公之十六年，是歲，周敬王十四年也(註三)，龍年二十歲，至周赧王十七年，是歲，趙惠文王元年，封公子勝爲平原君，距孔子卒時已一百七十九年矣。龍若尙在，當一百九十八歲，得毋爲人妖與？又，孔穿嘗辨龍所謂藏三耳者，穿則孔子六世孫，其世系明白可考；而龍與穿同時，顧得見其六世祖邪？其必不然也審矣！故吾謂春秋戰國間，當有兩公孫龍，決非一人。劉歆七略，公孫龍子十四篇，在名家。又，莊周謂惠子曰，儒墨楊秉四，與夫子爲五；或謂秉卽龍也，蓋其字子秉，並附之以竢考。

又朱彝尊（一六二九——一七〇九）曝書亭集卷五十六孔子弟子考：

按：家語稱龍衛人，然唐宋追封皆楚地，蓋從北海鄭氏之說。若爲堅白異同之論者，乃趙人。樂正子輿謂其行無師，學無友，非孔子弟子可知。

又四庫全書總目提要卷一百十七子部雜家類：

按史記，趙有公孫龍，爲堅白異同之辯；漢書藝文志，龍與毛公等同游平原君之門，亦作趙人。高誘注呂氏春秋，謂爲魏人，不知何據？列子釋文，龍字子秉，莊子謂惠子曰，儒墨楊秉，與夫子爲五，秉即龍也。據此，則龍當爲戰國時人，司馬貞索隱，謂龍即仲尼弟子者，非也。

又洪頤煊（一七六五——一八三三）讀書叢錄卷十四：

莊子徐无鬼篇：「然則儒墨楊秉四，與夫子爲五，果孰是邪？」頤煊案：天下篇：「古之道術有在於是者，宋鈃、尹文聞其風而悅之。」荀子非十二子篇：「然則其持之有故，其言之成理，足以欺惑愚衆，是墨翟、宋鈃也。」天論篇：「墨子有見於齊，無見於畸；宋子有見於少，無見於多。」漢書藝文志：「宋子十八篇。」「秉」疑是「宋」字之譌。

洪氏疑「秉」爲「宋鈃」，而非「公孫龍」。梁玉繩瞥記五則曰：

困學紀聞謂公孫龍字秉，非也。

徐无鬼篇：「儒墨楊秉四，與夫子爲五。」不知秉爲誰？或以公孫龍字子秉當之，非也。

翟晴江云：「疑是孟子所稱『子莫』其人。」

然翟氏所說亦復可疑，焦循孟子正義盡心上篇，「子莫執中」正義：「子莫未詳，或謂莊子有云：儒墨楊秉四，秉別無所聞，恐卽當時子莫執中一家之說。」胡道靜公孫龍子考曰：「道靜謹案：莫牟一語之轉，子莫蓋卽魏公子牟也。（見籀廎，述林一。一說子莫卽尸子所云之皇子，或謂卽說苑所云之顓孫子莫。）秉自爲公孫龍，與子莫無關，抑非別無所聞也。」又梁氏史記志疑卷二十八曰：

公孫龍，字子石。　案：索隱曰，家語或作寵，又云礱。　案：字子石，則礱或非謬。考寵龍古通，而各處無作礱者，疑相承譌脫，抑省文通借。白水碑，作公孫龍石矣。鄭云楚人，家語作衞人，唐宋封爵從鄭氏。至索隱、正義，以趙人談堅白者當之，則誤甚。趙公孫龍在平原君門，與子思玄孫孔穿同時，安得以爲孔子弟子。蓋自以公孫礱爲公孫龍，致有李代桃僵之說耳。

又梁氏人表考卷四：

子石，卽公孫龍。（史傳、家語）龍，又作寵，又作礱。（索隱）　案：龍寵古通，然其字子石，似宜作礱，白水碑作公孫龍石、安知非誤分一字爲二耶？至史記索隱、正義，以趙人談堅白者當之，則誤甚。趙公孫龍在平原君門，與子思玄孫孔穿同時，豈得爲仲尼弟子？

而公孫龍又作公孫寵，公孫礱，公孫龍石矣。沈濤銅熨斗齋隨筆卷四：

孟荀列傳曰：「趙亦有公孫龍，爲堅白同異之辯。」索隱曰：「龍卽仲尼弟子也。此云趙人，弟子傳作衞人，鄭玄云楚人，各不能知其眞。又下文云：『竝孔子同時，或云在其後。』所以知非別人也。」濤案：小司馬之說誤甚。平原君列傳曰：「公孫龍夜駕見平原君。」又曰：「平原君厚待公孫龍。公孫龍善爲堅白之辨，及鄒衍過趙，言至道，乃絀公孫龍。」明別是一人。若卽孔子弟子，豈得與平原君、鄒衍同時乎？至下文云，蓋墨翟，宋之大夫，善守禦，爲節用，或曰竝孔子時，或曰在其後。則所云竝孔子時者，乃專指墨翟而言。小司馬以龍當之，誤甚。

崔適（一七四〇——一八一六）史記探源卷七云：

案：趙亦有公孫龍者，別於仲尼弟子列傳之公孫龍也。彼傳不言爲堅白同異之辯，此傳不言字子石，則非一人明矣。索隱誤謂一人，以篇末或曰竝孔子時爲證；不思又云，或曰在其後，不仍非一人之證乎？且此二句上承自孟子至吁子而言。孟子，梁惠、齊宣時人；

公孫龍，與鄒衍同時；李悝，仕魏文侯；尸子，係衞鞅客；劇子、長盧、吁子、墨翟，皆可類推，太史公豈有謂其竝孔子時之理！此二句，必是後人旁記，誤入正文耳，當刪之。

又俞樾（一八二一——一九〇六）俞樓雜纂卷二十九莊子人名考云：

史記有兩公孫龍：仲尼弟子列傳：「公孫龍，字子石，少孔子五十歲（汪兆鏞云：「史記仲尼弟子傳，公孫龍少孔子五十三歲。俞纂敓『三』字。」下同。）。孟子荀卿列傳：「趙有公孫龍，爲堅白異同之辨。」而說堅白異同之公孫龍，與孔子同時。考孔子世家，孔穿乃孔子之昆孫，去孔子六世，必不得與少孔子五十歲之公孫龍辨論也。莊子書之公孫龍，卽與孔穿辨論之人，而非孔子弟子。

王先謙（一八四二——一九一七）漢書藝文志補注：

王應麟曰：「史記，趙有公孫龍，爲堅白同異之辯。列子釋文，龍字子秉，趙人。莊子謂惠子曰，儒墨楊秉四，與夫子爲五，果孰是耶？秉，公孫龍也。」淮南鴻烈曰：「公孫龍粲於辭而貿名。」錢大昭曰，「張守節云，與鄒衍同時。」

又古今人表第四等「子石」補注：

錢大昭曰：「卽公孫龍。」梁玉繩曰：「在平原君門之公孫龍，與子思玄孫孔穿同時，非此人。」先謙曰：「見弟子傳。」

又第六等「公孫龍」補注：

梁玉繩云：「見孟荀傳、趙策、列子仲尼篇、莊子秋水、天下篇。」

王氏雖少申言，其義自見。

鄭賓于公孫龍考(註四)云：

據史記、漢志、呂覽、淮南……等書所載，以及古今學者所說，則公孫龍似已有兩個：其一，是名家的公孫龍；其二，便是孔仲尼的弟子。以公孫龍爲名家的，便說他是趙人，與孔穿、平原君等同時；以公孫龍爲孔子弟子的，便說他是衞人，楚人，或魏人，與冉有、子貢等弟子同時。所以史記孟子荀卿列傳既已敍說了公孫龍，而仲尼弟子列傳又列着他底名字，漢書古今人表，便也照樣地把他記錄了。因此，後世的學者，都必要咬斷鐵釘地說，公孫龍是兩個人。歷史上遺留下來的書籍，關于公孫龍事蹟的記載很少，縱有，亦不過止于寥寥數語而已，並沒有詳細地敍述。然則時至今日，我們要來討論公孫龍究竟是一人或二人的問題，豈不是一件不可能的事嗎？但是，細核呂氏春秋等書所記的結果，不禁使我對于「公孫龍是仲尼弟子」之說懷疑起來。其唯一的理由是：諸書所載公孫龍的事蹟學術，都是名家底人物，絲毫沒有與仲尼弟子有相關的記載。假如果然七十子中實有公孫龍其人者，仲尼爲什麼絕口不道？卽謂雖然論語中也不盡有七十子之名，而同時的記載爲什麼也從不之及？然則從前的人們爲什麼要說他是孔子的弟子呢？此其故，一誤於司馬遷之誤認了莊子之文，而鄭玄、班固……之流，又踵司馬氏而拊和之，相沿成了風尙，遂便以爲實有兩個公孫龍耳。考莊子秋水篇曰，公孫龍問於魏牟曰：「龍少學先王之道，長而明仁義之行，合同異，離堅白，然不然，可不可，困百家之知，窮衆口之辨，吾自以爲至達已。」百家之學，惟有儒家才稱先王，惟有儒家才倡導仁義；今公孫龍自己說他，「少學先王之道，長而明仁義之行」，則是他的確曾經學過儒家之學，毫無疑義；不過因爲他後來的思想改變了，好爲堅白同異之辯，遂把從前的學於儒家的先王之道，所明的仁義之行等，都一古兒丢在腦後，所以他的學術思想，前後判若兩人，其實這完全與淮南要略說：「墨子學儒者之術，受孔子之業，以爲其禮煩擾而不悅，厚葬靡財而貧民，久服傷生而害事，故悖周道而用夏正。」的事實全同。乃司馬遷不從時間上着想，不從他的學術思想變遷上着想，遂以謂學先王之道、明仁義之行者，爲儒家底公孫龍；尙堅白同異之辯者，爲名家之公孫龍。班、鄭以下諸人，又復漫不加考，譁然從而和之，于是乎以疑似之辯，遂成爲定讞底事實，歷時乃至二千餘年。顧前人對於公孫龍的籍貫問題，頗多異說，不僅析其時代與學術也；茲略述之：（一）謂公孫龍是趙人，而爲堅白同異之說者　許叔重注淮南子齊俗訓云：「公孫龍，趙人，好分析詭異之言，以白、馬不得合爲一物，離而爲二也。」（二）謂公孫龍爲魏人者　高誘注呂氏春秋應言云：「龍，魏人也。」（三）謂公孫龍是楚人者　史記仲尼弟子列傳裴駰集解，鄭玄曰：「楚人。」（四）謂公孫龍是衞人者　說見王肅孔子家語。（五）以堅白同異之辯之公孫龍，卽仲尼弟子列傳之公孫龍者　史記孟子荀卿列傳：「而趙亦有公孫龍，爲堅白同異之辯。」司馬貞索隱云：「龍卽仲尼弟子也，此云趙人，弟子傳作衞人，鄭玄云楚人，各不能知其眞。又下文云：『並孔子同時，或云在其後。』所以知非別人也。」上來五說，雖然各不相能，但皆以意立言，並不能有精審的論斷，使我們有明白了解。我的斷定是：公孫龍一定是趙人。孟子荀卿列傳之說是可信的；他絕對不是孔子的弟子，因爲他們的年代太不相接了。與平原君、孔穿等人同時，亦是萬不會有錯誤的。現在姑以梁玉繩之說爲斷，則在仲尼弟子列傳，應作公孫龍，字子石。而爲堅白同異之論者，應該是公孫龍，字子秉。莊子徐无鬼篇曰：「儒墨楊秉四，與夫子爲五。」列子仲尼篇釋文曰：「公孫龍，字子秉。」王應麟困學紀聞曰：「

秉謂公孫龍也。」前人往往以秉與諸家並稱，可見他必是在諸家之外另一學派；若他竟是儒家，則實無相提並論之可能。所以釋文說公孫龍字子秉，王應麟說秉卽是公孫龍，都要算是確當之論了。且也，呂氏春秋有度云：「孔墨(並擧)之弟子徒屬充滿天下，皆以仁義之術教導於天下。」今公孫龍用以行於世之學術，乃是堅白同異之辯，而非是以「仁義」，則其不爲仲尼弟子益可知矣。前既言之矣：自誤認莊子秋水之言，而諸家乖舛之說，紛然代興。至有或以爲魏人，或以爲衞人，或以爲楚人，或以爲趙人。同是一人也，或以爲仲尼弟子，或以爲是辯者之徒。此文只注意在求名家的公孫龍爲何如人，所以於此等說都概不置辯。楊簡在曰：「仲尼弟子傳多不可據。」我願意討論此問題的人千萬勿泥於司馬氏也。(簡在名字，江陵人，說見日知錄卷二十六注引。)

似是實非，勉强而難通也。又王琯公孫龍子懸解事輯云：

莊子徐无鬼篇，謂惠施曰：「儒墨楊秉四，與夫子爲五。」秉卽公孫龍也。

同書讀公孫龍子敍錄云：

周秦之間有兩公孫龍，一爲仲尼弟子，字子石。少孔子五十三歲，春秋時人，見家語及史記仲尼弟子列傳；一爲本書著者之公孫龍，字子秉，戰國時人。二者年代懸殊。史記正義，以前一公孫龍，引莊子之說，謂爲堅白之談（見仲尼弟子列傳）。索隱又以後一公孫龍爲仲尼弟子（見孟子荀卿列傳）。交相舛誤，殊堪發噱。孔子卒時，爲周敬王四十一年。公孫子石既少孔子五十三歲，是年應爲二十歲。其去赧王五十八年，卽邯鄲破秦，公孫子秉食客平原之時，相距二百十九年。若爲一人，壽算至此，已逾二百數十餘紀，可一笑解矣。

而鹽鐵論第三十一，丞相史引有公孫龍語，王啓原注曰：

按孔子弟子公孫龍，字子石；七國時箸書者又一人，據下所言，則平原君之客，非聖門弟子也。後又舉其字爲子石（按後文賢良答，有「此子石所以歎息也」之言。），則二人俱字子石。龍，當讀如礱。

龍讀如礱，而頗採梁玉繩之說矣。譚戒甫公孫龍子形名發微說亦同。又胡道靜氏公孫龍子考曰：

仲尼弟子列傳之公孫龍，與孟荀列傳之公孫龍，實係二人，年代相去亦甚遠。正義、索隱直以其姓名相同而誤會之，牽連爲一人，舛誤殊甚。

胡氏復譏洪頤煊之說曰：

洪氏之說，僅有旁證，並無確據，可以斷定「秉」係「宋」字之譌，故其說不能成立。

況「秉」爲「龍」字，出自成疏、殷釋文，皆唐人舊說，不自王氏始也。以爲龍自子秉，唐時卽有此說，故可置信。以秉爲宋字之譌則不然，故洪氏之說爲非，理據似亦不足。又金受申公孫龍考曰(註五)：

曩讀史記仲尼弟子列傳云：「公孫龍字子石，少孔子五十三歲。」執問諸業師某公云：「卽著書六篇之公孫龍。」乃大詫異其年代之懸殊。按其籍貫，衆說不一——正義引云：「鄭玄曰，楚人；論語，衛人；孟子云，趙人；莊子云，堅白之談也。」觀此，張守節先生已承認孔子弟子之公孫龍，爲莊子所說之公孫龍，爲六國時之名家公孫龍，存有六篇書之公孫龍矣。按公孫龍子跡府篇云：「公孫龍，六國時辯士也。」又云：「平原君之客也。」則公孫龍與平原君同時，且客其幕者無疑。史記平原君始封，距孔子已一百八十一年，若此，則公孫龍已二百歲。又考六國年表云：「趙孝成王九年，秦圍我邯鄲，楚魏救我。」平原君傳云：「虞卿欲以信陵君之存邯鄲，爲平原君請封，公孫龍聞之，夜駕見平原君。」又云：「公孫龍善爲堅白之辯，及鄒衍過趙，言至道，乃絀公孫龍。」準是則公孫龍之絀，當在趙孝成王九年至十五年之間。設公孫龍卒於孝成王十二年，則其年已二百四十六歲矣。又據本書及孔叢子公孫龍篇，列子仲尼篇，呂氏春秋淫辭篇，均載與孔穿辯事。孔穿，據孔叢子注云：「孔穿，箕之子伋之玄孫。」則穿乃孔子之六世孫。公孫龍與孔子之六世孫同時，則與孔子弟子之公孫龍，必非一人可知。稽諸載籍，言六國者頗多，言孔子弟子者無一。如史記孟荀列傳，騶衍與梁惠王、平原君、燕昭王同時。又據莊子秋水篇，與魏牟、莊周同時。莊周與梁惠王、齊宣王同時，則公孫龍與平原君、梁惠王、燕昭王、齊宣王、莊周、魏牟、騶衍、孔穿全同時。申思公孫龍必非一人，何以知之？史記謂字子石；謝希深序謂字子秉。正義云，楚或衞人；謝序云，趙人，列子注、孟子，與謝序同——孟子所指者，卽名家之公孫龍，正義混引爲一，殊失其旨。——按字與籍貫既異，則必非一人可知。歸有光史記注云：「白水碑作公孫龍石。」按考證學最重要者爲本證，史記孟子荀卿列傳云：「而趙亦有公孫龍，爲堅白同異之辯。」觀此，則司馬氏已判其爲二人矣；後世不察，遂併爲一，殊爲可笑。——又文獻通考載，唐開元二十七年，追贈七十子，公孫龍贈黃伯。其公孫龍必仲尼弟子，字子石，楚或衞人者，必非字子秉，趙人者。——唐封本仲尼弟子列傳——準上諸證，則必有兩公孫龍矣，以其同名，遂相混耳！否則，卽孔子弟子公孫龍，本名公孫龍石，後人誤析爲公孫龍字子石，公孫龍，公孫龍石不可知，其爲兩人可無疑；然其所以被混爲一者，蓋因孔子曾言「必也正名乎！」尹文子、孔叢子皆引之爲名家根據，後言公孫龍者，見史記有公孫龍，遂以爲公孫龍必孔門傳正名者——康有爲論語注敍郎注此說——反疑史記年代之誤，如經籍會通有七公孫子，而無重名公孫龍者，職此故耳。日知錄楊氏注云：「弟子傳亦多不可據。」此亦附會之詞；雖然，顧氏之說甚精，未可非也。

同書又曰：

河南張之銳先生墨經敍論，謂史記牴牾，公孫龍年代不可知，蓋仍襲前說，以爲一人。

錢師賓四公孫龍傳略曰(註六)：

公孫龍，趙人(見史記孟荀列傳，又漢書藝文志班固注，及列子釋文。)，或云魏人(見高誘注呂氏春秋應言篇。)，又云字子秉(見列子釋文。莊子徐无鬼，莊子謂惠子曰：「儒墨楊秉四，與夫子爲五，果孰是邪？」成玄英疏云：「秉者，公孫龍字也。」然惠施之卒，公孫龍猶在童年，豈得與儒墨楊而爲四哉？)，未詳其信乎。

於先秦諸子繫年考辨卷四，一四一、公孫龍說燕昭王偃兵考益發揮此說，云：

莊子徐无鬼篇：「莊子謂惠子曰：『儒墨楊秉四，與夫子而五，果孰是邪？』」列子釋文：『公孫龍字子秉。』然惠施卒，龍在童年；莊周之死，龍亦其學初成，豈遽與儒墨楊惠爲五？若公孫龍誠字子秉，則其語蓋出莊子卒後，公孫龍成名之際。（又按洪頤煊曰：「秉疑宋誤。」馬氏莊子義證謂：「尸子廣澤篇料子貴別囿，卽宋子字譌(註七)。宋料形音均相近，故尸子作料。秉與宋形亦近，故此不作秉也。」）

錢師以現存載籍，實無法予此疑問一確切之答案，亦未準備予此一確切之答案，態度之審慎，可以考見矣。又劉汝霖周秦諸子考(註八)亦持存疑之態度，曰：

公孫龍，字子秉（列子仲尼注），趙國人（漢書藝文志），也有人說他是魏國人（呂覽高誘注），他是戰國的名家大師。

至於楊師家駱，可以四庫全書學典公孫龍條所說以見之：

戰國趙人，善爲堅白異同之辯。及鄒衍過趙，言至道，乃絀公孫龍。（按史記有兩公孫龍，一見仲尼弟子列傳，一見孟子荀卿列傳。索隱謂孟子荀卿列傳之公孫龍，卽仲尼弟子。按弟子列傳之公孫龍，少孔子五十三歲；說堅白異同之公孫龍，則與孔穿同時。考孔子世家，孔穿乃孔子之昆孫，去孔子六世矣。索隱之說非。）

蔣伯潛諸子通考曰：

公孫龍，字子秉，趙人。(註九)

又曰：

公孫龍少孔子五十三歲，則田常伐魯時，僅十三四歲耳，豈能往齊？且名爲孔子弟子，亦決不能下見平原君也。疑孔子弟子中，並無公孫龍；卽有之，亦非戰國時以辯者著名之公孫龍也。（註一〇）

又蔣氏諸子學纂要曰：

公孫龍，字子秉（見列子釋文，莊子謂惠子曰：「儒墨楊秉四，與夫子爲五。」秉卽公孫龍。），趙人（史記孟子荀卿列傳，言「趙有公孫龍」，漢志自注亦云：「趙人。」呂氏春秋審應覽高誘注，以爲「魏人」。）（註一一）

而徐復觀氏近撰公孫龍子講疏，於此亦嘗有所論述：

史記孟荀列傳：「而趙亦有公孫龍，爲堅白同異之辯。」又平原君列傳：「虞卿欲以信陵君之存邯鄲，爲平原君請封。公孫龍聞之，夜駕見平原君曰……平原君遂不聽虞卿……平原君厚待公孫龍。公孫龍善爲堅白之辯，及鄒衍過趙，言至道，乃絀公孫龍。」這與仲尼弟子列傳所稱的「公孫龍，字子石，少孔子五十三歲」，其另爲一人，至爲明顯。再將史記上面的記載，與呂氏春秋審應篇所載有關公孫龍的三個故事，及淫辭篇所載「孔穿、公孫龍相論於平原君所」的故事，互相參照，則他是趙人，曾爲平原君客，其生年約與孟子、惠施、莊子、鄒衍諸人同時；也是大約可以斷定的。莊子徐無鬼，有「然則儒墨楊秉四，與夫子（按指惠施）爲五」的話，成玄英疏：「秉者，公孫龍也。」列子仲尼篇殷敬順釋文，謂「龍字子秉」。按成、殷皆唐人；成曾於貞觀間召至京師，則生年當在殷之前。成說在唐以前無可考；殷說大約因成說，而於「秉」字上加一「子」字，以合於字之通例；此皆不可信。譚戒甫公孫龍子發微傳略第一引王啓原注，以鹽鐵論箴石第三十一，有「賢良曰……此子石所以嘆息也」之語，以證明公孫龍亦字子石；譚氏以王氏之說「似得其實」。按上面賢良引子石語中，有「狼跋其胡，載踕其尾；君子之路，行止之道固狹耳」等語。又說苑雜言篇，有「子石登吳山而四望，喟然而嘆息曰……」約二百餘字，楊樹達氏以爲此卽鹽鐵論賢良之所本。我的看法，此乃眞孔子弟子公孫龍字子石之殘文賸義。與箴石第三十一前段，丞相所引「公孫龍有言曰：論之爲道辯，故不可以不屬意……」，分明是兩個不同的故事，也是兩種不同的內容。無法把兩方面由不同的主張，而各引內容互不相同的故事，牽合在一起。持堅白論的公孫龍，不會像子石様去引詩述史的。(註二二)

是以吾人可以考知，自來於公孫龍之鄉里籍貫，有以下四說：

楚　史記集解引鄭玄說

衞　史記正義引家語說

趙　史記正義引孟子說

魏　呂氏春秋高誘注說

而此問題之解決，須俟公孫龍自身之先予以確定。以言公孫龍其人者非一，溯乎其源，出處有三：

公孫龍	字子石	孔子弟子	史記仲尼弟子列傳
公孫龍		爲堅白之辯者	史記孟子荀卿列傳、平原君虞卿列傳、莊子秋水篇、戰國策、淮南子
公孫龍	字子秉	與儒墨楊惠而爲五	列子釋文、莊子成疏

世人究公孫龍者，於此所主互異：

（一）以堅白之辯者之公孫龍、與孔子弟子之公孫龍爲一人：司馬貞史記索隱、張守節史記正義、張之銳墨經注敍論等主之。

（二）以堅白之辯者之公孫龍，與孔子弟子之公孫龍爲二人：王應麟漢書藝文志考證與困學紀聞、吳師道戰國策校注、楊愼論公孫龍子，顧炎武日知錄、汪琬堯峯文鈔、朱彝尊曝書亭集、四庫全書總目提要、漢書補注引錢大昭說、梁玉繩史記志疑與人表考、沈濤銅熨斗齋隨筆、崔適史記探源、俞樾莊子人名考、王先謙漢書補注、鄭賓于公孫龍考、王琯公孫龍子懸解、胡道靜公孫龍子考、王啓原鹽鐵論注、譚戒甫公孫龍子形名發微、金受申公孫龍子釋、楊家駱四庫全書學典、蔣伯潛諸子通考與諸子學纂要、徐復觀公孫龍子講疏等主之。

（三）以與儒墨楊惠而為五之公孫龍，與為堅白之辯者之公孫龍為一人：殷敬順列子釋文、成玄英莊子疏、謝希深公孫龍子注、汪琬堯峯文鈔、四庫全書總目提要、王先謙漢書補注、鄭賓于公孫龍考、王琯公孫龍子懸解、胡道靜公孫龍子考、劉汝霖周秦諸子考等主之。

（四）以與儒墨楊惠而為五之秉，與為堅白之辯者之公孫龍為二人：洪頤煊讀書叢錄、梁玉繩瞥記、錢穆惠施公孫龍與先秦諸子繫年考辨、徐復觀公孫龍子講疏等主之。

雖自宋、明以下，多知孔子弟子之公孫龍，實非為堅白之辯者之公孫龍，蓋一春秋而一戰國時人。且有加以解釋者，如歸有光、梁玉繩、鄭賓于、金受申諸氏，謂孔子弟子之公孫龍，當作公孫尊，並舉白水碑「公孫龍石」爲證，說雖難以成立，人心之歸向可知。至金受申稱其業師某公，主二者爲一人。然爲此說者，不過一二人，難爲大國，可以不論。此戰國時代堅白論者之公孫龍，因史記孟子荀卿列傳「而趙亦有公孫龍」、劉向校讐孫卿書錄「趙亦有公孫龍」，及漢書藝文志自注「公孫龍，趙人」、許愼淮南子注「公孫龍，趙人」等說，其爲趙人，似亦漸趨於定論矣。又與儒墨楊惠而爲五之「秉」，洪頤煊、唐鉞二氏，並疑其爲「宋」字之譌；焦循、翟晴江二氏，則疑其爲孟子所稱之「子莫」其人，而不爲「龍」；錢師賓四，亦以龍之年世，未足與儒墨楊惠而爲五。然世人似仍泥於二唐人之說，以此「秉」卽「龍」，卽爲堅白之辯者之「龍」。並謂「龍」字子秉，以別於孔子弟子字子石之「公孫龍」，說雖不經，而言之成理，其爲世所信從也固宜。

除前引數「公孫龍」外，又有一「公孫龍」，藝文類聚卷六十六引莊子曰：

梁君出獵，見白雁羣下，彀弩欲射之；道有行者，梁君謂行者止，行者不止，白雁羣駭。梁君怒，欲射行者，其御公孫龍止之。梁君怒曰：「龍不與其君，而顧他人？」對曰：「昔宋景公時，大旱，卜之，必以人祠乃雨。景公下堂頓首曰：『吾所以求雨，爲民也。今必使吾以人祠乃雨，將自當之。』言未卒而大雨。何也？爲有德於天而惠於民也，君以白雁故，而欲射殺人，主君譬人無異於豺狼也。」梁君乃與龍上車，歸呼萬歲，曰：「樂哉！人獵皆得禽獸，吾獵得善言歸。」

同書卷一百引莊子文稍異，曰：

梁君出獵，見白雁羣，君欲射之。道有行者，駭之，君怒欲射行者。其御公孫龍下車撫矢曰：「昔先公時，大旱三年，卜之，以人祠乃雨，公下堂頓首曰：『吾欲所以求雨，以爲民也當之。』言未卒而天大雨，方千里者何？爲於天而惠於民。今君主以白雁而欲殺人乎？」

「昔宋景公」作「昔先公」，而文義大異，譚戒甫氏因以疑此「公孫龍」爲「宋人」，故稱「宋景公」爲「先公」(註一三)。太平御覽亦三見其文，卷八百三十二最爲簡略，引莊子曰：

梁君出獵，見白鴈羣，下車轂弩欲射之。道有行者不止，白鴈羣駭。梁君怒，欲射行者。其御公孫龍撫轡曰：「今主君以因白鴈故，而欲射殺人，無異於虎狼。」梁君援其手與歸，呼萬歲，曰：「樂哉！今日獵也。人皆得獸，吾獨得善言。」

又卷四百五十七引莊子曰：

梁君出獵，見白鴈羣集，梁君下車，轂弩欲射之；道有行者，白鴈羣駭，梁君怒，欲殺行者。其御公孫龍下車撫其心，梁君忿然作色而怒曰：「龍不與其君，而顧與他人，何也？」公孫龍對曰：「昔者齊景公之時，天旱三年，卜之曰：『必以人祠乃雨。』景公下堂頓首曰：『吾所以求雨者，爲民也。今必使吾以人祠乃且雨，寡人將自當之。』言未卒，而天大雨，方千里者何？爲有德於天而惠施民。今主君以白鴈之故，而欲煞（殺）之，無異於虎狼。」梁君援手與上車，歸入郭門，呼萬歲曰：「樂哉！今日也。人獵皆禽獸，吾獵獨得善言而歸。」子思子曰：「同言而信，信在言前。」

又卷三百九十，則引說苑曰：

梁君出獵，見白鴈羣，梁君下車，彀弓欲射之；道有行者觀，勸梁君止，鴈羣駭，梁君怒，欲殺行者。其御公孫龍下車對曰：「昔者齊景公之時，天旱三年，卜之曰：『必以人祠乃雨。』景公曰：『吾昔所以求雨者，爲吾民也。今以人祠乃雨，寡人將自當之。』言未卒，天大雨，方千里。今主君以白鴈故而欲殺之，無異於狼虎。」梁君援其首（手），與上車，歸入郭門，呼萬歲曰：「樂哉！今日獵也，獨得善言。」

此二段，並以「宋景公」爲「齊景公」，而譚氏因「宋景公」或作「先公」，乃指龍爲宋人之說，自難成立矣。是文不見於今本莊子、說苑，抑二書之逸文耶？新序雜事第二云：

梁君出獵，見白雁羣，梁君下車轂弓欲射之；道有行者，梁君謂行者止，行者不止，白雁羣駭。梁君怒，欲射行者，其御公孫襲下車撫矢曰：「君止。」梁君忿然作色而怒（怒）曰：「襲不與其君，而顧與他人，何也？」公孫襲對曰：「昔齊景公之時，天大旱三年，卜之曰：『必以人祠乃雨。』景公下堂頓首曰：『凡吾所以求雨者，為吾民也。今必使吾以人祠乃且雨，寡人將自當之。』言未卒，而天大雨，方千里者，何也？為有德於天而惠於民也。今主君以白雁之故，而欲射人，襲謂主君言無異於虎狼。」梁君援其手，與上車，歸入廟門，呼萬歲曰：「幸哉！今日也。他人獵皆得禽獸，吾獵得善言而歸。」

而此亦作「齊景公」，「龍」則作「襲」。彭叔夏文苑英華辨證卷二云：「驕陽賦：『孫武之失，誚梁君之射鳥。』按藝文類聚引莊子，太平御覽引說苑，並載：『梁君欲射白鴈，行者駭之，君怒，欲射行者。公孫龍止矢曰：昔先公時大旱，卜以人祠。公曰：求雨以為民也。言未卒，大雨。今君以鴈殺人乎？』今莊子無此文，而劉向新序載之，以龍為襲，以先公為齊景公，非說苑也。據此，孫武之失，當作孫龍止矢；鳥，當作鴈。」胡道靜公孫龍子考曰：「襲，與龍通（孔子家語子路初見篇：『王事若龍。』王注：『龍，宜為襲。』），公孫襲疑仍即為公孫龍也。」

（註一四）金樓子雜記卷六：

周君出獵，見白鴈爲羣（知不足齋刋本旁注云：「下有敓文。」），周君鼓弩欲射道之行者，其御公孫龍下車拊矢曰：「君以鴈射人，無乃虎狼也。」

金樓子以「梁君」爲「周君」，沈濤銅熨斗齋隨筆卷四既引其文，復曰：「此又一公孫龍。」蓋對前引數公孫龍而言也。胡道靜遂綜而論其事曰：

公孫龍諫梁君事，見莊子佚文及說苑佚文。新序則云公孫龍諫梁君，金樓子又云公孫龍諫周君。沈濤僅據金樓子，謂此又一公孫龍。竊以此事異詞旣多，極難斷定其必係辯者公孫龍所爲；然亦無參驗，可以明其爲又一公孫龍所爲，只得存疑而已。或謂四書俱云其御公孫龍，則非辯者明矣。按：御車於古爲六藝之一，未成專業。論語云：樊遲御（爲政），子適衞，冉有僕（子路），可徵也，則亦未可以此斷其非辯者龍也。假令莊佚、苑佚所記者爲碻，其在公孫壯年適魏，當惠襄之際乎？（註一五）

今按論究公孫龍者，雖或有注意及此，然多未嘗混淆其事，如沈濤、譚戒甫者，正其例也。沈氏以其爲「另一公孫龍」，譚氏公孫龍子形名發微亦謂「以公孫龍爲名氏者，衞趙二子外，此又爲第三人矣」（註一六）。而胡道靜則强之與辯者公孫龍作是一非一之抉擇（註一七），不亦難乎！雖然，較之陳柱氏但引其事而不加辨析者（註一八），又復勝之多矣。

二　有關公孫龍子其書眞僞之爭論

吾人既引述有關公孫龍其人名號年世鄉里之爭論，願復就諸家論公孫龍子其書之眞僞一事，作一全盤之考察。

漢書卷三十藝文志諸子略名家：

公孫龍子十四篇。

此爲有關公孫龍子一書歷史之最早之正式記載，亦爲世人公認而確切不移者。然下至唐以後，其名始再現。至其書之著錄，更遲至五代(註一九)，舊唐書卷四十七經籍志丙部子錄名家：

公孫龍子三卷　龍撰。

新唐書卷五十九藝文志丙部子錄名家：

公孫龍子三卷

崇文總目卷三名家類：

公孫龍子一卷　侗按：「漢志十四卷，諸家書目及今本並三卷。」

按「卷」，當從漢志作「篇」。又通志卷六十八藝文略名家：

公孫龍子一卷　　戰國時人，舊十四篇，今亡八篇。

前此但有卷而無篇數，鄭氏自注雖云「今亡八篇」，固唐時已然也(註二〇)。細察漁仲初意，亦不過就宋時存本篇數與漢志比較而言。王應麟漢藝文志考證卷七曰：

公孫龍子，唐志三卷，今一卷。

郡齊讀書附志諸子類：

公孫龍子三卷

直齊書錄解題卷十名家類：

公孫龍子三卷

趙人公孫龍，爲白馬非馬，堅白之辨者也。其爲說淺陋迂僻，不知何以惑當時之聽。漢志十四篇，今書六篇，首敍孔穿事，文意重複。

今按宋時諸家著錄公孫龍子者雖多，但存目而已，唯陳氏稍加議論焉。旣云「其說淺陋迂僻」，復云「首敍孔穿事，文意重複」，遂而開公孫龍子其書眞僞懷疑之風。文獻通考卷二百十二經籍志子部名家，有公孫龍子三卷，並引振孫之說，當亦以陳氏說爲可取也。又黃震黃氏日抄讀諸子：

公孫龍，戰國時，肆無稽之辨。九流中，所謂名家，以正名爲說者也。其略有四：一曰白馬非馬，謂白所以名色，馬所以名形。形非色，色非形也。其二曰物莫非指，謂指者，直指是非之名，物各有指，是非混亂，終歸於無可指也。其三曰雞三足，謂雞足一，數足二，二而一，故三也。其四曰堅白石，謂目見石之白，而不見其堅；手知石之堅，而不知其白，是堅與白爲二物。其無稽如此，大卒類兒童戲語，而乃祖吾夫子正名爲言，嗚呼！夫子之所謂正名者果如是乎？若臧三耳之辨，亦出公孫龍，然孔叢子及呂氏春秋載之，此書不及焉。

宋濂（一三一〇——一三八一）宋文憲公全集卷六十二諸子辯：

公孫龍子三卷，跡府、白馬、指物、通變、堅白、名實，凡六篇。漢志六十四篇（啓民按：此當作十四篇，衍六字。）其亡已多矣。龍，趙人，平原君客也，能辨說。傷明王之不興，疾名器之乖實，以假指物，以混是非，冀時君之有悟，而正名實焉。予嘗取而讀之，白馬非馬之喻，堅白同異之言，終不可解。後屢閱之，見其如捕龍蛇，奮迅騰騫，益不可指手，甚哉其辨也。然而名實愈不可正，何邪？言弗醇也。天下未有言弗醇而能正，苟欲名實之正，亟火之。

宋明之時，雖學者已漸涉略其書，然譏刺者多。或如陳直齋之疑其「淺陋迂僻」，或如黃東發之譏其「類如兒童戲語」，宋學士甚且謂「欲名實之正，亟火之」。清以下則不然，四庫全書總目提要卷一百十七子部雜家類：

公孫龍子三卷

漢志著錄十四篇，至宋時，八篇已亡，今僅存跡府、白馬、指物、通變、堅白、名實，凡六篇。其首章所載與孔穿辨論事，孔叢子亦有之，謂龍爲穿所絀；而此篇又謂穿願爲弟子，彼此互異。蓋龍自著書，自必欲申己說；孔叢僞書，本出於漢晉之間，朱子以爲孔氏子孫所作，自必欲申其祖說。記載不同，不足怪也。……其書大旨，疾名實乖異，乃假指物，以混是非；借白馬，而齊物我。冀時君有悟，而正名實，故諸史皆列於名家。淮南鴻烈解，稱公孫龍「粲於辭而貿名」，揚子法言，稱公孫龍「詭辭數萬」，蓋其持論雄贍，實足以聳動天下，故當時莊列荀卿並著其言，爲學術之一。特品目稱謂之間，紛然不可數計，龍必欲一一核其眞，而理究不足以相勝，故言愈辨而名實愈不可正。然其書出自先秦，義雖恢誕，而文頗博辨。陳振孫書錄解題概以「淺陋迂僻」譏之，則又過矣。

嚴可均氏（一七六二——一八四三）校道藏本公孫龍子跋亦曰：

龍爲堅白之辨，頗惑當時之聽，故孟子書中，亦有白雪、白玉、白馬、白人等說，陳振孫以爲「淺陋迂僻」，未免過詆。

二家並以陳氏「淺陋迂僻」加諸公孫龍子爲太過。以爲其書固爲龍所撰，而出自先秦。此自爲當時學術界極其流行之看法，更迄今而不衰(註二二)。

然於有清一代，固已有疑之者，姚際恒氏（一六四七）古今僞書考曰：

公孫龍子，漢志所載，而隋志無之，其爲後人僞作奚異。

姚氏論據雖極堅强，然似未爲世人所接受。或有疑公孫龍子其書者，亦多止於篇目次第之先後，或陳振孫所嘗懷疑之首篇跡府。周中孚（一七六八——一八三一）鄭堂讀書記卷五十二子部雜家類：

今觀是本，凡跡府第一，白馬論第二，指物論第三，通變論第四，堅白論第五，名實論第六，當出於後人所敍次，斷不截然亡其第七以下八篇也。

此理本甚顯然，王啓湘公孫龍子校詮序曰：

唐本公孫龍子亦止六篇，且篇名次第，悉與今本同耳。

所謂唐本公孫龍子，蓋卽據文苑英華卷七百五十八雜論上之無名氏擬公孫龍子論序而推之者。又梁啓超漢書藝文志諸子略考釋：

公孫龍子十四篇　趙人。唐志三卷，今所存六篇，道藏本上中下卷，蓋殘缺之書，却不僞。

漢志諸子略各書存佚眞僞表亦著錄其書云：

公孫龍子　殘缺，且有竄附。

是周中孚以下，並以其書爲眞。又汪兆鏞跋陳澧公孫龍子注亦云：

龍書，漢志著錄十四篇，宋亡八篇，僅存六篇。而各家書目多沿唐志，稱三卷，四庫、道藏本皆然。通行之守山閣本、墨海金壺本、湖北崇文書局本、三槐堂本，皆一卷，與宋志及王伯厚說合，今從之。

宋亡八篇之說，顧實亦主之，其重考古今僞書考曰：

今存六篇，觀其先後，當出後人所敍次，斷不截然亡其第七以下八篇也。然卽所存六篇而核之，大旨欲綜覈名實，而務爲辯博，楊倞荀子注所詆爲曲說異理者也。

前段全用周氏讀書記文。又漢書藝文志講疏曰：

隋志不著錄，著唐志三卷，賈公彥之子賈大隱曾爲作注，通志一卷，亡八篇，則殘於宋矣。故今本止六篇，然首篇跡府，疑非原書。凡為辨者，有事以為例則易喻，卽事而為辨則易迷，故公孫龍責秦王以非約，析孔穿之詞悖，其言明且清，唯書中如白馬至名實五篇，類以一詞累變不來，轉而益深，幾令人莫明所謂，必繩以名家科律然後瞭焉，此又讀其書，初覺詭異，而實不詭異也。

又楊壽籛公孫龍子釋義序云：

漢書藝文志，公孫龍子十四篇，新舊唐書皆作三卷，蓋至宋代亡其二卷，存者一卷六篇耳。今猶宋之本也。是書首篇，或係公孫龍門人記錄者，餘則為其自作，思之深，言之苦矣。

此諸家似並誤解通志「舊十四篇，今亡八篇」，直齋書錄解題「舊志十四篇，今書六篇」，以為今本公孫龍子唯六篇，蓋「殘於宋矣」。

而時愈晚近，論其書者愈衆，考據亦愈繁。黃雲眉古今僞書考補證曰：

今書六篇，果否出自公孫龍之手，則殊可疑。今書第一篇首句：「公孫龍，六國時辯士也。」明為後人所加之傳略，則六篇祇得五篇矣。第七以下皆亡，第二至第六之五篇，每篇就題申釋，累變不窮，無愧博辯。然公孫龍之重要學說，幾盡括於五篇之中，則第七以下等篇又何言邪？雖據諸書所記，五篇之外，不無未宣之餘義，然又安能舖陳至八九篇之多邪？以此之故，吾終疑爲後人研究名學者附會莊、列、墨子之書而成，非公孫龍之原書矣。惟今書雖非原書，然既能推演諸論，不違旨趣，則欲研究公孫龍之學說，亦未始不可問津於此耳。

劉汝霖周秦諸子考亦曰：

漢志有公孫龍子十四篇，列在名家。現在止存得六篇，那書的第一篇跡府，很像他的傳記。看這篇起首一句，就是「公孫龍，六國時辯士也」，後面所載，完全是公孫龍和孔穿辯論的一回事，可見這篇不過是漢代編書的人，由呂氏春秋一類的書採來，添上起頭，作爲公孫龍的傳記，放在第一篇，所以裏面所敍的事情，非常簡單(註二二)。

是劉氏視他五篇，眞爲龍所撰殘餘之篇。又王琯公孫龍子懸解敍錄考證其書曰：

清姚際恆古今僞書考，以本書漢志所載，隋志無之，定爲後人僞作，其言似是而實非，最當審辯。按漢志公孫龍子十四篇，今存六篇。揚子法言稱龍詭解數萬，似當時完本，爲字甚富。三國志鄧艾傳，注引荀綽冀州記，謂爰俞辯於論義，採公孫龍之辭，以談微理。晉張湛列子注、亦引原書白馬論（見仲尼篇），稱此論現存云云。劉孝標廣絕交論曰，「縱碧雞之雄辯」，「碧雞」一義，卽出本書。可證魏梁之間，原著猶存。隋書經籍志，無公孫龍子書名，但著守白論一卷。據汪馥炎君堅白盈離辯（見東方雜誌），謂「今本公孫龍子，原名守白論，至唐人作註，始改今名」，不知隋志之守白論，是否卽汪君所指者；若爲公孫原著，是隋志固有其書，當時並未散佚也（按本書跡府篇，稱公孫龍疾名實散亂，爲守白之論。汪君守白論一詞，當或本是。但以爲本書原名，未詳所據。），但鄙意對此，而書含有下列疑問：（一）隋志守白論，不載作者姓名，是否公孫所著，或爲他人述作，而書名偶同，均不可考。（二）公孫原本名家，隋志守白論列在道家，名道兩家，根本抵觸，縱以原書論旨，亦無攔入道家餘地，據此，或守白論另爲其他之道者所著，亦未可定。（三）汪君稱公孫龍子原名守白論，唐人作註，始改今名。考之漢書藝文志，固明載公孫龍子十四篇，何言唐人始改，且考漢唐諸志，及鄭樵所錄，統爲公孫龍子，並無守白論一名，均似可疑。總之，隋志守白論，現卽無相當證據，定爲公孫原著，最少亦當付諸疑似之例，不能謂隋志絕無其書也。迨石晉劉煦等纂修舊唐書，始明載公孫龍子三卷，幷賈大隱、陳嗣古註各一卷。賈爲武后時人，本書旣經釋註，當爲此書存在之證據。楊倞註荀子，其正名一篇，亦引堅白論證之，汪容甫定楊爲唐武宗時人，蓋是時已通行於世矣。宋史藝文志，載公孫龍子一卷，鄭樵通志亦載一卷，亡八篇，是本書完本，至宋始殘。玆就上述沿革，歸納爲左列數義：（一）由周至梁，本書完全無缺。（二）隋唐之際，本書佚存未定。（三）唐武后時，更見著錄，仍爲完本。（四）宋紹興前亡八篇，賸六篇，爲今本。（按本書謝希深序，稱「今閱所著書六篇」。謝爲英宗時人，是此八篇，在英宗之時，已經佚去。但謝序眞僞未定，暫仍鄭志，定如上文。）綜上四項，本書前後嬗變之迹，昭然可見，世亂兵燹，冊典播蕩，卽有晦顯之遭，寧爲眞僞之界，姚說至此，可不攻自破矣。（按近人李笠對姚說曾爲駁論曰：「古書有晦於前代，而現於後人者，卽如敦煌石室書，豈宋明人所及見耶？私家秘籍，偶然發現，亦不能概以僞書屏之也。卽如內經太素，載於隋志而不見於後來書目；袁昶偶然獲於異域者，豈可言其作僞哉？古代典籍，聚於公家，史臣亦祇就官有者而著錄之；其散入民間者，未必如近代之窮搜博訪也；故往往晦於一時耳。」其說亦允，見所著國學用書撰要。）

而孫碌讀王獻唐公孫龍懸解曰：

隋志凡注梁有者，皆據阮孝緒七略，而隋志名家不言梁有，則七錄亦必著於道家，而名爲守白論也。且除張湛列子注此論現存一證外，阮裕曾對謝安道白馬論，則江左之流傳未絕，固已鑿鑿可據也。而孔叢爲魏晉間所出之僞書，其公孫龍子篇，卽由本書跡府割裂改纂而成，爰兪撫取公孫龍之辭，以談微理，殆亦由是，復此上溯之兩漢，則鹽鐵論記丞相史引公孫龍之言，揚子法言論公孫龍詭辭數萬言，此皆前乎漢志者。而其同時者，如王充稱白馬之論，馮衍說碧雞之辯，亦與今書相應。然則其卽漢人所傳之本與？惜漢志著錄之十四篇，今僅存六篇，未能知其他八篇，亡於何時耳。王琯據鄭樵通志舊有十四篇，今亡八篇之說，而謂至宋始殘，此或本諸四庫提要之說，然未可信也。蓋隋志守白論，已是一卷，兩唐著錄之公孫龍子，或作三卷者，乃其分卷之異，而宋以來相傳之本，固皆如是者也。雖八篇之書，亡於何時，今不可考，而其必不在宋世，則可知也。試據以上所論，重爲考訂，公孫龍子傳本源流如左：（一）兩漢傳本：公孫龍子十四篇。（二）宋朝傳本：守白論一卷。（三）唐世傳本：公孫龍子三卷，亦作一卷。（四）宋世傳本：公孫龍子一卷。今世行本出於道藏，道藏所收古書，則均本諸宋刋本也。

又欒調甫名家篇籍考：

公孫龍子之名守白論，本書跡府篇云：「疾名實之散亂，因資財之所長，爲守白之論。假物取譬，以守白辯。」此其命名之由者一也。隋志雖錄於道家，然確知其不爲道家者，因老子云：「知其白，守其黑，爲天下式。」道家旨在守黑，而論名守白，顯非道家之言，二也。唐成玄英莊子疏云：「公孫龍著守白之論，見行於世。」又云：「堅白，公孫龍守白論也。」此唐人猶有稱公孫龍子爲守白論，三也。復合隋唐兩志考之，隋志道家有守白之論，而名家無公孫龍子；唐志名家有公孫龍子，而道家無守白論，是知其本爲一書，著錄家有出入互異，四也。至隋志著錄在道家，乃由魏晉以來，學者好治老莊書，而因莊、列有記公孫龍堅石白馬之辯，故亦摭拾其辭以談微理，此風已自晉人爰俞開之，而後來唐之張游朝著冲虛白馬非馬證，新唐志則入道家，宋之陳元景錄白馬、指物二論，以入其所著南華餘錄，亦在道藏，然則隋志之錄守白於道家，又何足疑，此其五也。

欒氏之說，徐復觀公孫龍子講疏頗採用之，以爲「漢書藝文志著錄公孫龍子十四篇，原注『趙人』。隋志道家有守白論一卷。現存六篇；其八篇，四庫全書總目提要以爲亡於宋時。清姚際恒古今僞書考，以爲『漢志所載，而隋志無之，其爲後人僞作無疑』。欒調甫有名家篇籍考，對此特加以解釋說：『公孫龍子之名守白論……五也。』按上引欒氏的說法中，除老子的守黑，乃指柔弱之人生態度，與公孫龍的守白，僅係名詞上的巧合對應，在內容上並不相對應外，餘均可以成立」(註二三)。

又譚戒甫公孫龍子形名發微曰：

按隋書經籍志名家不著錄公孫龍子，道家有「守白論一卷」，蓋即龍書。桓譚謂「公孫龍爲守白之論」，成玄英謂「公孫龍著守白論，見行於世」（見莊子天下篇疏，又見齊物論、秋水等疏。），皆可爲證。雖然，漢志公孫龍子，並無異名。至譚言龍爲守白之論，亦非謂龍全書名守白論也；而玄英乃始確論龍著守白論，譚爲漢光武時人；玄英爲唐太宗時人。然則此六百年中，守白論成爲書名，究起何時乎？嘗考龍之學原以白馬論爲最著，而其書編次亦以白馬論居首，文最易知。後之讀者開卷即味其文，輒驚爲新異而鑽研之，而談論者紛起矣。夫桓譚之說，本因白馬論而發。或東晉以後（張湛以後）之好事者視譚說爲弘通，乃抄錄新論此文以列於龍書白馬論之前；因中有「爲守白之論」句，適中當時談玄之風，遂目龍之全書爲守白論。約舉其時，守白論之成爲確定書名，疑在晉宋間矣。自此以後，復有人抄襲孔叢子及呂氏春秋，增作後段，與譚說前段合爲第一篇；以其聚述龍之事跡，名曰跡府。蓋自劉班校定龍書十四篇，中經漢魏六朝之亂，佚去九篇，存者五篇；至是又增跡府一篇，共得六篇，合爲一卷，署名守白論，其時亦當在隋代以前。及魏徵作隋書經籍志，或即依據舊目，未加深考，漫以守白二字入玄，仍歸道家；故玄英所見龍書，確爲守白論也。然據高宗咸亨二年，王師政出示龍書，又似不名守白論者；或二名並行，亦未可知(註二四)。

譚氏復引全祖望鮚埼亭集外編卷三十四題跋八書程雲莊語錄後(註二五)一文，稱「程氏守白論，乃剽竊今存公孫龍子五篇之字句所成，並非純談守白，名實未符」，是後人多有以守白論卽先代之公孫龍子者。而上述諸家，似皆偏從守白論說公孫龍子，並依時代，剖析是書可能之流傳情形，較前人立說又自不同。

而譚氏公孫龍子形名發微又曰：

按宋史藝文志名家類，只載「公孫龍子一卷」，然鄭樵通志藝文略名家云：「公孫龍子一卷，舊十四篇，今亡八篇。又一卷，陳嗣古注。又一卷，賈大隱注。」而崇文總目、文獻通考、郡齋讀書志、直齋書錄解題皆載三卷。然則一卷本與三卷本，宋仍並行也。解題云：「今書六篇，其敍孔穿事，文意重複。」蓋陳振孫亦不信跡府之爲原文。若據唐初王師政出示之六篇一卷本，則鄭氏「今亡八篇」之說，固不得視爲唐有完書而缺於五代也。然四庫總目謂「至宋時八篇已亡」，殆猶爲鄭說所惑與(註二六)？

同書又曰：

所著書，漢劉向校錄之爲十四篇。　案漢書藝文志名家載「公孫龍子十四篇」，本諸劉略。今道藏本三卷，六篇：上卷，跡府白馬；中卷，指物通變；下卷，堅白名實：亦有六篇合爲一卷者。然跡府第一，後人所增，實存五篇云(註二七)。

又曰：

跡府第二　案今公孫龍子全書六篇，首篇原題跡府第一。舊注：「府，聚也。述作論事之迹，聚之於篇中，因以名篇。」文祇二段：前段爲後漢桓譚所作；後段核由孔叢子抄襲而成，或唐人所增。謂之跡府，疏略不倫。且後五篇皆曰論，此次第一，宜卽別傳之類耳(註二八)。

余嘉錫四庫提要辨證子四：

公孫龍子三卷（周公孫龍）

其書，漢志著錄十四篇，至宋時，八篇已亡，今僅存跡府、白馬、指物、通變、堅白、名實凡六篇。謹案：此書隋志不著錄。（姚振宗漢書藝文志條理卷二云：「隋志，道家，守白論一卷，不著撰人，蓋卽此書。」[止]嘉錫案：此姚氏臆說，不可信。）新舊唐志皆三卷，蓋佚而復出，新志又別有陳嗣古注公孫龍子、賈大隱注公孫龍子各一卷，是其卷數有不同。考文苑英華卷七百五十八，有唐人擬公孫龍子論（此文在崔弘慶二篇之後，題下不著撰人，文中稱宗人王先生，則非崔作也。）云：（公孫龍者，古之辯士也。嘗聞其論，願見其書。咸亨二十年，歲次辛未（按咸亨紀元止四年，其二年，歲次辛未，此衍一「十」字。），十二月庚寅。僕自嵩山，遊於汝陽。有宗人王先生，名師政，字元直，春秋將七十，博聞多藝，安時樂道，恬澹浮沉，罕有知者。僕過甜焉，縱言及於指馬，因出其書以示僕，凡六篇，勒成一卷。……」止咸亨爲唐高宗年號，是此書在初唐時，已止有六篇，其篇名皆與今本相同。然則非至宋時始亡其八篇也。宋崇文總目，中興書目（見玉海卷五十三引），及宋志著錄，皆止一卷；趙希弁讀書附志卷五、陳振孫直齋書錄解題卷十，著錄者皆三卷，是宋時亦有兩本，與唐同。今本作三卷，蓋猶唐宋之舊，其文實較一卷之本，無所增益也。又考隋志名家，無公孫龍子。余取其所著錄，及注中所謂梁有某書者並數之，凡得九種二十二卷，而廣弘明集卷三所錄阮孝緒七錄序云：「名部九種九帙二十二卷。」止種數相同，而書多一卷，如兩書數目字皆不誤，則疑阮孝緒並與姚信所著兩書爲一種（隋志注云：「梁有士緯新書十卷，姚信撰；又姚氏新書二卷，與士緯相似。」止嘉錫案：二書爲一人所撰，文又相似，疑卽一書，但文有繁簡耳。），較隋志尚多一種一卷，蓋卽公孫龍子（昔人謂隋志注爲梁有者，皆指七錄，非也。志中縱橫家、農家所注梁有之書，皆較七錄序爲多，疑其所指，乃梁文德殿書目，或天監書目也。）。若果如余之所臆測，則此書在梁時，已祇存一卷，當卽唐宋人所見之本，八篇之亡亦已久矣。

余氏所云，似亦偏於主觀成份者多，其立說，並基於今本公孫龍子六篇爲龍所撰殘存之篇。又胡道靜公孫龍子考說云：

唐初所傳龍子，卽僅六篇，證以隋志缺錄龍書，則漢志十四篇之舊，已殘於隋唐之間矣(註二九)。

又陳直周秦諸子述略：

今本僅存六篇，跡府篇有云：「龍與孔穿會趙平原家。」孔叢子屢言子高與平原君、信陵君、魏安王同時，則龍當爲趙文王時人無疑。首云「公孫龍，六國時辯士也」，似非其自撰。周秦諸子類此者多，不足怪也。淮南子道應訓云：「昔者，公孫龍在趙之時，語弟子曰：『人而無能者，龍不能與游。』亦當爲六篇之佚文。

錢師賓四公孫龍傳略曰：

龍著書十四篇，見漢書藝文志名家。至唐時而殘（公孫龍書，隋志不著錄，舊唐志三卷，與今道藏本卷數同，則殘於唐矣。）。今存白馬、指物、通變　堅白、名實，凡五篇。篇首有跡府一篇，疑非原書也。（跡府一篇，文同孔叢子。四庫提要，謂龍自著書，欲伸己說，孔叢僞本，出於晉宋之間。今按非也，以文而論，蓋後人襲孔叢書而刪節，以冠之龍書者耳。）（註三〇）

蔣伯潛諸子通考曰：

公孫龍子考　漢志諸子略，名家有公孫龍子十四篇，自注曰：「趙人。」隋志不錄此書。舊唐志作三卷，通志作一卷，四庫全書收入雜家，僅六篇，卽今存本也。較之漢志所錄，已亡其八也。（註三一）

漢志著公孫龍子十四篇，今止餘六篇，其論無厚之說，已不可考。（註三二）

又羅根澤，亦以六篇爲眞，於其所撰鄧析子探源中云：

跡府一篇，出後人之手，而他五篇，舍姚際恒及黃雲眉等極少數人外，似莫有疑之者（註三三）。杜國庠先秦諸子的若干研究，於公孫龍子，則曰：

關於現存六篇之非僞作，還可從史記集解所引劉向別錄，鄒衍批評公孫龍之言，得到證明。現在把它抄在下面，「齊使鄒衍過趙，平原君見公孫龍及其徒綦毋子之屬，論白馬非馬之辯，以問鄒子。鄒子曰：不可。彼天下之辯，有五勝三至，而辭正為下。辯者別殊類，使不相害；序異端，使不相亂；抒意通指，明其所謂，使人與知焉，不務相迷也。故勝者不失其所守，不勝者得其所求，若是，故辯可為也。及至煩文以相假，飾詞以相悖，巧譬以相移，引人聲使，不得及其意，如此害大道。夫繳紛爭言而競後息，不能無害君子。坐皆稱善。」鄒衍這段批評，是站在儒家名學的立場去批評公孫龍的。「及至煩文以相假」以下，好像是指着現在六篇之書說的。指物篇有似「煩文以相假」，白馬論有似「飾詞以相悖」，通變論黃馬、碧雞之辭有似「巧譬以相移」。細讀兩家之文，可知鄒衍之言，確有所指，並非泛泛其斥責一般辯者通病的說話。劉向是見到公孫龍子定本的，他於別錄記這故事，必非無據；而現在六篇又這樣地有似鄒衍批評的對象，可見這書不是後人僞作。而且，自漢以後，名學衰竭，晉魯勝說：「自鄧析至秦時，名家者，世有篇籍，率頗難知，後學莫復傳習，于今五百餘歲，遂亡絕。墨辯有上下經，經各有說，凡四篇，與其書衆篇連第，故獨存。」魯勝雖為墨經作注，復也不傳。碧雞白馬之詞，僅供文人的藻飾。公孫龍子唐宋舊注，也只存謝希深一家。而宋濂諸子辨，關於公孫龍子，且說：「予嘗取而讀之，白馬非馬之喻，堅白同異之言，終不可解。後屢閱之，見其如捕龍蛇，奮迅騰騫，益不可指手，甚哉其辨也。然而名實愈不可正，何邪？言弗醇也。天下未有言弗醇而能正，苟欲名實之正，亟火之。」自己讀了不懂，恨不得趕快把人家的書燒掉，這是什麼話！從這裏，也可見公孫龍子是後人僞不來的。至於這部書，在先秦名家的發展上，形成了它的重要一環；在思想和文字上，反映了戰國當時的社會，都是不容易作僞的。

張心澂氏之僞書通考子部名家類遂據此而云：

公孫龍子三卷　　疑僞，非僞。(註三四)

此實已予諸家考論公孫龍子其書之眞僞，所持之觀點一恰切之說明，卽雖或有疑其書爲僞者，終證明其書之「非僞」。

於此，吾人願提出一與前者持相同之論點，而言之成理者，此卽近人阮廷卓氏。阮氏於其所撰，論今本公孫龍子出現的年代及其眞僞(註三五)一文中，暢論其書曰：

公孫龍子一書，在漢書藝文志著錄有十四篇，但到了隋書經籍志，却沒有記載，而陳嗣古、賈大隱的注各一卷。這書既然到了隋志已沒有記載，爲什麼反而會出現在兩唐書的志裏呢？這其中的情形，是很值得我們注意的。

我們要解決這問題，最好的辦法，還是直接考知這書在那時的存佚情形，從這存佚的情形當中，自然會得到它的消息的。這書著錄於漢志，在漢代本當存在，是不成問題的。今據列子仲尼篇，公孫龍誑魏王云：「白馬非馬。」張湛注：「此論見存，多有辨之者。辨之者皆不弘通，故闕而不論也。」則晉人猶能見到這書。但是到了南北朝時，大約因爲世亂兵燹，而典籍播蕩，這書在梁朝已散佚了。

（一）世說新語文學篇云：「謝安年少時，請阮光祿道白馬論。」劉孝標注：「孔叢子曰：趙人公孫龍云：『白馬非馬。馬者所以命形；白者所以命色。夫命色者非命形，故曰白馬非馬也。』」劉孝標這注不逕引公孫龍子白馬論本文，而去轉引孔叢子所載，這是很值得我們懷疑的。考時人對他，有書淫之稱。假如這書當時仍存在，爲何不直接去引本文呢？

（二）與其同時的庾仲容，嘗著有子鈔三十卷。據陳振孫直齋書錄解題卷十云：「子鈔三十卷，梁尙書左丞潁川仲容子仲撰。所取諸子之書百有五家，其間頗有與今世見行書不同者，而亡者亦多矣。」這書現雖不存，但其目，仍存於高似孫的子略中。查子略所載原目，竟未收這書。又馬總所撰意林十卷，今本五卷，高氏子略稱其「一遵庾目，多者十餘句，少者一二言。比子鈔更爲取之嚴，保之精且約也。」今查意林原目，亦無這書。

但是據劉勰文心雕龍諸子篇云：「公孫之白馬孤犢，辭巧理拙，魏牟比之鴞鳥，非妄貶也。」依這說來，劉氏正見其書，又怎能說這書在梁朝已散佚呢？案黃叔琳注云：「列子公孫龍誑魏王曰：『白馬非馬，孤犢未嘗有母。』案列子所述魏公子牟正深悅公孫龍之辨，所謂承其餘竅者也。莊子秋水篇則異是。龍問牟：『吾自以爲至達已，今聞莊子之言，無所開吾喙，何也？』公子牟有埳井之鼃謂東海之鼈之喻，是鴞鳥當作井鼃矣。」我們看了這注，便可知劉勰此文本於列子及莊子的，而且還把莊子的事源也弄錯了。又據王充論衡書案篇云：「公孫龍著堅白之論，析言剖辭，務折曲之言，無道理之較，無益於治。」這大約就是劉氏說他「辭巧理拙」的原因吧！直到了隋代及唐初，這書仍未見人稱引，或見諸著錄，似仍在散佚之中。這裏我們有三項證據可以爲驗：

（一）隋志編在貞觀三年至十年。隋書原跋云：「貞觀三年，續詔秘書監魏徵脩隋史，左僕射房玄齡總監。徵又奏於中書省置秘書內省，令前中書侍郎顏師古、給事中孔穎達、著作郎許恭宗撰隋史。徵總知其務，多所損益，務存簡正，序論皆徵所作，凡成帝紀五、列傳五十。十年正月壬子，徵等詣闕上之。」而隋志却未收這書。

（二）魏徵之羣書治要成於貞觀五年，唐會要卷三十六云：「貞觀五年九月二十七日，秘書監魏徵撰羣書治要上之。」又原序云：「爰自六經，訖乎諸子，上始五帝，下訖晉年，凡爲五袠，合五十卷。本求治要，故以治要爲名。」治要一書，收錄經史諸子之文至廣，先秦古籍今已散佚的，有部份却因其書而保存。但查今本原目，亦無這書。

（三）李善文選注成於顯慶三年，上文選表云：「殺靑甫就，輕用上聞，享帚自珍，緘石知謬，敢有塵於廣內，庶無遺於小說。謹詣闕奉進，伏願鴻慈，曲垂照覽。謹言。顯慶三年九月上表。」善注徵引羣書，取材繁富，所引諸子凡八十五種，目載汪師韓文選理學權輿卷二。但是値得我們注意的，李善竟未引過這書片字。卷五十五載劉孝標廣絕交論：「縱碧雞之雄辯。」李善注：「馮衍與鄧禹書曰：『衍以爲寫神輸意，則聊城之說，碧雞之辯，不足難也。』」而碧雞之辯本出公孫龍子通變論，是漢時馮衍尙見這書。劉氏自序則嘗比跡敬通，以爲有三同四異。故必熟此文，可見他此文是襲自馮衍的。今李善這注不引公孫龍子本文，顯見當時這書已散佚，惟近人王琯則據劉孝標此文，斷定這書在梁朝仍在。便爲失考了。

根據以上的三點，我們可以知道公孫龍子這書，在顯慶三年時仍未見傳本。不過今考莊子天下篇成玄英疏云：「公孫龍著守白論，見行於世。」又秋水篇疏云：「孫龍稟性聰明，率才宏辯，著守白之論，以博辯知名。」據此，則這書在成玄英時尚存，成疏成書的年代雖無可考，惟檢唐書藝文志本注，知其係貞觀至永徽年間人，那麼剛才的說法豈不就被推翻了呢？但是我們若再進一層去推考，却可以知道成玄英的話也不一定可信的。

（一）這書自漢志著錄已同今名，且前人稱引，也絕不云公孫龍著有守白論，今成疏獨稱其著守白論，不知何據？

（二）又考隋志道家類有守白論一卷，不著作者姓名。在我看來，成玄英在當時見到的，也許就是隋志的守白論，而公孫龍書恰巧有堅白論，所以便錯爲公孫龍所著，說其書「見行於世」了。

像這樣的解釋，則對於成疏所引起的疑團，我想總可以冰釋的罷！這書雖然散佚已久，但是在民間可能尚有殘存的古本，經過後人的整比而重新出現的。而這書的出現，却在咸亨二年，全唐文卷九百八十七，載闕名擬公孫龍子論云：「公孫龍者，古之辯士也，嘗聞其論，願覩其書。咸亨二年，歲次辛未，十二月庚寅，僕自嵩山，遊於汝陽。有宗人王先生，名師政，字元直，將七十，博聞多藝，安時樂道，恬澹浮沉，罕有知者。僕過甜焉，縱言及於指馬，因出其書以示僕，凡六篇，勒成一卷。」由顯慶三年至咸亨二年，相距只十三年，而今本公孫龍子的出現，當在這十三年間。而且我們據「嘗聞其論，願觀其書」，這兩句話的推測，則這書在那時尙不很普遍。又云：「遂和墨襞紙，授翰寫心，篇卷字數，皆不踰公孫之作；人物義理，皆反取公孫之意。觸類而長，隨方而說，質明而作，日中而就，就以事源代迹府，因意而存義也；以幸食代白馬，尋色而推味也；以慮心代指物，自外而明內也；以達化代通變，緣文而轉稱也；以香辛代堅白，馮遠而取近也；以稱足代名實，居中而擬正也。或用數陳色，或反色在數，或棄色取味，或以氣轉形，明天下之言，無不及也。」其篇次是；首迹府、次白馬、次指物、次通變、次堅白、次名實，已同今本。尤可證那時出現之本卽爲今本，而自此之後，這書始重見著錄。

我們旣知道了這書的出現源流以後，至於這書的眞僞問題也就迎刃而解了。……至如後五篇，若假定它是僞的話，則作僞必始於唐人，但是這五篇的文字極古樸，非漢以前人不能爲，唐人又豈能有此手筆呢？而且篇中所言，與先秦諸子所稱的公孫龍子學說全無違異。若我們說這五篇是後人所僞作，則作僞的人對於公孫龍子學說總不至僞做得如此吻合？照理多少也會露出些破綻來的。可是現在我們在這方面仍未發現有力的證據呢？

用文字學說證公孫龍子不僞者，又有周駿富氏之公孫龍子文例，曰：

至其眞僞問題，我人僅可承認二千又五十字（以道藏本計之：白馬篇四百九十三，指物篇二百七十，通變篇五百四十四，堅白篇四百九十五，名實篇二百四十八，跡府篇不入數。另說郛本：白馬篇四百九十三，指物篇二百九十六，通變篇五百四十七，堅白篇五百零一，名實篇二百四十六），爲公孫龍子戰國時期之著作，餘則存疑。就語彙文法二例言之，其術語使用，皆爲先秦名家所共同使用之習見語，由此窺知，公孫龍之名學，確與當時之墨徒及辯者，有密切之關係。並可藉此片斷術語，知公孫龍之學，乃上承倪、惠學說。……其文法運用之結構，與他書比較，皆類同先秦諸子典籍，尤與莊、荀二書相近，故公孫龍子之爲書，成於戰國時代，毫無疑義。唯迹府篇爲例外，四庫全書提要及陳振孫，疑是僞作，信然。是篇所使用之語彙及文法，與漢以後之文字爲近，蓋漢以後，南北朝以前之作品也。（註三六）

綜前所引述，世之究公孫龍子，而所以目其書，有如下數者：

一、漢志十四篇，今本六篇，亡八篇：主之者，有鄭樵通志藝文略、黃震黃氏日抄讀諸子、馬端臨文獻通考經籍考、宋濂宋文憲公全集諸子辨、四庫全書總目提要、周中孚鄭堂讀書記、王啓湘公孫龍子校詮、梁啓超漢書藝文志諸子略考釋及漢志諸子略各書存佚眞僞表、汪兆鏞跋陳澧公孫龍子注、顧實重考古今僞書考及漢書藝文志講疏、王琯公孫龍子懸解叙錄、孫碌讀王獻唐公孫龍子懸解、欒調甫名家篇籍考、余嘉錫四庫提要辨證、胡道靜公孫龍子考、蔣伯潛諸子通考、羅根澤鄧析子探源、杜國庠先秦諸子的若干研究、張心澂僞書通考、馮友蘭中國哲學史、伍非百公孫龍子發微、錢基博公孫龍子校讀記等。

二、漢志十四篇，今本六篇，而其中跡府篇爲後人所作者。然各家之觀點又復互異：

（一）以跡府之文爲可疑者：陳振孫直齋書錄解題主之。

（二）以跡府非公孫龍自撰者：陳直周秦諸子述略、錢穆惠施公孫龍公孫龍傳略、郭鼎堂十批判書、胡適中國哲學史大綱、宇野哲人支那哲學史、渡邊秀方支那哲學史概論、范壽康中國哲學史綱要、金受申公孫龍子釋、陳柱公孫龍子集解等主之。

（三）以跡府爲公孫龍門人記錄者：楊壽籛公孫龍子釋義主之。

（四）以跡府爲戰國末年或西漢初年名家後學所編者：徐復觀公孫龍子講疏主之。

（五）以跡府爲漢人編集者：劉汝霖周秦諸子考主之。

（六）以跡府爲漢以後南北朝以前之作品：周駿富公孫龍子文例主之。

（七）以跡府一篇或為唐人所抄襲以成書者：譚戒甫公孫龍子形名發微主之。

三、公孫龍子一書為偽者：

（一）以公孫龍子一書為漢初辯者之徒所編述者：津田左右吉道家の思想と其の展開主之。

（二）以公孫龍子一書，漢志所載，隋志無之，證今本為偽者：姚際恒古今偽書考主之。

（三）以公孫龍之重要學說，幾盡於五篇，卽有餘義，亦難舖陳至八九篇，而證今本公孫龍子為偽者：黃雲眉古今偽書考補證主之。

自此以觀，以公孫龍子一書為偽之說法，其難為人所接受也如此。而漢志公孫龍子十四篇，今本但六篇耳，世之釋其事者亦復不同：

一、唐本六篇：王啓湘公孫龍子校詮、胡道靜公孫龍子考、譚戒甫公孫龍子形名發微、錢穆惠施公孫龍公孫龍傳略、阮廷卓論今本公孫龍子出現的年代及其眞偽、伍非百公孫龍子發微等主之。

二、宋時八篇已亡，存六篇：陳振孫直齋書錄解題、四庫總目提要、余嘉錫四庫提要辨證等主之。

三、宋亡八篇，存六篇：鄭樵通志藝文略、馬端臨文獻通考經籍考、汪兆鏞跋陳澧公孫龍子注、顧實漢藝文志講疏、楊壽籛公孫龍子釋義、王琯公孫龍子懸解等主之。

四、所亡八篇非宋之時，確時已不可考：孫硃讀王獻唐公孫龍子懸解主之。

五、世傳六篇：吳萊淵潁吳先生集讀公孫龍子主之。

三　有關公孫龍學說思想淵源之爭論

後人於公孫龍爲名家之說，自劉歆班固以下，似皆無異辭。而名家者，史記卷一百三十太史公自序，司馬談論六家要指曰：

名家使人儉而善失眞，然其正名實，不可不察也。

又曰：

名家苛察繳繞，使人不得反其意，專決於名，而失人情。故曰：使人儉而善失眞。若夫控名責實，參伍不失，此不可不察也。

其以名家，主控名責實，參伍不失，而索隱引劉向別錄云：

名家流出於禮官，古者，名位不同，禮亦異數。孔子曰：「必也正名乎！」其後，班孟堅修漢書，卷三十曰藝文志，並從劉向、歆父子七略，說益加詳於要指。且於各家，標其著述，而淵源、流傳以明。其論名家，則曰：

鄧析二篇（鄭人與子產並時）

尹文子一篇（說齊宣王先公孫龍）

公孫龍子十四篇（趙人）

成公生五篇（與黃公等同時）

惠子一篇（名施與莊子同時）

黃公四篇（名疵為秦博士作歌詩在秦時歌詩中）

毛公九篇（趙人與公孫龍等並游平原君趙勝家）

右名七家三十六篇。

名家者流，蓋出於禮官。古者，名位不同，禮亦異數。孔子曰：「必也正名乎！名不正，則言不順；言不順，則事不成。」此其所長也。及警者為之，則苟鉤鈲析亂而已。

由此以觀之，名家者流，可上推鄧析、尹文，龍自其流亞也。復以劉、班引孔子說以證成正名實之爲要，自是遂有傅會龍與夫子具某種承襲關係者，章實齋校讎通義卷三云：

鄧析、公孫龍之名，不得自外於聖人之名，而所以持而辨者也。

劉熙載昨非集翼名：

詩曰：「亦白其馬。」言白不僅馬也。曰：「有馬白顚。」言馬不皆白也。白不僅馬，馬去白在；馬不皆白，白去馬在。然馬之白與非白，不足爲馬之輕重；而白之馬與非馬，足爲白之輕重。故增一字，損一字，易一字，其中必有大原委焉。公孫龍白馬篇，與詩義同。龍，名家者流也。春秋之法，名不可以假人。故或求名而不得，或欲蓋而名章，誠愼之也，詩意蓋足以蔽之哉！

蘇輿春秋繁露義證實性篇注：

若公孫龍、尹文子之徒，雖亦據吾夫子正名爲說，然區區物質形色之辨，其學小矣。

而康有爲論語注敍更云：

夫孔子之後，七十弟子各述所聞以爲教，枝派繁多，澹臺率弟子三百人渡江，田子方、莊周傳子貢之學，商瞿傳易，公孫龍傳堅白。

今按劉向校上荀子固嘗云：「趙亦有公孫龍，爲堅白同異之辭，然非先王之法也，皆不循孔子之術。」又揚雄法言吾子篇亦云：「或問公孫龍詭辯數萬，以爲法，法與？曰：斷木爲棊，梡革爲鞠，亦皆有法焉。不合乎先王之法者，君子不法也。」是公孫龍之學出於孔子，特後起之說，雖亦頗有流行，不爲的論。

而有清中葉以後，名墨訾應之論漸盛。名墨相應之說，晉人魯勝已發之，晉書卷九十四隱逸魯勝傳引勝墨辯注序云：

墨子著書，作辯經，以立名本。惠施、公孫龍祖述其學，以正刑名顯於世。

而張惠言書墨子經說解後：

觀墨子之書，經說、大小取、盡同異堅白之術。蓋縱橫、名、法家、惠施、公孫、申、韓之屬皆出焉。

又汪中墨子序：

公孫龍爲平原君客，當趙惠文、孝成二王之世，始治墨經。

陳澧東塾讀書記諸子：

畢秋帆云：「經上下，經說上下四篇，有似堅白異同之辯。」（墨子畢刻本孫淵如附記此語）

澧案：大取篇云：「非白馬焉，執駒焉如求之舞，說非也。」又云：「苟是石焉，白敗是石也，盡與白同是石焉。」小取篇云：「白馬，馬也；乘白馬，乘馬也。驪馬，馬也；乘驪馬，乘馬也。盜人，人也；多盜，多非人也；無盜，非無人也。愛盜，非愛人也；不愛盜，非不愛人也。」

澧案：此與公孫之說相似。公孫龍之學，出於墨氏。然墨子言「白馬，馬也」，公孫龍則云「白馬，非馬」。其說云：「求馬，黃黑馬皆可致；求白馬，黃黑馬不可致。故曰：白馬非馬。」又云：「堅白石三，可乎？曰：不可。視不得其所堅，拊不得其所白。且猶白以火見，而火不見，則火與目不見而神見。堅以手而手以捶，是捶與手知而不知，而神與不知，神乎？是之謂離焉。」皆較墨子之說，更轉而求深，皆由於正言若反而加以變幻。然其末篇則云：「古之明王，審其名實，愼其所謂。」其大旨不過如是，何必變幻乎？

其後，孫詒讓籀膏述林卷十，與梁卓如論墨子書曰：

墨經揭擧精理，引而不發，爲周名家言之宗。而惠施、公孫龍竊其緒餘，迺流於儇詭口給，別成流派，非墨子之本意也。

梁啓超墨子學案附錄一則云：

惠施、公孫龍，皆所謂名家者流也，而其學實出於墨。墨經言名學過半，而施、龍辯辭，亦多與經出入。公孫龍亦嘗勸燕昭王偃兵，可見皆宗墨學。

孫、梁二氏，以為非且公孫龍，卽名家之本身，亦莫非出於墨。胡適中國哲學史大綱曰：

公孫龍一般人的學說，大旨雖然與惠施相同。但惠施的學說，歸到一種氾愛萬物的人生哲學；這班人的學說，歸到正名的名學。這是他們的區別，但公孫龍到處勸人偃兵，大概也是信兼愛非攻的人，可知他終是墨家一派(註三七)。

景昌極名家公孫龍子之唯象主義，論別墨與名家云(註三八)：

莊子天下篇曰：「相里勤之弟子，五侯之徒，南方之墨者，苦獲、已齒、鄧陵子之屬，俱誦墨經，而倍譎不同，相謂別墨，以堅白同異之辯相訾，以觭偶不仵之辭相應。」其脫離正統之名家，自成一派，實無疑義，今觀於魯勝所稱墨辯四篇（經上、經下、經說上、經說下），固多所謂堅白同異之辯，與夫觭偶不仵之辭，其為別墨之書，亦無異義。其與名家之關係，則說者不一，有以為卽名家者，以余觀之，別墨者，名家之前驅，而異夫後之名家者也。曷以言別墨者，名家之前驅也，一者，名家之態度，別墨實或起之，如古有五行之說（見書洪範），後之儒家，又述而大之（如荀子非十二子篇，稱子思、孟子，「案往舊造說，謂之五行」，亦見韓詩外傳），而經上則曰：「五行無常勝，說在宜。」其攻訐當時舊說之態度，可以概見，苟能繼續發展，後來五行生尅之荒謬醫學，當早絕迹矣。他若辨名之清晰，論理之合法，近世學者，類能言之，公孫龍子之科學的態度，實出於是。二者，名家問題，別墨實或起之；今存墨辯，雖篇脫簡缺，多不可解，而惠施、公孫龍等所討論之問題，墨辯中幾無不有，關於堅白、牛馬、指物之名詞，亦屢見而不一見，如「景不徙，說在改爲」之條，且與惠施之「飛鳥之影，未嘗動也」（見莊子天下篇），及公孫龍之「有影不動」（見列子仲尼篇），意義全同，其所究對象之同，從可知矣。曷以言別墨異夫後來之名家也，一者，其與名家同者，前已言之，而其學說之不同，固自若也。惟其有相同，故曰相應；惟其有相異，故曰相訾。且其同者少而不同者多，其同者小而其不同者大。試略就墨辯中之可解者，與公孫龍之言較之，公孫龍曰：「有意不心。」（見列子仲尼篇，意指一切心理作用，朱子所謂心之所發爲意者是也。心指一切作用之體。公孫龍不承認心有本體。公孫龍子堅白論中尙有他證。）墨辯則曰：「知材也。」又曰：「生，形與知處也。」又曰：「臥，知無知也。」（見經上，明明承認心有本體。）又曰：

「循所聞而得其意，心之察也。」（此更可見心意之分。）公孫龍曰：「堅白石三，可乎？曰：不可。曰：二，可乎？曰：可。」（見公孫龍子堅白論。石，衆人所謂物，或本體也；堅白，衆人所謂物德，或現象也——公孫龍子謂物德曰指。胡適氏首解指爲物德，甚是。惜其未能因此推見指物論之學說耳——。公孫龍不認現象之外，更有本體，不認指之外，更有物；不認堅白之外，更有石。故謂石者，祇堅白二現象組成，非於二現象之外，更有第三之本體。公孫龍子一書，大半皆發揮此理，至顯且明。）又曰：「二有一乎？曰：二無一。」（見公孫龍子通變論。此一，卽前之三。二加一爲三。故單則稱一，合則稱三也。二卽堅白，一卽石也。亦謂除堅白之外，更無石也。此類證據極多。）墨辯則曰：「有指於二，而不可逃，說在叄。」（此認堅白二者，僅爲指——現象，必有第三之本體——石——也。）又大取篇曰：「一人指，非一人也。」（亦言人之德——包括相用，非人之體。）又經上曰：「物，一體也。」（按吾國周秦諸子，多以「一」表道或本體，所謂「惟初太極，道立於一。」——說文——各家皆言，不煩僂指，惟公孫龍乃始破之。）外此相異之處尙多。且墨辯之字句，與公孫龍子「或曰」下之字句，多有相同者，尤足見其徵引駁詰之迹，亦可知其說之大體相異矣。二者，別墨與名家斷非一派，可卽於莊子天下篇之析別墨，與惠施、桓團、公孫龍等爲二段而知之。惠施、鄧析，皆不顧道德，尤非墨家所宜有，信若墨辯爲公孫龍等所作者，則公孫龍等又何必別自著書乎？故曰：別墨者，名家之前驅，而異乎後之名家者也。

剖析名墨之依承淵源至爲詳盡。又鄧雲昭墨經正文解義別墨考曰：

別墨者，同而異，異而同者也。或得墨之一端，而未覩其全體；或據墨之近似，而轉失其本眞，間嘗考之，固有見於當時者，亦有尙存於後世者，是可得而言焉。莊子距墨未遠，而其時別墨已熾，惠施、桓團、公孫龍卽其人者，然亦不過得墨辯才之一端耳。顧其說則又與墨相左，墨之言曰：「非白馬焉執駒。」惠施則曰：「孤駒未嘗有母。」墨之言曰：「知，知狗重知犬。」惠施則曰：「狗非犬。」故莊子以爲倍譎不同。桓團之書不傳，而倍譎之尤者，莫若公孫龍子。龍始學於墨，繼又別於墨而欲以相高，而顧竊墨微眇之言以文其書，而復正用其言，反用其意。今按經說下篇：「牛狂與馬惟異」一段，龍據其文而衍爲通變論；「彼，正名者彼此」一段，龍據其文而衍爲名實論；上下篇言「堅白」數處，及「目見火見」等語，龍據其文而衍爲堅白論；上篇「牛馬之非牛」，與夫「數牛數馬則牛馬二，數牛馬則牛馬一」（按此皆下篇語），下篇「白馬多白，視馬不多視」等語，龍據其文而衍爲白馬非馬論，於言則正用之，於意復反用之，倍譎甚已！禽滑釐學於子夏，是出儒而入於墨者也；龍又出墨而入於名者也。然觀其書，特相高以言，相辯以口，韓非所謂「虛詞可以勝一國，考實不能謾一人」，史公以其「善失眞」，班氏亦言「鉤鈲析亂」，若公孫龍者，正名家之蟊賊，墨氏之叛臣也已。

楊壽籛墨子釋義亦以龍說不必受墨之範圍，其言曰：

顧世之論者，或謂公孫之旨同於墨氏，是有誤也。如近代孫詒讓氏，作墨子閒詁，於經說上下諸篇，關乎辭句，有與公孫論相似者，未深辯究，遂引公孫之文證之，而謂爲塙詁。孫君序云：「經說上下篇，與莊周所述惠施之論，及公孫龍書相出入，似原出墨子，而諸鉅子以其說綴益之。」是直納公孫於別墨之倫矣。厥議一唱，和者繼起，幾成定論，公孫之眞相全失，斯則余之所未敢緘默者也。夫公孫與墨之淵源，無可考見，或者以其生於墨後，當亦曾受墨說之濡染，以引其趣，則夫學之成也，謂得助力於墨，斯或可矣。然得其助力，不必遂受其範圍。蓋公孫之學，視墨則已大進，其說不特不可綴益於墨，以余所見，乃在在有以非墨者，堅白論一篇，其最著者也。

楊氏之說，似近於梁任公，梁氏以爲「古代學術，老孔墨三聖集其大成。……三聖以後，百家競作，各有其獨到之處，觀其一節，時或視三聖所造爲深，然思想淵源，蓋罔不導自三聖」，續云：「前此一大師之與，全思想界皆受其影響，不必其直傳之弟子而始然也。後此一大師之與，雖淵源有所自承，而其學說內容，決不盡同於其師。苟盡同矣，則不能自成一家矣。故謂後此學派與三聖有淵源則可，謂其爲三聖所包含則不可；謂某派與某聖因緣較深則可，謂某派爲某聖之支與流裔，而截然與他聖無關則不可。」(註三九)於楊氏，不過標出公孫龍與墨之關係。他家則似特重其間之關係，不爲同，卽爲非，此名墨訾應之說所由起也。如黃雲眉古今僞書考補證曰：

公孫龍以博辯馳騁當時，後之學者雖多詆譏，皆不能擯其說而不論，則亦墨子以後一才士矣。其學，大抵以極微奧，覈名實爲歸，與墨辯關係最深。而其主張偃兵，又與墨子兼愛非攻之說合。

又王琯公孫龍懸解敍錄曰：

公孫誦經，係於方法方面，傳其論辯之術；於義理方面，則或背而不遵。嗚呼！所謂倍譎者在是，所謂私淑者亦在是也。雖然，公孫龍而果出於墨者，其在墨門之中，居何地位，是當明瞭墨學傳受之派別，關於此節，任公論之最審，其言曰：「墨子之所以教者，曰愛與智。天志、尙同、兼愛諸篇，墨子言之，而弟子述之者，什九皆教愛之言也。經上下兩篇，半出墨子自著，南北墨者俱誦之，或誦所聞，或參已見，以爲經說，則教智之言也。」（墨經校釋序）嘗就任公之說，分墨子爲兩宗，一屬於教愛者，爲墨子之倫理學；一屬於教智者，爲墨子之辯證學。夷考其源，係以所得之辯證方法，闡其所抱之倫理主義。言愛，言智，理實一貫，而從屬傳授，每就性之所近，各有專習，得其倫理一派，多演爲實踐家，如孟勝、禽滑釐諸人是也；得其辯證一派，多演爲名理學，如三墨、惠施諸人是也。……公孫龍後墨子一百餘歲（略據梁任公先秦政治思想史人物年代表），雖以晚出，未獲親炙，但旣誦習墨經，而得其籀理方法，應爲辯證一派。所不可掩者，惟曾勸燕昭王、趙惠王偃兵，亦似受墨子非攻主義之影響，似於倫理一派，但置之公孫學說全部，仍當認爲末耑。（註四〇）

金受申公孫龍考，論公孫龍學出墨氏，其證，爲呂氏春秋審應覽「龍曰：偃兵，兼愛天下之心也」一語。以爲此語「蓋襲用墨家術語」。且曰：「受申按此卽證明公孫龍爲別墨之說；而今世之邏輯學者章行嚴先生，力非別墨之說，引漢書藝文志『名』『墨』分別爲證；此篇足以爲章氏證誤也。蓋古代通人，多相旁通，仲尼大聖，難免雜駁，觀夫劉光漢孔學眞論可知矣。」並引陳澧，以證成其說（註四一）。

孫次舟鄧析子僞書考亦稱：

戰國策趙策二曰：「夫刑名之家……此臣之所患也。」名家之見於載記，此爲最朔。蓋其學，實源淵於別墨（莊子天下篇曰：「南方之墨者……相應。」），而成於惠施公孫龍也。莊子天下篇稱名家爲「辯者」，若曰：「惠施以此爲大觀於天下，而曉辯者，天下之辯者，相與樂之。」又曰：「辯者以此與惠施相應……辯者之囿也。」是也。(註四二)

又錢師賓四公孫龍傳略四：

龍著書十四篇，至唐時而殘，今存白馬、指物、通變、堅白、名實凡五篇。篇首有跡府一篇，疑非原書也。其論似惠施，與墨經相出入，蓋亦源自兼愛之旨，爲墨學旁枝。(註四三)

又錢師諸子繫年考辨曰：

龍之說燕昭、趙惠文兩君，皆以偃兵兼愛，蓋亦治墨學之餘緒，而文以妙辨，故乃與惠施齊名也。(註四四)

此皆言龍源出墨家者。

又鄭賓于公孫龍考曰：

考莊子秋水篇曰：「公孫龍問於魏牟曰：『龍少學先王之道，長而明仁義之行，合同異，離堅白，然不然，可不可，因百家之知，窮衆口之辨，吾自以爲至達己。』」百家之學，惟有儒家才稱先王，惟有儒家才倡導仁義；今公孫龍自己說他，「少學先王之道，長而明仁義之行」，則是他的確曾經學過儒家之學，毫無疑義；不過因爲他後來的思想改變了，好爲堅白同異之辯，遂把從前的學於儒家的先王之道，所明的仁義之行等都一古兒丟在腦後，所以他的學術思想前後判若兩人，其實這完全與淮南要略說：「墨子學儒者之術，受孔子之業，以爲其禮煩擾而不說，厚葬靡財而貧民，久服傷生而害事，故悖周道而用夏正」的事實全同。乃司馬遷不從時間上着想，不從他的學術思想變遷上着想，遂以謂學先王之道明仁義之行者爲儒家底公孫龍，尙堅白同異之辯者爲名家之公孫龍；班鄭以下諸人，又復漫不加考，譁然從而和之，于是乎以疑似之辭，遂成爲定讞底事實，歷時乃至二千餘年！(註四五)

鄭氏之將諸家說及公孫龍之學術，與其時地，別爲（一）謂公孫龍爲言「堅白同異」之辨者。（二）以公孫龍爲偃兵主義者。（三）以公孫龍爲好材能者。雖未明言其出於墨子，然既引淮南要略之說，其本意蓋亦可以考知。謂龍先儒墨之道，而後好爲堅白之辯。「沒雜有儒家的學術在內，所以不能說他是孔子弟子」。雖然，墨本出於儒，而變化之(註四六)。較之康南海說又不同。

毛鵬基諸子十家平議述要亦云：

魯勝墨辯序：「名者，所以別同異，明是非，道義之門，政化之準繩也。孔子曰：『必也正名，名不正則事不成。』墨子著書，作辯經以立名本。惠施、公孫龍，祖述其學，以正刑名，顯於世。」按：魯氏言惠施、公孫龍之學，係祖述墨子。而墨子係根據孔子「必也正名。」孔子言爲政，必先正名，以爲「君子名之必可言，言之必可行」，又云：「不曰堅乎？磨而不磷；不曰白乎？涅而不淄。」此皆名家之說所由仿也(註四七)。

並謂龍學祖墨而上承孔子。

又有謂龍之學出於墨經，而兼承愼子者，劉咸炘子疏曰：

首篇述其與孔穿辨，及其大旨，曰病名實之散亂，因資財之所長，爲守白之論，末引尹文謂齊王以白馬非馬，喻士不一類，求之不當泥於一名之行，是蓋其宗旨，以辨名當實於致士來民之道也。惜其意淺而言多，鄒衍詆爲煩文相假，使人不得其意，是也。名辨之學，凡可分爲八九科，而龍書五論，凡三科：白馬論、堅白論，辨形色兼名之異也；指物論，辨大共實與小別名之異也；通變論，辨名數一不可爲二也；名實論，則總論物實位謂四者之當辨。其說同墨經，大氐大旨少而衍文多，其通變之論，推及兩明相爭而國亂，是與愼子君無事，臣有常事之說相會者也。

又前節所引欒調甫、譚戒甫二氏之文，以隋志道家著錄之「守白論」，卽龍書也。程雲莊守白論，更屬「剽竊今存公孫龍子五篇之字句所成」。是世之治龍學者，固有認名道兩家，其間或具某特定之關聯者也。

王琯讀公孫龍子敍錄曰：

公孫學派，出自何宗，此最當明辨。綜攬羣籍，約有數義，茲分擧於左：（一）主出自墨家。是說創自晉之魯勝，於所著墨辯註序，謂「惠施公孫龍祖述其學，以正刑名顯於世」。淸儒張惠言沿之，其書墨子經說解後云：「觀墨子之書，經說、大小取，盡同異堅白之術。蓋縱橫、名、法家、惠施、公孫、申、韓之屬皆出焉。」汪容甫墨子序，亦言「公孫龍爲平原君客，當趙惠文、孝成二王之世，始治墨經。」陳蘭甫東塾讀書記，更以墨子小取篇「乘白馬」、「盜人」諸說，與公孫相似，爲出於墨氏之證。孫詒讓墨子閒詁，謂「堅白異同之辯，與公孫龍書，及莊子天下篇所述惠施之言相出入」，似亦以公孫學風，淵源墨家矣。近人胡適之，益附其說，進以墨經爲施、龍一輩所作，俱見所著諸子不出於王官論，及惠施公孫龍之哲學，中國哲學史大綱別墨諸篇。梁任公不主施、龍著經，而以龍之學派，確出墨門，於其讀墨經餘記、墨子學案，皆反覆言之，此一義也。（一）主出自禮官。是說始見班固藝文志，其書本子駿七略，而七略又出子政別錄，當是中壘父子，已有此說。兩書久佚，今不可考。班志列施、龍於名家，更爲說曰：「名家者流，蓋出於禮官。古者名位不同，禮亦異數。孔子曰：『必也正名乎！名不正，則言不順；言不順，則事不成。』此其所長也。及警者爲之，則苟鉤鈲析亂而已。」是後治學者，多主其說。近人章行嚴，更以漢志所列名家，皆「警者」一流，龍卽「警者」之一；墨自爲墨，與之絕不同流。並謂墨經爲當時墨者，抗禦「警者」所作。故其造論，義主反駁，與施、龍之旨，每多齮齕。外列多證，推言其故。見所著名墨訾應論、及訾應考、墨學談三篇。此又一義也。（一）主出自道家。是說以古者，學在官而不在民。老子世爲史官，掌學庫之管鑰。一出而洩秘藏，學者宗之。各獲師之一耑、演爲九流。得其玄虛一派者，爲名家。廉江江瑔於讀子卮言中，始暢其旨（卮言第十章，論道家爲百家所從出篇）。近人有朱謙之者，著周秦諸子學統述，益附益之。引老子以證本書「雞三足」、「白馬非馬」諸義（諸子學統述名家第四），謂公孫學派，衍自彼宗。此又一義也。上述第三義，謂名家源出老氏。老之論理觀念，爲無名一派，與施、龍根本相反，其說殊無是處。所餘二義，余主墨家一說，而觀察則稍不同。胡、梁諸子，以施、龍學出墨氏，謂其造論資料文句，多與經同，是爲左證。章氏則以名墨兩宗同論之事，其義莫不相反，申明彼此嘗應異流之趣。以余所見，施、龍立論，誠多與墨相反；然惟其如此，乃愈證施、龍爲墨家者流。今於推言之先，當略明兩家相異之點：大抵章氏所列名墨訾應各條，多據莊子天下篇之二十一事，盡以歸諸惠施，證其與墨相左。不知此爲桓團、公孫龍，及其他辯者，持以與施論難之旨，非施自有。且除是之外，其散見本書者，尚有數義，今列舉於下：（一）墨經以「二有一」，公孫主「二無一」。（二）堅白於石，墨經主盈，公孫主離。（三）白馬非馬，與墨經「偏去莫加少」之旨相違。又墨子小取篇，以物有「或是而然者」，如「白馬，馬也；乘白馬，乘馬也」之例是。有「或是而不然者」，的「盜人，人也；多盜，非多人也」之例是。公孫「白馬非馬」一義，與墨子「盜人」例同（胡適之墨子小取篇新註），正墨家所謂「是而不然」者。而其「是而然」者，則「白馬，馬也」，與公孫之旨，適成反對。準是，則施、龍之旨，既與墨殊，何謂其卽出於墨？莊子天下篇曰：「相里勤之弟子，五侯之徒，南方之墨者，苦獲、己齒、鄧陵子之屬，俱誦墨經，而倍譎不同，相謂別墨。以堅白同異之辯相訾，以觭偶不仵之辭相應。」其「倍譎不同」四字，最爲關鍵。按說文：「倍，反也。」荀子禮論：「故大路之馬必倍。」楊倞注：「反之車在馬前，令馬熟識也。」又假借為「背」。韓非、淮南、陶潛集聖賢羣輔錄，「倍譎」均作「背譎」，意俱相同。「譎」，東京賦：「瑰異譎詭。」註：「變化也。」舞賦：「瑰姿譎起。」註：「異也。」此言「倍譎」，應依朱豐芑說，訓為「乖違」。（見說文通訓定聲）言相里之徒，雖誦墨經，而與經旨乖違；下接言「不同」，申言其相異也。既與墨殊，誦經者流，乃互遮其不合之處，謂以「別墨」：「別墨」猶言異端，謂與眞墨相別也。細繹莊子語意，所以析相里異墨之迹甚明。今按施、龍學派，卽屬於此宗者。於何證之？下文接云：「以堅白同異之辯相訾。」「堅白」一義，暢於公孫，惠施亦時闡其旨。（莊子齊物論，稱「惠子之據梧也……故以堅白之昧終」，可證。）足知均為相里一流，而俱誦墨經者。其所持論，又多與墨僢馳，適符所謂倍譎不同之義。則施、龍之不合於墨，正其出於墨經之顯徵也。章氏摭彼異點，謂為殊途，適其得反矣。或以「倍譎不同」，係指相里、苦獲諸人，自相差別，非與墨殊。不知若輩既俱誦墨經，持論自宜一致。如有倍譎，間接卽不合於墨，其理甚明，無待繁解。於此，又當有詰者曰：如誦墨經，而不與經合，則顯為異派矣，何又謂為學出於墨？曰：施、龍之於墨經，但肄其論辯方法耳。經中界說，猶 Aristotle

之連珠律令，具有法例，條貫著明，爲籀繹名理之工具。施、龍所取，端在乎是。至其由方法而證得之學理，與墨或殊，則 Aristotle 之與 Plato 固嘗以師弟而反駁指摘矣。惟言公孫誦經，獨留辯術，法應列證，俾便推究。茲分寫數則於下：（一）墨經之邏輯方式，間如西洋之三支，合大前提，小前提，斷案三者而成。如經說下：大前提──「假，必非也而後假」。小前提──「狗，假虎也」。斷案──「狗非虎也」。公孫書中，亦時有用此格者。如「白馬非馬」一義，訂其式爲：大前提──「命色者，非命形也」。小前提──「馬者，所以命形也；白者，所以命色也」。斷案──「故白馬非馬」。（按三列三支，均依公孫原文。其斷案一詞，故有未合，此但明其方式耳。）（二）墨經之根本原理，祇在明「類」。原書關於「類」之界說，如經上篇：「同：重，體，合，類。異：二，不體，不合，不類。」經下篇：「正：類以行之，說在同。」「推類之難，說在大小。」「異類不比，說在量。」「一法之相與也盡類，若方之相合也，說在方。」（以上均依梁任公校本）其明「類」方法，則在小取篇之「以類予，以類取。」前爲演繹，後爲歸納。公孫書中，亦每用此項規律。如通變篇之「羊合牛非馬」，「牛合羊非雞」，「青以白非黃」，「白以青非碧」，各項界說，皆以「類」字爲根本原理，推正其是非。篇中如「是不俱有，而或類焉」，「是俱有而類之不同也」，「若舉而以是，猶類之不同」，「其無以類，審矣」，「黃其馬也，其與類乎」諸語，均可指證。又書中白馬諸證，理似紛賾，細繹其恉，皆展轉以「類」相明；反之墨經，淵源益著矣。（右上兩項，尋常言文中，時見其例，不必限於墨、施，此特顯著耳。）（三）墨子大取、小取兩篇，爲墨經餘論（孫仲容大取篇題註）。小取列論證之法則有七，其一爲「侔」，解之曰：「侔也者，比辭而俱行也。」卽用彼一判斷，說明此一判斷。本書跡府篇，以仲尼「異楚人於所謂人」，侔孔穿「異白馬於所謂馬」；以齊王「知好士之名，而不察士之類」，侔孔穿「知難白馬之非馬，不知所以難之說」。皆以其法，轉相折辯。惟跡府原文，非龍自著，當是龍、穿辯難之詞，載之他籍，經後人纂輯而成，仍未爲失眞也。（四）墨經陳義，每有特殊術語。所定界說，異乎他宗。如「擧」「類」「正」「狂」「盈」「當」「唯」「行」諸字，公孫本書，屢沿用之。是猶科學之專門名詞，另標新詁，不能閒越。兩相對照，公孫所習何宗，由其所用字訓，可以上識師承矣。右上各端，於公孫所用論辯方法，淵源墨經之處，略見其例。惜原書殘佚大半，未能博引。至此，可總括前義，爲一結論曰：公孫誦經，係於方法方面，傳其論辯之術；於義理方面，則或背而不遵。嗚呼！所謂「倍譎」者在是，所謂「私淑」

者亦在是也。(註四八)

然龍爲「名家」之說，近人亦多有非之者。非之者，或主先秦本無「名家」之名，此特漢人所造，胡適中國哲學史大綱曰：

古代本沒有什麼「名家」，無論那一家的哲學，都有一種爲學的方法。這個方法，便是這一家的名學（邏輯）。所以老子要無名，孔子要正名，墨子說「言有三表」，楊子說「實無名，名無實」，公孫龍有名實論，荀子有正名論，莊子有齊物論，尹文子有刑名之論，這都是各家的「名學」。因爲家家都有「名學」，所以沒有什麼「名家」。不過墨家的後進如公孫龍之流，在這一方面，研究的比別家稍爲高深一些罷了。不料到了漢代，學者如司馬談、劉向、劉歆、班固之流，只曉得周秦諸子的一點皮毛糟粕，却不明諸子的哲學方法。於是凡有他們不能懂的學說，都稱爲「名家」。却不知道他們叫作「名家」的人，在當日都是墨家的別派。(註四九)

胡氏以當時各家皆有其「爲學的方法」，而此方法，卽此家之「名學（邏輯）」(註五〇)。然所說亦有所未妥，蓋諸家所謂之「名」，不必皆爲「爲學之方法」。由所引觀之，自可得知。又所學，諸如謂公孫龍有名實論，尹文子有刑名之論，然此論是否爲眞，而得與於此列，亦有可論處。如此云云，非謂公孫龍輩必無「名論」，或所說未有涉於「名」者，特以胡氏所舉未盡恰切。龍既生當其時，而鳴於世，就胡氏之說，自有龍之學，亦自有龍之「名論」，此亦殊不足爲異也。胡氏雖不以龍爲名家，然以其爲墨家之後進，歸屬別墨，則與前引諸家同。

又有以龍爲刑名家者，譚戒甫氏是也。譚氏撰公孫龍子形名發微十卷，專用形名立論，以成一家之說，其言曰：

晉書隱逸傳魯勝墨辯注敍有曰：「名者：所以別同異，明是非；道義之門，政化之準繩也。孔子曰：『必也正名！名不正則事不成。』墨子著書，作辯經以立名本。惠施公孫龍祖述其學，以正刑名（刑與形通）顯於世。」予嘗反覆咀誦，知魯勝分「名」爲三：即一「正名」；二「名本」；三「形名」是已。試推衍魯勝之意，將謂「名」之發生甚古，所謂別同異，明是非，類多關於道義政化；如孔子言「正名」，意在爲政，初非專乎名之犖求也。及乎墨翟，知「名」樞要，更習「辯」事，搬通經涂，以立「名本」，名本者猶言名家正宗也。其後三墨之徒，各本所學，推演精進，復益光大；今經說大小取六篇，即墨子及三墨之遺書，而惠施亦踵習其業，皆卽「名家」之所有事也。抑墨子之前，倘有異軍突起，爲名墨以外別傳之學，謂之「形名」(註五一)；鄧析好之，不能深考。及戰國稍晚，公

孫龍輩祖述其說，立言斷解，大氏與名家相左，若相放倣，實則背僑，承其風者亦往往而有，此其辜較也。(註五二)

馮友蘭則以「漢人所謂名家，戰國時稱爲刑名之家，或稱爲辯者」(註五三)，不以實質上有所差異，故與譚說不同。

(註一) 如譚戒甫氏公孫龍子形名發微，倡龍爲形名之家，與名家不同。然細察其意，亦特不過以形名爲名家三支之一，仍可歸屬於名家。見譚著頁六四——七一，名通第六。

(註二) 今日「則往往據公孫龍子而爲之說」，而不云「則據公孫龍子而爲說」者，以其書眞僞難定，間有不用其書以證龍之學者，故而云然。

(註三) 胡道靜公孫龍子考：「史記十二諸侯年表，周敬王四十一年，魯哀公十六年，孔子卒。汪氏云：『周敬王十四年。』誤。」

(註四) 原發表于國學月刊一卷四號，收入古史辨第六冊頁二六七——二七五。

(註五) 見金氏公孫龍子釋前論，頁一——四。

(註六) 見錢氏惠施公孫龍，收入古史辨第六冊頁二八六。

(註七) 唐鉞說同，其言曰：「爾雅釋詁：『弘，廓，……大也。』下疏引尸子云：『料子貴別囿。』料子不見別的書，我疑心本來是『宋子貴別囿』。後人註『鈃』於『宋』字右旁，輾轉漫漶，誤作『料子』。」以時間先後考之，早於錢師考辨。見唐氏尹文和尹文子，原發表於民十六年六月清華學報第四卷第一期，又中國史的新頁。後者收入古史辨第六冊，頁二二八。

(註八) 見下冊頁四〇七。

(註九) 見頁二三九。

(註一〇) 見頁二三六——七。

(註一一) 見頁二三九——二四〇。

(註一二) 見頁一〇——一一。

(註一三) 見譚氏公孫龍子形名發微頁十一。

(註一四) 見公孫龍子考卷一事蹟考，頁二十七。

(註一五) 見公孫龍子考卷一事蹟考，頁二十八。

(註一六) 見譚書頁十一。

(註一七) 汪兆鏞云：「困學紀聞十莊子逸篇，及太平御覽四百五十七引此條，文有增減。金樓子雜記載梁君作周君。」又陳柱公孫龍子集解引其事而未加辨析，是均認其爲同一人也。

(註一八) 見陳氏集解卷首頁六。

(註一九) 胡道靜公孫龍子考卷四篇籍考，於舊志之前，著錄「開元四庫書目丙部子錄名家：公孫龍子二卷（玉海五十三引）」。今考玉海卷五十三，於公孫龍子條下，但曰：「漢志，名家，十四篇（師古曰：即爲堅白之辨者），唐志三卷（書目，名家，二卷），陳嗣古、賈大隱注各一卷。」胡氏或即據王伯厚自注「書目，名家，二卷」，而有此說，疑非，今不取。

(註二〇) 全唐文卷九八七有闕名擬公孫龍子論一篇，稱：「咸亨二十年，歲次辛未，十二月庚寅，僕自嵩山，遊於汝陽。有宗人王先生，名師政，字元直，春秋將七十，博聞多藝，安時樂道，恬澹浮沉，罕有知者。僕過憩焉，縱言及於指、馬，因出其書以示僕。凡六篇，勒成一卷。」而篇目全同於今本，固知今本六篇，「唐時已然也」。此文亦見於文苑英華卷七五八，作「無名氏擬公孫龍子論序」。

(註二一) 此于近世中國哲學史學者中尤爲顯明，如胡適中國哲學史大綱卷上古代哲學史，馮友蘭中國哲學史及新原道，范壽康中國哲學史綱要，蔣維喬中國哲學史綱要，又如日人之著作，宇野哲人中國哲學史（唐玉貞譯），渡邊秀方中國哲學史概論（劉侃如譯）等，莫不用公孫龍子以說明龍之學，亦莫不置其學於先秦之時，斯即其例也。

(註二二) 見劉氏周秦諸子考下冊頁四〇七。

（註二三）見徐氏公孫龍子講疏頁一一一——一一二。

（註二四）見譚氏公孫龍子形名發微頁八五——八六。

（註二五）全氏書程雲莊語錄後曰：「初，南雷黃先生嘗言同時有程雲莊者，倡教吳鄣之間，以一、四篇言佛，二、三篇言道，三、兩篇言儒，乃修飾林三教之餘術而別自出頭地者。予思見其書未得。雍正甲寅，長洲徐編修丈澄齋出其遺書示予，三篇之外，尚有守白論，其言以公孫龍子為宗，而著定為十六目。其前八目曰：『不著形質，不雜青黃之白，是為眞白。此彼相非之謂指。指有不至，至則不指。不指之指，是為眞指。是非交錯，此彼和同，是為指物。青白既兼，方員亦舉，二三交錯，直析橫分，是為指變。萬變攘攘，各正性命，聲負色勝，天地莫能定，惟人言是正；言正之物，是為名物。惟名統物，天地莫測；天地莫測，名與偕極。與天地偕極之物，其誰得而有無之？幻假之？是為眞物。指而非指，非指而指；非指而指，而指非指：是為物指。一不是雙，二自非一；隻雙二隻，黃馬堅石，惟其所適，此之謂物變。』其後八目曰：『不落形色，不涉是卽；自地之天，地中取天，曰地天。統盡形色，脫盡是卽；有天之地，天中取地，曰天地。天地地天，地天天地；閃鑠難名，精光獨透，曰眞神。至精至神，結頂位極；名實兼盡，惟獨為正，曰神物。天地之中，物無自物；往來交錯，物各自物，惟審乃知，曰審知。惟審則直，惟至則止；從橫周偏，一知之至，曰至知。實不曠位，名不通位；惟愼所謂，名實自正，曰愼謂。彼此惟謂，當正不變；通變惟神，神化惟變，曰神變。』其宗旨則曰：『天地惟神，萬物惟名。天地無知，惟神生知。指皆無物，惟名成物。』公孫龍子之學絕於世亦久矣；雲莊蓋參會釋老之言，附會之以成其說者也。……雲莊，名智，字子上，一字極士。」

（註二六）見譚書頁八八。

（註二七）見譚書頁四。

（註二八）見譚書頁五。

（註二九）見胡道靜公孫龍子考卷四篇籍考，頁五七。

（註三〇）錢師公孫龍傳略，原為惠施公孫龍之一章，收入古史辨第六册。本條見古史辨第六册頁二九〇——二九一。

（註三一）見蔣氏諸子通考頁四八三。

（註三二）見羅氏所編古史辨第六册，頁一九八。原名鄧析子之眞僞及年代，河北大學文學叢刊第五期。

（註三三）郭鼎堂十批判書亦曰：「揚雄法言稱『公孫龍詭辭數萬』（吾子篇），然今書僅存六篇，就中跡府一篇，顯係後人雜纂，數萬詭辭，僅餘一千八百餘言而已。」

（註三四）見張氏僞書通考下册頁九二九——九三二。

（註三五）大陸雜誌第十八卷第十二期，頁一五——一七。

（註三六）見臺灣省立師範大學國文研究所集刊第二號，頁三二一。

（註三七）見胡氏中國哲學史大綱頁二百五十。

（註三八）見景氏哲學論文集上，頁三一六——三二〇。

（註三九）見任公老孔墨以後學派概觀，頁一——二。

（註四〇）見王氏公孫龍懸解上册，册十一——二。

（註四一）見金氏公孫龍子釋，前論公孫龍考，頁四——五。

（註四二）見古史辨第六册頁二一二。

（註四三）見古史辨第六册頁二九〇——一。

（註四四）見錢師諸子繫年考辨一四二、公孫龍說趙惠文王偃兵考，下册頁四三七。

（註四五）見古史辨第六册，頁二七一——二，原刊國學月刊一卷四號。

（註四六）墨學出於儒家，而後變化之，說固有自，淮南要略是也。齊思和墨子引得序曰：「先秦學派以儒墨二家爲最盛。儒家源遠而流長，爲我國正統學派，不俟論矣。……墨家之學何由起乎？班固以墨家者流，蓋出於清廟之守，漢志列史佚於墨家之首。淮南子又謂『墨子背周而用夏政』。說者遂又謂其學出於夏禹。清初大儒孫淵如，汪容甫，於墨學皆深有所窺。孫氏主出於夏禹之說；而汪氏則堅信班氏之說，謂墨學出於史佚。以余觀之，二家之說，皆不足信，所謂楚固失矣，而齊亦未爲得也。實則墨家繼儒家而興，乃對儒家之反抗運動也。嘗考吾國私人講學之風昉於孔子。仲尼生於篤秉周禮之魯國，好古敏求，自以一身荷負宗周文獻之寄，慨世道之義微，以復周制爲已任。故其學祖述堯舜、憲章文武。仲尼旣歿，七十子之徒，於儒家不能窺見其大，而專爭論於禮儀末節。

其有病其繁縟虛靡，而別立學派以與之爭者，則墨翟是也。故淮南子要略篇曰：『墨子學儒者之業，受孔子之術，以爲其禮煩擾而不說（王念孫云：當作悅），厚葬靡財而貧民，服傷生而害事（王念孫云：當作久服），故背周道而用夏政。』淮南王書修於古籀猶未全亡之時，故能於墨學之淵源，言之者若是之昭晰也。惟墨學出於儒家，故同源而異流。其『修先聖之術，通六藝之論』（淮南子主術訓）同也。其俱道堯舜而取舍不同，皆自謂眞堯舜同也。（韓非子顯學篇）今按墨子之書，引書者凡二十九條，引詩者凡十條，又引各國春秋，則墨子通六藝之論，信非虛矣。自孔子以六藝講授，六經漸成爲儒家之專業。墨翟生於儒家起源之魯國（見孫詒讓墨子傳略），又深明儒家之學說，則其初受儒者之業，自極可能。至少墨子所接受之傳統學術思想，與儒家並無不同也。」即主墨出於儒而異於儒。

（註四七）見毛氏諸子十家平議述要頁一五五——六。

（註四八）見王氏公孫龍子懸解頁五——十一。

（註四九）見胡氏中國哲學史大綱卷上頁一八七——八。而胡氏亦終生篤守此一觀點，其於中國古代哲學史臺北版自記曰：「我這本書的特別立場，是要抓住每一位哲人，或每一個學派的『名學方法』（邏輯方法，即是知識思考的方法），認爲這是哲學史的中心問題。我在第八篇裏曾說：『古代本沒有什麼名家。無論那一家的哲學，都有一種爲學的方法。這個方法，便是這一家的名學（邏輯）。……因爲家家都有名學，所以沒有什麼名家。』這個看法，根本就不承認司馬談把古代思想分作『六家』的辨法。」又淮南王書手稿影印本序附錄甲（頁一八——九），附錄乙（頁二八）亦可參考。

（註五〇）章炳麟諸子系統說曰：「其專爲名家者，則公孫龍、惠施輩，論辯雖多，竟不知欲成何義？故有『鉤鈲析亂』之譏。若夫儒、墨、道諸家，雖於名家多有詆譏，而實陰用其術。蓋名者，學人之公器，非一家所得私，故成立亦最居後。」說雖少異，而大較相同，可相發明。

（註五一）譚氏推源形名之起，曰：「易言乎鄧析爲形名一派之前驅邪？嘗考莊子天下篇推論各家，以爲本於古之道術；劉班亦謂出於古之官守。今形名家獨揭一幟，宜亦上有所承也；子能言之與？曰：形名初祖，荒遠難稽。莊子云：『故書曰：有形有名。形名者古人有之，而非所以先也。』（見天道篇）文義疏簡，未能確知。然模略其時，春秋一代，當已萌茁，惟彼時學者，類皆不好辯給，無所對揚，莫由探其玄旨。史序漢志所論名家，輒與形名混同。今觀漢志名家，首列鄧析，驟與次列尹文公孫龍毛公皆屬形名；且並求諸所持之說，即以鄧析爲刱始之人，尹文飛繼之，而公孫龍殆其正宗矣。知者：劉向謂鄧析所論『無厚』，與公孫龍同類。又別錄謂『鄧析好刑名』，孔叢子亦謂『公孫龍好刑名，以白馬爲非馬。』而趙策蘇子謂秦王有曰：『夫刑名之家，皆曰白馬非馬也。』然則析龍皆形名家耳。」見公孫龍子形名發微頁七三——四。

(註五二)　見譚氏公孫龍子形名發微頁六四。又參考註一。

(註五三)　見馮氏中國哲學史頁二三九。

中　公孫龍傳說之歷史演變

此篇所欲論者，非仲尼弟子之公孫龍，而爲六國時辯者之公孫龍。其事蹟，散見於諸家之書。然時代不同，書言有異，致後人於龍，多所誤解。就前所引錄諸家有關公孫龍與公孫龍子之爭論以觀之，吾人可得如下概念：

或據片面之孤證，而發爲議論。

或據晚出之材料，而發爲議論。

或據前人之論點，而發爲議論。

以此爲出發點，其結果自難臻於理想之境。

因無確切之認識，故所說似是而實非。

或爲證成其理論，而强加傅會。

亦有忘其所具備之時空特質，論雖新奇可喜，要非的當之論。

緣是而爭論蠭起，舍顯然不能成立者外，就其所據而論其說，殊難定其是非，故有重加考訂之必要，使免於厚誣古人，而稍存歷史之眞焉。今茲所欲探討者，固在求得公孫龍其人其事其學之本來面目，亦思自衆家載籍中，尋取其人學說思想因時序之變易，而引起後人對其認識之變易也。

一 公孫龍之事蹟及其年世

公孫龍之事蹟，散見於諸家之書。呂氏春秋審應覽應言云：

公孫龍說燕昭王以偃兵，昭王曰：「甚善！願與客計之。」公孫龍曰：「竊意大王之弗爲也。」王曰：「何故？」公孫龍曰：「日者，大王欲破齊，諸天下之士，其欲破齊者，大王盡養之；知齊之險阻要塞君臣之際者，大王盡養之；雖知而弗欲破者，大王猶若弗養，其卒果破齊以爲功。今大王曰：『我甚取偃兵。』諸侯之士，在大王之本朝者，盡善用兵者也，臣是以知大王之弗爲也。」王無以應。

胡適中國哲學史大綱，謂「說燕昭王在破齊之前」(註一)，王琯公孫龍子懸解事輯，則以胡氏之說爲「未審」，並論其事曰：「世代緜遠，舊聞散佚，今所著書，已譌闕不完；綜厥生平，率難徵討。但就羣籍記載，知其曾勸燕昭王偃兵，有『大王欲攻齊，卒破齊以爲功』數語；可證陳諫之時，已在破齊以後。」(註二) 譚戒甫公孫龍子形名發微曰：「趙世家：『惠文王十五年，燕昭王(時在位二十八年)來見趙，與韓、魏共擊齊，齊王敗走，燕獨深入取臨淄。』所謂破齊爲功者。

疑龍卽於是時得見昭王說之。」(註三)與王氏說同，是燕昭被龍說以偃兵，當如王氏所云：「其破齊爲昭王二十八年，卽周赧王三十一年，距昭王歿時，祇有五年，當在此五年間也。」(註四)以史記卷三十四燕召公世家曰：「燕昭王於破燕之後卽位，卑身厚幣以招賢者，謂郭隗曰：『齊因孤之國亂而襲破燕，孤極知燕小力少，不足以報，然誠得賢士以共國，以雪先王之恥，孤之願也。先王視可者，得身事之。』郭隗曰：『王必欲致士，先從隗始。況賢於隗者，豈遠千里哉？』於是，昭王爲隗改築宮，而師事之。樂毅自魏往，鄒衍自齊往，劇辛自趙往，士爭趨燕。燕王弔死問孤，與百姓同甘苦。二十八年，燕國殷富，士卒樂軼輕戰。於是，遂以樂毅爲上將軍，與秦、楚、三晉合謀以伐齊，齊兵敗，湣王出亡於外。燕兵獨追北，入至臨淄，盡取齊寶，燒其宮室宗廟，齊城之不下者，獨唯聊、莒、卽墨，其餘皆屬燕。六歲，昭王三十三年卒。」觀之信然。龍之說燕偃兵旣在昭王二十八年至三十三年（赧王三十一年至三十六年，前二八四至前二七九年）之五年間，錢師賓四以之「爲龍事跡最先可考之年」(註五)，亦緣是而推知。

又審應篇云：

趙惠王謂公孫龍曰：「寡人事偃兵十餘年矣，而不成。兵不可偃乎？」公孫龍對曰：「偃兵之意，兼愛天下之心也。兼愛天下，不可以虛名爲也，必有其實。今藺、離石入秦，而王縞素出總；東攻齊得城，而王加膳置酒。秦得地，而王出總；齊亡地，而王加膳，所非兼愛之心也，此偃兵之所以不成也。今有人於此，無禮慢易而求敬；阿黨不公而求令；煩號數變而求靜；暴戾貪得而求定，雖黃帝，猶若困。」

史記卷四十三趙世家：「（武靈王）二十七年五月戊申，大朝於東宮，傳國，立王子何以爲王，是爲惠文王。武靈王自號爲主父。主父死，惠文王立。立五年，與燕鄚易。九年，趙梁將與齊合車攻韓，至魯關下及。十年，秦自置爲西帝。十一年，董叔與魏氏伐宋，得河陽於魏，秦取梗陽。十二年，趙梁將攻齊。十三年，韓徐爲將攻齊。十四年，相國樂毅，將趙、秦、韓、魏、燕攻齊，取靈邱，與秦會中陽。十五年，燕昭王來見，趙與韓、魏、秦共擊齊，齊人患之，蘇厲爲齊遺趙王書。於是，趙乃輟謝秦，不擊齊。王與燕王遇。廉頗將，攻齊昔陽，取之。十七年，樂毅將趙師，攻魏伯陽。而秦怨趙不與己擊齊，伐趙，拔我兩城。十八年，秦拔我石城，王再之衞東陽，決河水，伐魏氏，大潦漳水。十九年，秦敗我二城，趙與魏伯陽，趙奢將，攻齊麥邱，取之。二十年，廉頗將攻齊，王與秦昭王遇西河外。二十三年，樓昌將，攻魏幾，不能取。十二月，廉頗將，攻幾取之。二十四年，廉頗將，攻魏房子，拔之，因城而還。又攻安陽，取之。二十五年，燕周將攻昌城，高唐，取之。與魏共擊秦，秦將白起，破我華陽，得一將軍。二十六年，取東胡歐代地。二十八年，藺相如伐齊，至平邑。二十九年，秦韓相攻，而圍閼與，趙使趙奢將，擊秦，大破秦軍閼與下。三十三年，惠文王卒。」其間殊無趙惠「偃兵」之迹兆。錢師賓四，則以公孫龍說趙偃兵，在惠文王二十年後，所舉卽自十七年，至二十年（赧王三十三年至三十六年，前二八二至前二七九年）間事。蓋「趙惠文王初立，年幼，主父尚在，未能當國。四年，李兌殺主父，其後，惠文始自臨事。此云事偃兵十餘年，語亦適合」（註六）。並釋其事曰：「龍既不得志於燕而返趙。」注：「今按此明爲惠文卽位十餘年後語。史記六國年表，惠文十五年，取齊昔陽，十七年，秦拔趙兩城，十八年，秦拔趙石城。通鑑胡注謂卽漢西河之離石縣。高誘注呂覽，亦謂藺、離石二縣，今屬西河（註七），則龍語係指此二年事又甚明。梁氏史記志疑據趙世家肅侯二十二年秦取代藺離石之語，疑何待是時始拔。然考同篇，武靈王十三年，亦云『秦拔我藺』，已復複出，況惠文時乎？趙策，秦攻趙藺離石祁，拔，趙請納焦黎牛狐三城以易之，已而背之。秦怒，令衞胡傷伐趙，攻閼與，趙奢敗之。年表，閼與之役，在趙惠文王二十九年，秦本紀，在趙王三十八年，較年表後一年。合之趙策，是其事由藺離石起，則亦惠文時秦拔趙藺離石之的證也。又西周策，蘇厲謂周君曰：『敗韓魏，殺犀武，攻趙，取藺離石祁者，皆白起。』高注：『殺犀武於伊闕。』按年表在秦昭王十四年，前攻趙拔兩城十一年，然則兩城者，藺與祁也。云藺離石者，是兼言兩年事。此亦秦拔藺離石當趙惠文時之的證也。則公孫龍之語，必在趙惠文十八年以後明甚。燕昭王死於趙惠文王二十年，其破齊在惠文王十五年，然則龍蓋先說燕昭，後對趙惠也。故逕定其先後如此。」(註八)然龍固本由趙去燕者，淮南子道應云：

昔者公孫龍在趙之時，謂弟子曰：「人而無能者，龍不能與游。」有客衣褐帶索而見曰：「臣能呼。」公孫龍顧謂弟子曰：「門下故有能乎者呼？」對曰：「無有。」公孫龍曰：「與之弟子之籍。」後數日，往說燕王，至於河上，而航在一汜，使善呼（者呼）之，一呼而航來。

今燕昭既卒，龍復還趙，自屬可能。至趙世家所云，惠文「二十年，廉頗將攻齊，王與秦昭王會西河外」，集解引徐廣曰：「年表云：『與秦會澠池。』」錢師賓四疑此「澠池」卽呂覽之「空雄」也(註九)，以呂氏春秋淫辭又云：

空雄之遇，秦，趙相與約，約曰：「自今以來，秦之所欲爲，趙助之；趙之所欲爲，秦助之。」居無幾何，秦興兵攻魏，趙欲救之，秦王不說，使人讓趙王曰：「約曰：『秦之所欲爲，趙助之；趙之所欲爲，秦助之。』今秦欲攻魏，而趙因欲救之，此非約也。」趙王以告平原君，平原君以告公孫龍，公孫龍曰：「亦可以發使而讓秦王曰：『趙欲救之，今秦王獨不助趙，此非約也。』」「空雄」，同書有始覽聽言作「空洛」，梁玉繩史記志疑云：「此疑本是空雒，寫者誤耳。」(註一〇)然「空洛」、「空雒」、「空雄」，俱不見於記載，年表唯曰：趙惠文王二十年，「與秦會澠池，藺相如從」。二十三年，「秦拔魏兩城」。錢師賓四既云，龍以惠文二十年後來歸於趙，更謂「會澠池之年來趙」(註一一)。而與林春溥氏說異，林氏以龍此說係於周赧王三十二年，即前二八三年，秦取魏安城，孟嘗君求救于燕趙事下。(註一二)然錢師立據，在「空洛」為「澠池」之字誤，而未能證知淫辭所言「空雄」一事為必眞。其事雖不必為眞，龍為平原君之客要無可疑，以戰國策趙策三云：

秦攻趙，平原君使人請救於魏，信陵君發兵至邯鄲城下，秦兵罷。虞卿為平原君請益地，謂趙王曰：「夫不鬬一卒，不頓一戟，而解二國患者，平原君之力也。用人之力，而忘人之功，不可。」趙王曰：「善！將益之地。」公孫龍（聞）之，見平原君曰：「君無覆軍殺敵之功，而封以東武城。趙國豪傑之士，多在君之右，而君為相國者，以親故。夫君封以東武城，不讓無功；佩趙國相印，不辭無能。一解國患，欲求益地，是親戚受封，而國人計功也。為君計者，不如勿受便。」平原君曰：「謹受令。」乃不受封。

史記卷七十六平原君傳：「平原君趙勝者，趙之諸公子也(註二三)。諸子中，勝最賢，喜賓客，賓客蓋至者數千人。是時，齊有孟嘗，魏有信陵，楚有春申，故爭相傾以待士。秦之圍邯鄲，趙使平原君求救。楚使春申君將兵救趙，魏信陵君亦矯奪晉鄙軍往救趙。秦兵遂罷，邯鄲復存。」此事之始末也，本傳復曰：

虛卿欲以信陵君之存邯鄲，爲平原君請封，公孫龍聞之，夜駕見平原君曰：「龍聞虞卿欲以信陵君之存邯鄲，爲君請封，有之乎？」平原君曰：「然。」龍曰：「此甚不可！且王舉君而相趙者，非以君之智能，爲趙國無有也；割東武城而封君者，非以君爲有功也，而以國人無勳，乃以君爲親戚故也。今信陵君存邯鄲而請封，是親戚受城，而國人計功也，此甚不可！且虞卿操其兩權，事成，操右券以責；事不成，以虛名德君。君必勿聽也！」平原君遂不聽虞卿。平原君以趙孝成王十五年卒，子孫代後，竟與趙俱亡。

史遷此文，實本諸趙策變化而來。文意稍嫌晦澀，然迄「竟與趙俱亡」，一氣呵成，而近於底聲，殆已終篇，然其下復曰：

平原君厚待公孫龍。公孫龍善爲堅白之辯，及鄒衍過趙，言至道，乃絀公孫龍。

吾人固不疑鄒衍嘗有趙國之行，以同書卷七十四孟子荀卿列傳云：「齊有三騶子。其前鄒忌，以鼓琴干威王，先孟子。其次騶衍，後孟子。騶衍睹有國者益淫侈，不能尙德，若大雅整之於身，施及黎庶矣。乃深觀陰陽消息，而作怪迂之變，終始大聖之篇，十餘萬言。王公大人初見其術，懼然顧化，其後不能行之。是以騶子重於齊；適梁，梁惠王郊迎，執賓主之禮；適趙，平原君側行撇席；如燕，昭王擁彗先驅，請列弟子之座而受業，築碣石宮，身親往師之，作主運，其游諸侯，見尊禮如此。」然突爾言「平原君厚待公孫龍」云云，文氣不接，王夢鷗氏疑其但爲後人所補，有如平津侯傳末忽引班固之言，司馬相如傳贊忽列揚雄之語。而此則或節自劉向別錄，以裴駰集解引別錄云：「平原君見公孫龍及其徒，論白馬非馬之辯，以問鄒子」也(註一四)，此自有可能。至王氏以鄒衍過趙與龍辯，置於邯鄲解圍之前，而非解圍之後(註一五)。劉汝霖周秦諸子考論公孫龍之身世，亦有相同之看法，以爲「此處之被黜，不一定把他趕出趙國，絀字當是根（據）上句厚待而來。起初很信他的話，所以厚待他。後來經鄒衍一說，不十分信他的話。不過從此禮貌稍減輕罷了。所以邯鄲解圍後，公孫龍還在趙國，有勸平原君不要受封的事」(註一六)。史料不足，殊難爲確切之定論。

就所據呂氏春秋、戰國策、淮南子、史記諸書言之：呂氏春秋之成書，上距龍之卒，尙不足五十年；而最爲晚出之史記，亦不過一百五十年左右(註一七)。就此一較早時期之有關公孫龍之記載，用以測知公孫龍生平事蹟之大略，有如下數者：

一、公孫龍及其弟子，於赧王三十一年至三十六年(前二八四至前二七九年)間，自趙適燕，說趙王以偃兵。(註一八)

二、燕昭既卒，龍遂歸趙，復說惠文王以偃兵。

三、龍既歸趙，客平原君家。邯鄲圍解後，嘗進言平原君勿受封，時當在赧王五十八年（前二五七年）。

四、趙孝成王十四年（前二五二年），或云十五年（前二五一年）(註一九)，平原君卒，此後無龍事跡可考。(註二〇)

如以燕破齊入臨淄之年（前二八四年），以迄平原君之卒（前二五一年）計之，其間凡三十四年；至邯鄲圍解之年（前二五七年），則爲二十八年。如以燕昭卒年（前二七九年），以迄邯鄲圍解，則不過二十三年。

然吾人須注意以下各點：

一、諸書中記龍事最多者爲呂氏春秋，其成書與龍時代相接。然其記事，如「空雄之遇，秦趙相與約」，有關世局，竟不見於他書，至可疑也。亦足以證知其書所云，不必盡爲實錄。

二、淮南子道應篇稱，與龍游者，必具一能，頗類小說家言，不必爲眞。

三、諸書中，雖多龍在趙時之記載，然未有明言龍爲趙人者，史記孟子荀卿列傳但謂「而趙亦有公孫龍」，亦不足以證龍卽爲「趙人」也。

基於此諸條引文爲眞，乃有以上之結果。雖如是，此諸條猶爲吾人探究龍生平事蹟之唯一依據。世之究龍學者，亦莫不據此諸事，以定龍之生卒年世：

胡適中國哲學史大綱，謂「公孫龍大概生於西曆前三二五年和三一五年之間」，而「公孫龍死時，當在前二五〇年左」(註二一)。范壽康中國哲學史綱要雖未明言，然似全採胡氏之說(註二二)。金受申公孫龍子釋，則以「公孫龍之時代，約在周愼靚王元年，至赧王卒後十年間，且享高年者。胡氏中國哲學史大綱，謂自紀元前三二五年，至前三一五年。余之所推，爲紀元前三二一年。胡氏所謂前三一五年者，似較遲」(註二三)，故其所推公孫龍生卒年歲約歲，爲

前三二〇——前二四六　（七五歲）

譚戒甫，則以「龍勸惠文王及燕昭王偃兵之時，言頗精當，學有所成，其年或已不下三十。若此，則龍之生，當在武靈王十餘年時，而平原君每呼龍以『公』，亦足見龍老長耳。若龍之卒

在平原君後，其壽當越六十以上云。」(註二四)

梁啓超莊子天下篇釋義敍：「公孫龍爲平原君客，見戰國策、呂氏春秋及史記。平原君相趙惠文王及孝成王，見史記本傳。趙惠文王以周赧王十七年卽位，卽以弟勝爲相，封平原君，見六國表，實西紀前二九八年，上距魏惠王之死二十一年耳。公孫龍當信陵君救趙破齊時，前二五七年，尙生存，見戰國策。假令龍其年八十歲，則當梁惠王死時，龍年已三十。況施之死在惠王後，而莊周之死又在施後耶？然則莊周上與惠施爲友，而下及見公孫龍之辯，更何足怪？」然錢師賓四公孫龍年表跋引梁文，頗加增删，跋曰：「余考定公孫龍年表既竟，得讀梁任公莊子天下篇釋義，論施龍年代有云：『魏惠王死，惠施確尙在，信陵救趙破秦時，公孫龍尙在；假令龍以魏惠王死之年生，是年不過六十三歲(西曆紀元前三一九——二五七)，假令龍得壽八十以上，則惠王死時，龍年二十，並不爲奇；又假令魏惠王死後十年，惠施尙存，則龍年三十，惠施尙存，亦不爲奇；莊周及見惠施之死，年輩當較施略晚，則上與惠施爲友，而下及見公孫龍之辯，更何足怪？』今按梁氏推論施龍卒歲，似與余表無大出入，以較有事實爲憑故也。至論公孫龍年壽，余謂龍年在六十七十間，則惠施死，龍尙童年，梁氏謂龍壽或踰八十，則施死，龍已年壯，可以相友；此若同屬臆測，無可證定。且龍或與施相友與否，與二人學術大體亦無關，固可勿論。

惟姑就梁說細勘之，則自見其難安者。施死，當在惠王死後九年前（說見余惠施年表）(註二五)，不能至十年後尙存也；龍死亦在信陵救趙破秦後，不必卽以是年死也；若是則自惠施之死，至信陵存趙，最少亦已五十三年（三一〇——二五七），龍與鄒衍辨難往復，當猶在此後，而龍與惠施交游，又或在惠施死前一二三年，則龍壽且及九十；以近死高年寄食權門，與人爭一日口舌之利鈍，龍何老健不憚煩如是耶？以余考定，龍之卒年雖不可知，而其在平原君門，與鄒衍相辨而終以見絀，當在信陵存趙後，其年當在六十左右，至多亦在七十前，似較近理。今卽以最晚之可能推算，謂龍於信陵存趙時，年已七十，則上推至施死之年，龍最長亦不踰十七齡耳。施龍之年輩不相及，其未能相交游，亦已明矣。余故謂施死之歲，龍年未能過十齡者，以能當信陵存趙時年在六十左右計也。且據莊子天下篇：『惠施以此爲大，觀於天下，而曉辨者，天下之辨者相與樂之，以與惠施相應，終身無窮，桓團、公孫龍，辨者之徒。』云云，推其文義，桓、公孫，自是辨者之後起，莊子原文，亦並不謂桓、公孫親與惠施相辨也（此層胡適中國哲學史大綱已先辨之）。則又何必牽綴施龍年代務使相及爲哉？至於莊周之與公孫龍，則姑卽周却楚威王聘一事推論，楚威王卒歲（三二九），莊周最少亦年三十，下推至惠施卒歲，莊周最少年四十九，其時公孫龍不出十歲。若周年七十，龍亦三十壯年矣。則龍或及見於周，未可知也。至胡適中國哲學史大綱，謂：『莊周死時，當在西曆紀元前三七五年左右，正當惠施公孫龍兩人之間。』則莊周其時最少亦八十五齡矣（其時公孫龍亦踰四十，燕昭王已死四年也）。然余謂莊周年壽容可以踰八十，而其卒年似不得如是之晚，以考訂古人年壽者，當尋其可能之中數，不當據其最先與最後之年限，此亦致謹之一道也。」(註二六)而錢師之考定諸子年壽，概遵以下兩原則：(註二七)

凡諸子出身顯名，始見稱述，除其有特情可以指論外，大抵定在三十至四十歲間。

諸子年壽，除有特情可指論外，大抵定在六十至七十間。

以此推之，「龍壽當在六十七十間」(註二八)，並定其生卒年世約數，爲：

前三二〇——前二五〇　（七一歲）(註二九)

吾人誠難以證知諸家之說孰者爲真，抑近乎真，然諸家似皆欲長龍年壽，故於燕破齊入臨淄之歲，龍初出，已在三十四十之間；而卒於平原君既卒之後，其得年在七十左右。此若冥符論語爲政所云：「子曰：『吾十有五而志于學，三十而立，四十而不惑，五十而知天命，六十而耳順，七十而從心所欲，不踰矩。』」是特尼父一人之行，不必爲世人之所同然。且強考其生卒年世約數亦殊屬無益，吾人但知前三世紀下半期，爲龍活動之時期，亦已足矣。至若王琯公孫龍子懸解事輯所云：「今考赧王在位，共爲五十九年，公孫所處時代，當與略相終始；其前後長短年壽，及生卒歲記，均不可考矣。」亦有所見，而足資參考。

二　公孫龍學說思想之時代背景

吾人若以西紀前三百年爲中心，上下各推五十年，此一百年中國之形勢，據錢師賓四戰國初中晚三期列國國勢盛衰轉移表(註三〇)，東方霸業，固已自梁轉移至齊之中期，降而爲自齊轉移至趙，終歸於秦之晚期。章欽中華通史，亦以此一時期，爲自戰國前局，而入於戰國之後局(註三一)。此後，卽進入秦滅六國之期，以迄前二二一七年，秦統一天下，其間不過二十九年。時愈晚近，列國國勢盛衰升降，及離合聚散，亦愈形激烈。天下形勢，雖漸趨於一統，而當時之學術思想，卻顯示二現象：一者，趨於分裂；二者，趨於混雜。趨於分裂，而同中有異；趨於混雜，而異中有同，遂而多喪其本來面目矣。

自來治先秦之學者雖多，然而先秦學術之晦如故，其用力非不勤也，其探討非不深也，以不得其道，遂致舛誤。而先秦學術之所以不明，由後人迷信漢人之言。學者入乎其中而不知其非，猶鳴其有得，事之可悲也孰逾於此！嘗靜居讀書，翻檢羣籍，偶得之於胡適之、梁任公，乃豁然而有悟，知乎先秦之時，固未嘗有「道家」、「名家」、「法家」、「陰陽家」之說(註三二)。吾人首須去除先秦之學中，有所謂「道家」、「名家」、「法家」、「陰陽家」之觀念，始可以與言先秦之學術。以此特不過司馬談所造，史記卷一百三十太史公自序云：

談爲太史公。太史公學天官於唐都，受易於楊何，習道論於黃子。太史公仕於建元、元封之間，愍學者不達其意而師悖，乃論六家之要指曰：「易大傳：『天下一致而百慮，同歸而殊塗。』夫陰陽、儒、墨、名、法、道德，此務爲治者也，直所從言之異，路有省不省耳。

抑談不過爲方便而立此說，强加其名，然獨不及倡之者，斯爲憾耳。其後，班孟堅修漢書，卷三十曰藝文志，並從劉向、歆父子七略(註三三)。著錄者，「凡諸子百八十九家，四千三百二十四篇」(註三四)，更析之爲十家，云：

諸子十家，其可觀者，九家而已。皆起於王道既微，諸侯力政，時君世主，好惡殊方，是以九家之術，蠭出並作，各引一端，崇其所善，以此馳說，取合諸侯。其言雖殊，辟猶水火，相滅亦生也。仁之與義，敬之與和，相反而皆相成也。易曰：「天下同歸而殊塗，一致而百慮。」今異家者，各推所長，窮知究慮，以明其指，雖有蔽短，合其要歸，亦六經之支與流裔，使其人遭明王聖主，得其所折中，皆股肱之材已。仲尼有言：「禮失而求諸野。」方今去聖久遠，道術缺廢，無所更索。彼九家者，不猶瘉於野乎！若能修六藝之術，而觀此九家之言，舍短取長，則可以通萬方之略矣。

非且增益家數，又納而爲六經之支與流裔。十家者：曰儒家、曰道家、曰陰陽家、曰法家、曰名家、曰墨家、曰從橫家、曰雜家、曰農家、曰小說家。較諸談所說，愈見精細，而去古亦愈遠。

梁啓超老孔墨以後學派概觀曰：

以流派論諸子，起於漢人，前此無有也。莊子天下篇，荀子非十二子篇，天論篇，解蔽篇，尸子廣澤篇，呂氏春秋不二篇，淮南子要略，皆臚列諸家之義學說，比較評騭，而未嘗冠以流派之名。至司馬談始標儒墨名法陰陽道德之六家，而劉氏向歆父子，更析爲儒道陰陽法名墨縱橫雜農小說之十家，命爲九流，後之言學派者多宗焉。夫對於複雜現象而求其類別，實學術界自然之要求，馬，劉以流派論諸子，不可謂非研究進步之徵也。雖然，分類之業，本已至難，而以施諸學派則尤甚。蓋前此一大師之興，全思想界皆受其影響，不必其直傳之弟子而始然也。後此一大師之興，雖淵源有所自承，而其學說內容，決不盡同於其師，苟盡同焉，則不能自成一家矣。

正此之謂也。而「前此一大師之興，全思想界皆受其影響，不必其直傳之弟子而始然也」，「後此一大師之與，雖淵源有所自承，而其學說內容，決不盡同於其師，苟盡同焉，則不能自成一家」等語，尤見卓識。同書復曰：

古代學術，老、孔、墨三聖集其大成。言夫理想，老子近唯心，墨子近唯物，孔子則其折衷也。言夫作用，老子任自然，墨子尊人為，孔子則其折衷也。三聖以後，百家競作，各有其獨到之處，觀其一節，時或視三聖所造為深，然思想淵源，蓋罔不導自三聖。……故謂後此學派與三聖有淵源則可，謂其為三聖所包含則不可；謂某派與某聖因緣較深則可，謂某派為某聖之支與流裔而截然與他聖無關則不可。

梁氏之論先秦學術思想，雖倡地理之南北有異之說(註三五)，然亦可別之為孔學、老學、墨學之三宗。而先秦之世，雖有較大，吾人可視之為一「學派」之「學派」產生，然泰半皆各自有以名家者，馮友蘭中國哲學史論戰國時百家之學云：

就人之思想方面言之，在孔子時，除孔子及其所遇之三五消極的「隱者」之流外，尚無其他有勢力的學派與孔子對抗。卽在墨子時，亦只有儒、墨兩派，互相攻擊辯論。及至孟子時，則思想派別，已極複雜，莊子天下篇所謂「百家之學」是也。孟子所謂「聖王不作，諸侯放恣，處士橫議」，卽其時代之情形也。

馮氏此說是也。然欲明乎其時之學術，又非就當時載籍而論當時學術者不可，求之先秦之書，凡有五種：

莊子天下

荀子非十二子、天論、解蔽

韓非子顯學

尸子廣澤

呂氏春秋不二

莊子天下曰：

天下之治方術者多矣，皆以其有，爲不可加矣。古之所謂道術者，果惡乎在？曰：無所不在。曰：神何由降？明何由出？聖有所生，王有所成，皆原於一。不離於宗，謂之天人；不離於精，謂之神人；不離於眞，謂之至人；以天爲宗，以德爲本，以道爲門，兆於變化，謂之聖人；以仁爲恩，以義爲理，以禮爲行，以樂爲和，薰然慈仁，謂之君子。以法爲分，以名爲表，以參爲驗，以稽爲決，其數一二三四是也，百官以此相齒。以事爲常，以衣食爲主，蕃息畜藏老弱孤寡爲意，皆有以養，民之理也。古之人其備乎！配神明，醇天地，育萬物，和天下，澤及百姓，明於本數，係於末度，六通四辟，小大精粗，其運無乎不在。其明而在數度者，舊法世傳之史，尙多有之。其在於詩書禮樂者，鄒魯之士，搢紳先生，多能明之。詩以道志，書以道事，禮以道行，樂以道和，易以道陰陽，春秋以道名分。其數散於天下，而設於中國者，百家之學，時或稱而道之。天下大亂，聖賢不明，道德不一，天下多得一察焉以自好。譬如耳目鼻口，皆有所明，不能相通，猶百家衆技也，皆有所長，時有所用。雖然，不該不徧，一曲之士也。判天地之美，析萬物之理，察古人之全，寡能備於天地之美，稱神明之容。是故內聖外王之道，闇而不明，鬱而不發。天下之人，各爲其所欲焉以自爲方。悲夫！百家往而不反，必不合矣。後世之學者，不幸不見天地之純，古人之大體，道術將爲天下裂。

不侈於後世，不靡於萬物，不暉於數度，以繩墨自矯，而備世之急，古之道術有在於是者，墨翟、禽滑釐聞其風而說之。爲之大過，已之大順。作爲非樂，命之曰節用。生不歌，死無服。墨子氾愛兼利而非鬪，其道不怒，又好學而博，不異，不與先王同。毀古之禮樂，黃帝有咸池，堯有大章，舜有大韶，禹有大濩，文王有辟雍之樂，武王、周公作武。古之喪禮，貴賤有儀，上下有等。天子棺槨七重，諸侯五重，大夫三重，士再重。今墨子獨生不歌，死不服，桐棺三寸而無槨，以爲法式。以此敎人，恐不愛人；以此自行，固不愛己。未敗墨子道。雖然，歌而非歌，哭而非哭，樂而非樂，是果類乎！其生也勤，其死也薄，其道大觳。使人憂，使人悲，其行難爲也，恐其不可以爲聖人之道。反天下之心，天下不堪，墨子雖獨能任，奈天下何？離於天下，其去王也遠矣。墨子稱道曰：昔者禹之湮洪水，决江河，而通四夷九州也，名山三百，支川三千，小者無數。禹親自操槖耜，而九雜天下之川。腓無胈，脛無毛，沐甚雨，櫛疾風，置萬國。禹大聖也，而形勞天下也如此。使後世之墨者，多以裘褐爲衣，以跂蹻爲服，日夜不休，以自苦爲極。曰：不能如此，非禹之道也，不足爲墨。相里勤之弟子，五侯之徒，南方之墨者，苦獲、己齒、鄧陵子之屬，俱誦墨經，而倍譎不同，相謂別墨。以堅白同異之辯相訾，以觭偶不仵之辭相應，以巨子爲聖人，皆願爲之尸，冀得爲其後世，至今不決。墨翟、禽滑釐之意則是，其行則非也。將使後世之墨者，必自苦以腓無胈，脛無毛，相進而已矣。亂之上也，治之下也。雖然，墨子，眞天下之好也，將求之不得也，雖枯槁不舍也，才士也夫！

不累於俗，不飾於物，不苟於人，不忮於衆，願天下之安寧，以活民命，人我之養，畢足而止，以此白心，古之道術，有在於是者，宋鈃、尹文，聞其風而說之。作爲華山之冠以自表，接萬物以別宥爲始。語心之容，命之曰心之行。以聏合驩，以調海內。請欲置之以爲主。見侮不辱，救民之鬪。禁攻寢兵，救世之戰。以此周行天下，上說下敎。雖天下不取，强聒而不舍者也，故曰上下見厭而强見也。雖然，其爲人太多，其自爲太少。曰：請欲固置，五升之飯足矣。先生恐不得飽，弟子雖饑，不忘天下。日夜不休，曰：我必得活哉！圖傲乎救世之士哉！曰：君子不爲苛察，不以身假物，以爲無益於天下者，明之不如已也。以禁攻寢兵爲外，以情欲寡淺爲內，其小大精粗，其行適至是而止。

公而不黨，易而無私，決然無主，趣物而不兩。不顧於慮，不謀於知，於物無擇，與之俱往。古之道術，有在於是者，彭蒙、田駢、愼到，聞其風而說之。齊萬物以爲首，曰：天能覆之，而不能載之；地能載之，而不能覆之；大道能包之，而不能辯之。知萬物皆有所可，有所不可。故曰：選則不徧，敎則不至，道則無遺者矣。是故愼到棄知去已，而緣不得已。泠汰於物，以爲道理。曰：知不知，將薄知而後鄰傷之者也。謑髁無任，而笑天下之尚賢也。縱脫無行，而非天下之大聖。椎拍輐斷，與物宛轉。舍是與非，苟可以免。不師知慮，不知前後，魏然而已矣。推而後行，曳而後往。若飄風之還，若羽之旋，若磨石之隧。全而無非，動靜無過，未嘗有罪。是何故？夫無知之物，無建已之患，無用知之累，動靜不離於理，是以終身無譽。故曰：至於若無知之物而已，無用賢聖。夫塊不失道，豪傑相與笑之，曰：愼到之道，非生人之行，而至死人之理，適得怪焉。田駢亦然，學於彭蒙，得不敎焉。彭蒙之師曰：古之道人，至於莫之是，莫之非，而已矣。其風窢然，惡可而言。常反人，不見觀，而不免於魭斷。其所謂道非道，而所言之韙，不免於非。彭蒙、田駢、愼到不知道。雖然，概乎皆嘗有聞者也。

以本爲精，以物爲粗，以有積爲不足，淡然獨與神明居。古之道術，有在於是者，關尹、老聃聞其風而說之。建之以常無有，主之以大一，以濡弱謙下爲表，以空虛不毀萬物爲實。關尹曰：在已無居，形物自著，其動若水，其靜若鏡，其應若響，芴乎若亡，寂乎若清，同焉者和，得焉者失，未嘗先人，而常隨人。老聃曰：知其雄，守其雌，爲天下谿；知其白，守其辱，爲天下谷。人皆取先，已獨取後，曰：受天下之垢。人皆取實，已獨取虛，無藏也，故有餘，巋然而有餘，其行身也，徐而不費，無爲也而笑巧，人皆求福，已獨曲全，曰：苟免於咎。以深爲根，以約爲紀，曰：堅則毀矣。常寬容於物，不削於人，可謂至極。關尹老聃乎！古之博大眞人哉！

芴漠無形，變化無常。死與生與，天地竝與，神明往與。芒乎何之，忽乎何適。萬物畢羅，莫足以歸。古之道術，有在於是者，莊周聞其風而說之。以謬悠之說，荒唐之言，無端崖之辭，時恣縱而不儻，不以觭見之也。以天下爲沈濁，不可與莊語。以巵言爲曼衍，以重言爲眞，以寓言爲廣。獨與天地精神往來，而不敖倪於萬物，不譴是非，以與世俗處。其書雖瓌瑋，而連犿無傷也。其辭雖參差，而諔詭可觀。彼其充實不可以已，上與造物者遊，而下與外生死無終始者爲友。其於本也，宏大而辟，深閎而肆。其於宗也，可謂調適而上遂矣。雖然，其應於化而解於物也，其理不竭，其來不蛻。芒乎昧乎，未之盡者。

惠施多方，其書五車。其道舛駁，其言也不中，厤物之意，曰：至大無外，謂之大一；至小無內，謂之小一。無厚不可積也，其大千里。天與地卑；山與澤平。日方中方睨；物方生方死。大同而與小同異，此之謂小同異；萬物畢同畢異，此之謂大同異。南方無窮而有窮，今日適越而昔來。連環可解也。我知天下之中央，燕之北，越之南是也。氾愛萬物，天地一體也。惠施以此爲大，觀於天下，而曉辯者，天下之辯者，相與樂之。卵有毛。雞三足。郢有天下。犬可以爲羊。馬有卵。丁子有尾。火不熱。山出口。輪不輾地。目不見。指不至。至不絕。龜長於蛇。矩不方。規不可以爲圓。鑿不圍枘。飛鳥之景，未嘗動也。鏃矢之疾，而有不行不止之時。狗非犬。黃馬驪牛三。白狗黑。孤駒未嘗有母。

一尺之棰，日取其半，萬世不竭。辯者以此與惠施相應，終身無窮。桓團、公孫龍，辯者之徒，飾人之心，易人之意，能勝人之口，不能服人之心，辯者之囿也。惠施日以其知與人之辯，特與天下之辯者爲怪，此其柢也。然惠施之口談，自以爲最賢，曰：「天地其壯乎！施存雄而無術。」南方有倚人焉，曰黃繚，問天地所以不墜不陷，風雨雷霆之故。惠施不辭而應，不慮而對，徧爲萬物說，說而不休，多而無已，猶以爲寡，益之以怪，以反人爲實，而欲以勝人爲名，是以與衆不適也。弱於德，強於物，其塗隩矣。由天地之道，觀惠施之能，其猶一蚊一虻之勞者也，其於物也何庸？夫充一尙可曰愈，遺道幾矣。惠施不能以此自寧，散於萬物而不厭，卒以善辯爲名，惜乎！惠施之才，駘蕩而不得，逐萬物而不反，是窮響以聲，形與影競走也，悲夫！

梁啓超莊子天下篇釋義云：「古人著書，敍錄皆在全書之末，如淮南子要略、太史公自序、漢書敍傳，其顯例也。天下篇卽莊子全書之自序。」此說早見於昔人之書，錢師賓四莊子纂箋引陸長庚曰：「天下篇，莊子後序也。列敍古今道術淵源所自，而以己承之，卽孟子終篇之意。」又王夫之曰：「與孟子篇末擧狂狷鄉愿之異，歷述先聖來至己淵源，及史遷序列九家之說略同。」又馬驌曰：「此自序也。諸篇多寓言，而此獨爲莊語。」又姚鼐曰：「是篇乃莊子後序。」梁任公復云：「近人胡適疑此篇爲非莊周作（中國哲學史大綱二三六及二五四葉）。莊子書有後人羼附之作，外篇雜篇可疑者更多，無容爲諱。惟天下篇似無甚懷疑之餘地。懷疑論最大之理由，因篇中有『桓團、公孫龍，辯者之徒』一語，謂莊周與公孫龍年代不應相及。欲解決此問題，當先研究惠施、公孫龍之年代，以定莊周之年代。莊周與惠施爲友，屢見本書，可認爲確定之事實。惠施相梁惠王，惠王死時，參與喪禮，事見戰國策，實西紀前三一九年也。其後尙生存若干年，無可考。而莊周之卒又在施後，本書徐無鬼篇，有『莊周送葬，過惠子之墓』語可證。公孫龍爲平原君客，見戰國策、呂氏春秋及史記。平原君相趙惠文王及孝成王，見史記本傳。趙惠文王以周赧王十七年卽位，卽以弟勝爲相，封平原君，見六國表，實西紀前二九八年，上距魏惠王之死，二十一年耳。公孫龍當信陵君救趙破齊時——前二五七年——尙生存，見戰國策。假令龍其年八十歲，則當梁惠王死時，龍年已三十，況施之死在惠王後，而莊周之死又在施後耶！然則莊周上與惠施爲友，而下及見公孫龍之辯，更何足怪，胡氏一則曰『天下篇定是戰國末年人造的』，再則曰『天下篇決不是莊子自作的』，此種決絕的否定，未免過於武斷。此篇文體極樸茂，與外篇中淺薄圓滑之各篇不同，故應認爲莊子書中最可信之篇。」雖王師叔岷亦嘗稱「內篇未必盡可信，外雜篇未必盡可疑」（註三六），然天下篇確有可疑處，未盡如任公所云也。試翻檢天下篇，文氣至「雖然，其應於化而解於物也，其理不竭，其來不蛻，芒乎昧乎，未之盡者」固已盡矣。其後乃突爾有「惠施多方，其書五車……」一章，豈不可怪！錢師賓四莊子纂箋於「惠施多方，其書五車」下，旣引日人武內義雄之說曰：「以下，或卽北齊杜弼所注惠施篇。本篇上半釋文，多引崔音，此下無一引，又列子仲尼篇，多與此下文有相似，而張湛注亦不引向秀，則此下半爲崔、向所不傳，郭象取他本附此。」(註三七)於文末，更用馬敍倫之說：「王應麟依北齊書杜弼傳，嘗注莊子惠施篇，謂今無此篇，亦逸篇也。疑此篇『惠施多方』以下，乃惠施篇文。觀音義引崔譔、向秀音說，自『惠施多方』以下，訖不一見，則向、崔本此篇，終於『未之盡者』可知。」王師叔岷莊子校譯自序，亦嘗論其事曰：「北齊書杜弼傳，稱弼注莊子惠施篇。今考天下篇『惠施多方』以下一章，專論惠子之學說，與上文不必相連，舊必另爲一篇，杜弼所注惠施篇，疑卽指此，或存莊書之舊，今本蓋郭氏合之也。」然天下一篇，可疑者尙多，今本已非復六朝以前之完本(註三八)；且世人多以天下爲莊子之後序，而先秦之書，未見其例，任公所舉，並皆漢時典籍。是世之究莊者，目爲莊書中至可信從之篇章，實至可疑。

又荀子非十二子曰：

假今之世，飾邪說，文姦言，以梟亂天下，矞宇嵬瑣，使天下混然不知是非治亂之所存者有人矣。縱情性，安恣睢，禽獸行，不足以合文通治，然而其持之有故，其言之成理，足以欺惑愚衆，是它囂、魏牟也。忍情性，綦谿利跂，苟以分異人爲高，不足以合大衆，明大分，然而其持有故，其言之成理，足以欺惑愚衆，是陳仲、史鰌也。不知一天下建國家之權稱，上功用，大儉約，而僈差等，曾不足以容辨異，縣君臣，然而其持之有故，其言之成理，足以欺惑愚衆，是墨翟、宋鈃也。尙法而無法，下修而好作，上則取聽於上，下則取從於俗，終日言成文典，及紃察之，則倜然無所歸宿，不可以經國定分，然而其持之有故，其言之成理，足以欺惑愚衆，是愼到，田駢也。不法先王，不是禮義，而好治怪說，玩琦辭，甚察而不惠，辯而無用，多事而寡功，不可以爲治綱紀，然而其持之有故，其言之成理，足以欺惑愚衆，是惠析、鄧析也。略法先王而不知其統，猶然而材劇志大，聞見雜博，案往舊造說，謂之五行，甚僻違而無類，幽隱而無說，閉約而無解，案飾其辭而祇敬之曰：此眞先君子之言也。子思倡之，孟軻和之，世俗之溝猶瞀儒，嚾嚾然不知其所非也，遂受而傳之，以爲仲尼、子游爲茲厚於後世，是子思、孟軻之罪也。若夫總方略，齊言行，壹統類，而羣天下之英傑，而告之以大古，敎之以至順，奧窔之間，簟席之上，歛然聖王之文章具焉，佛然平世之俗起焉，則六說者不能入也，十二子者不能親也。

無置錐之地，而王公不能與之爭名；在一大夫之位，則一君不能獨畜，一國不能獨容，成名況乎諸侯，莫不願以爲臣，是聖人之不得埶者也，仲尼、子弓是也。一天下，財萬物，長養人民，兼利天下，通達之屬，莫不從服，六說者立息，十二子者遷化，則聖人之得埶者，舜、禹是也。今夫仁人也將何務哉？上則法舜、禹之制，下則法仲尼、子弓之義，以務息十二子之說，如是則天下之害除，仁人之事畢，聖王之跡著矣。……弟佗其冠，神禫其辭，禹行而舜趨，是子張氏之賤儒也；正其衣冠，齊其顏色，嗛然而終日不言，是子夏氏之賤儒也，偷儒憚事，無廉恥而耆飲食，必曰君子固不用力，是子游氏之賤儒也。彼君子則不然，佚而不惰，勞而不侵，宗原應變，曲得其宜，如是然後聖人也。

同書天論曰：

萬物爲道一偏，一物爲萬物一偏，愚者爲一物一偏，而自以爲知，道無知也。愼子有見於後，無見於先；老子有見於詘，無見於信；墨子有見於齊，無見於畸；宋子有見於少，無見於多。有後而無先，則羣衆無門；有詘而無信，則貴賤不分；有齊而無畸，則政令不施；有少而無多，則羣衆不化。書曰：無有作好，遵王之道；無有作惡，遵王之路。此之謂也。

同書解蔽曰：

凡人之患，蔽於一曲，而闇於大理，治則復經，兩疑則惑矣。天下無二道，聖人無兩心，今諸侯異政，百家異說，則必或是或非，或治或亂，亂國之君，亂家之人，此其誠心莫不求正而以自爲也。妒繆於道，而人誘其所迨也。私其所積，唯恐聞其惡也。倚其所私，以觀異術，唯恐聞其美也。是以與治雖走，而是已不輟也。豈不蔽於一曲，而失正求也哉。心不使焉，則白黑在前而目不見，雷鼓在側而耳不聞，況於使者乎？德道之人，亂國之君，非之上，亂家之人，非之下，豈不哀哉！數爲蔽，欲爲蔽，惡爲蔽，始爲蔽，終爲蔽，遠爲蔽，近爲蔽，博爲蔽，淺爲蔽，古爲蔽，今爲蔽，凡萬物異則莫不相爲蔽，此心術之公患也。……墨子蔽於用而不知文，宋子蔽於欲而不知得，愼子蔽於法而不知賢，申子蔽於執而不知知，惠子蔽於辭而不知實，莊子蔽於天而不知人。故由用謂之道盡利矣，由俗謂之道盡嗛矣，由法謂之道盡數矣，由執謂之道盡便矣，由辭謂之道盡論矣，由天謂之道盡因矣，此數具者，皆道之一隅也。夫道者，體常而盡變，一隅不足以擧之。曲知之人，觀於道之一隅，而未之能識也，故以爲足而飾之。內以自亂，外以惑人，上以蔽下，下以蔽上，此蔽塞之禍也。孔子仁知且不蔽，故學亂術，足以爲先王者也。一家得，周道學，而用之不蔽於成積也。故德與周公齊，名與三王並，此不蔽之福也。聖人知心術之患，見蔽塞之禍，故無欲無惡，無始無終，無近無遠，無博無淺，無古無今，兼陳萬物中縣衡焉。是故衆異不得相蔽，以亂其倫也。

荀子一書，近人多以其爲後人雜湊而成，眞僞混迹，難爲確切之指認(註三九)。前引三文，自難相例外。

又韓非子顯學曰：

世之顯學，儒、墨也。儒之所至，孔丘也；墨之所至，墨翟也。自孔子之死也，有子張之儒，有子思之儒，有顏氏之儒，有孟氏之儒，有漆雕氏之儒，有仲良氏之儒，有孫氏之儒，有樂正氏之儒。自墨子之死也，有相里氏之墨，有相夫氏之墨，有鄧陵氏之墨。故孔、墨之後，儒分爲八，墨離爲三，取舍相反不同，而皆自謂眞孔墨，孔墨不可復生，將誰使定後世之學乎？孔子、墨子俱道堯舜，而取舍不同，皆自謂眞堯舜，堯舜不復生，將誰使定儒墨之誠乎？殷周七百餘歲，虞夏二千餘歲，而不能定儒墨之眞。今乃欲審堯舜之道，於三千歲之前，意者其不可，必乎無參驗。而必之者，愚也。弗能必，而據之者，誣也。故明據先王，必定堯舜者，非愚則誣也。愚誣之學，雜反之行，明主弗受也。墨者之葬也，冬日冬服，夏日夏服，桐棺三寸，服喪三月，世以爲儉而禮之。儒者破家而葬，服喪三年，大毀扶杖，世主以爲孝而禮之。夫是墨者之儉，將非孔子之孝也；是孔子之孝，將非墨子之戾也。今孝戾侈儉俱在儒墨，而上兼禮之。漆雕之議，不色撓，不目逃，行曲則違於臧獲，行直則怒於諸侯，世主以爲廉而禮之。宋榮子之議，設不鬪爭，取不隨仇，不羞囹圄，見侮不辱，世主以爲寬而禮之。夫是漆雕之廉，將非宋榮之恕也；是宋榮之寬，將非漆雕之暴也。今寬廉恕暴俱在二子，人主兼而禮之。自愚誣之學，雜反之辭爭，而人主俱聽之。故海內之士，言無定術，行無常儀。夫冰炭不同器，而久寒暑，不兼時而至，雜反之學不兩立而治，今兼聽雜學繆行同異之辭，安得無亂乎！

又尸子廣澤篇云(註四〇)：

墨子貴兼，孔子貴公，皇子貴衷，田子貴均，列子貴虛，料子貴別囿，其學之相非也，數世矣而不已，皆弇於私也。

尸子之爲僞書，今人多有論述(註四一)，無復可疑矣。

又呂氏春秋審分覽不二曰：

聽羣衆人議以治國，國危無日矣。何以知其然也？老耽貴柔，孔子貴仁，墨翟貴廉，關尹貴淸，子列子貴虛，陳駢貴齊，陽生貴己，孫臏貴勢，王廖貴先，兒良貴後。有金鼓所以一耳。必同法令，所以一心也。智者不得巧，愚者不得拙，所以一衆也。勇者不得先，懼者不得後，所以一力也。故一則治，異則亂；一則安，異則危。

此五家論先秦學術之書，梁任公皆爲之釋(註四二)，其意可知。除尸子外，他四家之中：莊子天下，雖云其不必爲莊子一書之後序，亦不必爲莊周所作，然出自先秦(註四三)，或可置信；荀子評諸子語，雖眞僞相雜，要屬眞際者多；韓非、呂覽則並爲可信之篇(註四四)，而此等書之價値，由此可見。蓋其成書，既皆在西紀前三世紀，而此一時期，又爲先秦學術最盛，溶合分裂之大時代。而四家書所代表之地域，所代表之學術，亦莫不具備相當之普遍性也。

試將論評當時諸子之上述四家，作一比較，則得一極有趣之結果：

莊子天下	荀子			韓非子顯學	呂氏春秋不二
	非十二子	天論	解蔽		
墨翟、禽滑釐	它囂、魏牟	愼子	墨子	孔——八支	老耽
宋鈃、尹文	陳仲、史鰌	老子	宋子	墨——三支	孔子
彭蒙、田駢、愼到	墨翟、宋鈃	墨子	愼子		墨翟
關尹、老聃	愼到、田駢	宋子	申子		關尹

莊周（惠施——桓團、公孫龍）	惠施、鄧析 子思、孟軻		惠子 莊子		子列子 陳駢 陽生 孫臏 王廖 兒良

凡被論列之諸家，並各有所創獲，而有所不慊於論者之心者；或有礙於論者學說流布者。是以論者愈衆，則此家之學說，其影響於當時必也愈大，流布亦愈廣。以此觀之，誠符韓非子顯學所云：「世之顯學，儒、墨也。」墨說更屬盛極一時，此固自孟子時即已然也(註四五)。莊周則反是，少爲人知，亦不爲世所重。今試舉其名出現兩次以上諸家於下（括弧內次數，爲用莊、荀、韓非、呂覽四家爲計算標準者）：

墨翟　六次（四次）

宋鈃　四次（二次）

慎到　四次（二次）

老聃　三次（三次）

惠施　三次（二次）

田駢　　二次（二次）

關尹　　二次（二次）

莊周　　二次（二次）

而莊周兩次之中，尙包含自揚其學說之一次。然則當時學術思想之大勢，眞如梁任公「古代學術，老、孔、墨三聖集其大成」之說矣，而稀有不受此三家學說思想之影響者。吾人願重述梁氏之說云：

三聖以後，百家競作，各有其獨到之處，觀其一節，時或視三聖所造爲深，然思想淵源，蓋罔不導自三聖。……故謂後此學派與三聖有淵源則可，謂其爲三聖所包含則不可；謂某派與某聖因緣較深則可，謂某派爲某聖之支與流裔而截然與他聖無關則不可。

必先有此認識，而後始可與言先秦之學術焉！

三　公孫龍學說思想之早期記載

公孫龍之時代背景既明，乃進而可討論龍之學說思想矣。然後人於龍之學說思想，因時世有異，說者不同。遂有忘其本來面目，而厚侮古人者。後之究龍者，亦多不察，或據以判析龍之學說思想。茲篇但就早期載籍中所論及之公孫龍學說思想，加以論討，雖不必卽爲龍說之本然，要爲近古，亦近於眞耳。

莊子秋水篇云：

公孫龍問於魏牟曰：「龍少學先王之道，長而明仁義之行，合同異，離堅白，然不然，可不可，困百家之知，窮衆口之辯，吾自以爲至達已。今吾聞莊子之言，汒焉異之，不知論之不及與？知之弗若與？今吾無所開吾喙，敢問其方？」公子牟隱机大息，仰天而笑曰：「子獨不聞夫埳井之鼃乎？謂東海之鼈曰：『吾樂與！吾跳梁乎井乾之上，入休乎缺甃之崖，赴水則接掖持頤，蹶泥則沒足滅跗，還虷蟹與科斗，莫吾能若也。且夫擅一壑之水，而跨跱埳井之樂，此亦至矣。夫子奚不時來入觀乎？』東海之鼈左足未入，而右膝已縶矣，於是逡巡而却，告之海，曰：『夫千里之遠，不足以舉其大；千仞之高，不足以極其深。禹之時，十年九潦，而水弗爲加益；湯之時，八年七旱，而崖不爲加損。夫不爲頃久推移，不以多少進退者，此亦東海之大樂也。』於時，埳井之鼃聞之，適適然驚，規規然自失也。且夫不知是非之竟，而猶欲觀於莊子之言，是猶使蚉負山，商蚷馳河也，必不勝任矣。且夫知不知論極妙之言，而自適一時之利者，是非埳井之鼃與？且彼方跐黃泉而登大皇，無南無北，奭然四解，淪於不測；無東無西，始於玄冥，反於大通。子乃規規然而求之以察，索之以辯，是直用管闚天，用錐指地也，不亦小乎？子往矣！且子獨不聞夫壽陵餘子之學行於邯鄲與？未得國能，又失其故行矣，直匍匐而歸耳。今子不去，將忘子之故，失子之業。」公孫龍口呿而不合，舌擧而不下，乃逸而走。

錢師賓四莊子纂箋：「姚鼐曰：『公孫龍與莊生時不相及，此其弟子所記耳。』穆按：公孫龍猶可及見莊子，惟此篇當非莊生親筆，則如姚說。」又王師叔岷莊子校釋自序：「漢志及呂氏春秋必已篇高誘注，並稱莊子五十二篇。今所存者，僅三十三篇：內篇七、外篇十五、雜篇十一，乃郭象刪定之本。郭本內外雜篇之區畫，蓋隨意升降。……至於外雜篇，昔賢多疑爲僞作，然今本內外雜篇之名，實定於郭氏，則內篇未定盡可信，外雜篇未必盡可疑。如荀子正論篇云：『語曰：坎井之鼃，不可語東海之樂。』此卽引外篇秋水之文也。荀子去莊子未遠，則秋水雖在今本外篇，而爲莊子所作，自可無疑。」荀子正名篇，集解引司馬彪，亦云此「事出莊子」。然王師以荀子正論有「語曰：坎井之鼃，不可語東海之樂」一語出自莊子秋水，遂斷其成書於荀子之先，故得引爲例證，立據似嫌不足。綜諸家之說，秋水卽非成於莊子之手，亦當出諸先秦。而其書具載公孫龍之自敍曰：「龍少學先王之道，長而明仁義之行，合同異，離堅白，然不然，可不可，困百家之知，窮衆口之辯，吾自以爲至達已。」固爲龍學說思想全體之最佳寫照也。

又天下篇曰：

惠施多方，其書五車。其道舛駁，其言也不中，厤物之意，曰：至大無外，謂之大一；至小無內，謂之小一。無厚不可積也，其大千里。天與地卑，山與澤平。日方中方睨；物方生方死。大同而與小同異，此之謂小同異；萬物畢同畢異，此之謂大同異。南方無窮而有窮，今日適越而昔來。連環可解也。我知天下之中央，燕之北，越之南是也。氾愛萬物，天地一體也。惠施以此爲大，觀於天下，而曉辯者，天下之辯者，相與樂之。卵有毛。雞三足。郢有天下。犬可以爲羊，馬有卵。丁子有尾。火不熱。山出口。輪不輾地。目不見。指不至。至不絕。龜長於蛇。矩不方。規不可以爲圓。鑿不圍枘。飛鳥之景，未嘗動也。鏃矢之疾，而有不行不止之時。狗非犬。黃馬驪牛三。白狗黑。孤駒未嘗有母。一尺之捶，日取其半，萬世不竭。辯者以此與惠施相應，終身無窮。桓團、公孫龍，辯者之徒。飾人之心，易人之意，能勝人之口，不能服人之心，辯者之囿也。惠施日以其知與人之辯，特與天下之辯者爲怪，此其柢也。然惠施之口談，自以爲最賢，曰：「天地其壯乎！施存雄而無術。」南方有倚人焉，曰黃繚，問天地所以不墜不陷，風雨雷霆之故。惠施不辭而應，不慮而對，徧爲萬物說，說而不休，多而無已，猶以爲寡，益之以怪，以反人爲實，而欲以勝人爲名，是以與衆不適也。弱於德，强於物，其塗隩矣。由天地之道，觀惠施之能，其猶一蚊一蝱之勞者也，其於物也何庸？夫充一尚可曰愈，貴道幾矣。惠施不能以此自寧，散於萬物而不厭，卒以善辯爲名，惜乎！惠施之才，駘蕩而不得，逐萬物而不反，是窮響以聲，形與影競走也，悲夫！

此篇之說見前。胡適中國哲學史大綱曰：「莊子書中所記公孫龍的話都是後人亂造的。」(註四六)胡氏信公孫龍子五篇爲眞、信白馬非馬臧三耳爲龍最有名之學說，却疑莊子天下篇(註四七)。然胡氏所持，特在龍「不能和惠施辯論」，以爲「莊子天下篇定是戰國末年人造的」(註四八)。梁任公於此已有所辨解(註四九)，劉汝霖周秦諸子考亦謂「公孫龍雖不在莊子之前，不見得就不能和惠施辯論。因爲惠施和莊子同時，公孫龍無論和莊子同時，或稍後於莊子，都能見及惠施。況且邯鄲解圍，上距惠子離魏五十三年，距惠子居宋，不過四十多年，那麼早年的公孫龍，和晚年的惠施，很有相遇的時間，何以不能辯論？『徒』就是『徒黨』，也就是一類的意思。論語說，『吾非斯人之徒與而誰與？』孟子說：『雞鳴而起，孳孳爲善者，舜之徒也；雞鳴而起，孳孳爲利者，跖之徒也。』裏面的『徒』字，都可作類字解。所以『辯者之徒』一句話，當解作『辯者』

一類的人物，不當作『辯者』的弟子。況且前句已經說到『辯者』、後句又指明公孫龍、桓團就是辯者一類的人物，文意本很明顯。若把公孫龍解作辯者的弟子，那麼這辯者究竟是誰呢？難道個個都是公孫龍的老師嗎？胡氏又說：『莊子書中所記公孫龍的話，都是後人亂造的。』我以爲莊子一書，雖不盡出莊子手筆，大部分總可斷定是戰國人所作。所以旁的記載羼入是有的，亂造的事恐未必然。但後人加入的東西，止對於莊子本人思想上發生問題，對於幫助我們考察旁人的事跡，仍不可以一筆抹殺的」(註五〇)。而天下篇所論及之公孫龍，其爲辯者之徒，可爲秋水一極佳之補充說明。

於呂氏春秋，審應覽淫辭云：

孔穿、公孫龍，相與論於平原君所，深而辯，至於藏三牙。公孫龍言藏之三牙甚辯，孔穿不應，少選，辭而出。明日，孔穿朝，平原君謂孔穿曰：「昔者，公孫龍之言甚辯。」孔穿曰：「然！幾能令藏三牙矣。雖然，難。願得有問於君，謂藏三牙，甚難而實非也；謂藏兩牙，甚易而實是也。不知君將從易而是也者乎？將從難而非者乎？」平原君不應，明日，謂公孫龍曰：「公無與孔穿辯。」

「牙」，世人多從孔叢子公孫龍篇作「耳」，以爲如此，義始可通。畢沅校，謝墉云：「臧三耳，見孔叢子公孫龍篇。耳字，篆文近牙，故傳寫致誤。愚意，臧羬古字通用，謂羊也。此作臧尤誤。」而王啓湘公孫龍子校詮敍亦別有新解，曰：「孔叢子載龍之言，有所謂臧三耳者，疑亦不達古義者所爲。蓋孔叢子僞書，固不足信，而斯言今見於呂氏春秋淫辭篇，其原文當云：『謂臧兩耳甚易，而實是也；謂臧三甚難，而實非也。』因臧獲之臧，及藏匿之藏，古均作臧，淺人不知臧爲藏匿之藏，耳爲而已之義，乃疑臧爲獲之臧，耳爲耳目之耳，遂於臧三下亦增耳字，此臧三耳之說所由來也。（今本呂氏春秋，又誤作臧三牙。）殊不知所謂臧兩耳，卽指堅白之辯而言。堅白論云：『堅白石三，可乎？曰：不可。曰：二可乎？曰：可。』又曰：『堅白石不相外，藏三可乎？』又曰：『堅白域於石，惡乎離。』蓋以手拊石，知堅不知白；以目視石，見白不見堅。石則手拊之而知，目視之而見。是所藏者，不過堅白而已。故僅可謂堅藏於白石之中，白藏於堅石之中；而不可謂石藏於堅白之中，此卽所謂藏兩耳之義。細閱舊注，其義自見，故舊注有云：『公孫龍與孔穿對辯於趙平原家，蓋以此篇爲辯。』」(註五二)王氏用後起之公孫龍子以解前時之書，尙譏他人之不能得其義。竊以爲仍當用呂氏舊文，唯其「藏三牙」矣，始可言「深而辯」。若人人皆可得而解，尙何須「辯」之有？(註五三)

淫辭又曰：

空雄之遇，秦趙相與約，約曰：「自今以來，秦之所欲爲，趙助之，趙之所欲爲，秦助之。」居無幾何，秦與兵攻魏，趙欲救之，秦王不說，使人讓趙王曰：「約曰：『秦之所欲爲，趙助之；趙之所欲爲，秦助之。』今秦欲攻魏，而趙因欲救之，此非約也。」趙王以告平原君，平原君以告公孫龍，公孫龍曰：「亦可以發使而讓秦王曰：『趙欲救之，今秦王獨不助趙，此非約也。』」

此見龍從橫折衝於列國之術也。

又審應曰：

趙惠王謂公孫龍曰：「寡人事偃兵十餘年矣，而不成。兵不可偃乎？」公孫龍對曰：「偃兵之意，兼愛天下之心也。兼愛天下，不可以虛名爲也，必有其實。今藺、離石入秦，而王縞素出總；東攻齊得城，而王加膳置酒。秦得地，而王出總；齊亡地，而王加膳，所非兼愛之心也，此偃兵之所以不成也。今有人於此，無禮慢易而求敬；阿黨不公而求令；煩號數變而求靜；暴戾貪得而求定，雖黃帝，猶若困。」

又應言曰：

公孫龍說燕昭王以偃兵，昭王曰：「甚善，願與客計之。」公孫龍曰：「竊意大王之弗爲也。」王曰：「何故？」公孫龍曰：「日者，大王欲破齊，諸天下之士，其欲破齊者，大王盡養之；知齊之險阻要塞君臣之際者，大王盡養之；雖知而弗欲破者，大王猶若弗養，其卒果破齊以爲功。今大王曰：『我甚取偃兵。』諸侯之士，在大王之本朝者，盡善用兵者也，臣是以知大王之弗爲也。」王無以應。

此龍之倡偃兵，主兼愛之事實表現也。然則呂氏之說，偏於龍行事之個別事件，與莊子就龍學說思想全體而言之者不同。

然極可注意者，卽先秦之時，當時學者而論評當時學術者，如上節所引五家中，唯得莊子、呂氏，他如荀子、韓非、尸子，皆未有一語及龍。尸子可以不論，若荀子，當西紀前三世紀七、八十年左右，最爲老師者也(註五三)。史記卷七十四荀卿列傳云：「荀卿，趙人。年五十，始來遊學於齊。騶衍之術，迂大而閎辯，奭也，文具難施；淳于髡久與處，時有得善言，故齊人頌曰：『談天衍，彫龍奭，炙轂過髡。』田駢之屬皆已死，齊襄王時，而荀卿最爲老師。齊尙脩列大夫之缺，而荀卿三爲祭酒焉。齊人或讒荀卿，荀卿乃適楚，而春申君以爲蘭陵令。春申君死，而荀卿廢，因家蘭陵。李斯嘗爲弟子，已而相秦。荀卿嫉濁世之政，亡國亂君相屬，不遂大道，而營於巫祝，信禨祥。鄙儒小拘如莊周等，又滑稽亂俗。於是推儒墨道德之行事，興壞序列。著數萬言而卒，因葬蘭陵。」以此觀之，所論述，至具地域上之普遍性，與學術上之權威性，然未有一語及公孫龍。而韓非上接荀卿，而學於荀卿。據史記卷六十三韓非列傳曰：「韓非者，韓之諸公子也。喜刑名法術之學，而其歸本於黃老。……與李斯俱事荀卿，斯自以爲不如。」世人既以其學集法家之大成，而三晉學術，自亦稔熟於胸懷，何以其書亦未嘗有一語及龍？吾人試推測其可能之原因：

一、現今遺存之荀卿、韓非書，非荀子、韓非子完本，故有遺漏公孫龍之事。然荀子既以十二子名篇，則此理似難以成立。

二、莊子中言龍事者，並如胡適之氏所云，皆後人所僞造。然此亦不足以證本無公孫龍其人，至多可稱莊周生時不得及見龍耳。

三、公孫龍不過平原君千百食客之一，於當時諸子中，未見傑出，而影響稀杳，故不爲當時所重，是以論亦不及之。

四、呂不韋既效戰國四公子下士喜賓客之風，「亦招致士，厚遇之」，並「使其客人人著所聞」。此類賓客品類相同，所聞亦多前輩行事之迹，故龍事遂多流傳。

五、公孫龍既爲辯者之徒，與惠施之故，因莊門頗具淵源，乃因此而得論列。

就較早時期之記載觀之，龍所以示人者：

為一辯者。

又嘗為平原君客。

少學先王之道，長而明仁義之行，此儒者之業也。

曾傳食燕趙，倡偃兵，此墨者之行也。

曾建策以解趙之惑，此從衡之術也。

而其合同異，離堅白，然不然，可不可，困百家之知，窮衆口之辯，此辯者之事也。

是知其學駁雜，不為一家之說，亦未見有獨特之創獲，而得以動人心，但摭拾他人牙慧，從諸家之後(註五四)，於先秦學術極盛，百家爭鳴之世，無論就龍尙生存之時，抑其死後言之，殊無學術地位與影響力可言，是以既不為世人所重，亦不為世人所知，其學蓋亦小矣！

四　惠施鄧析公孫龍地位之昇降

由戰國而秦而漢，言公孫龍者日益增盛，廻異於初時之冷寂。淮南子齊俗曰：

博聞强志，心辯辭給，人智之美也，而明主不以求於下。……公孫龍折辯抗辭，別同異，離堅白，不可以衆同道也。

莊書謂龍「合同異，離堅白」，此乃云龍「別同異，離堅白」也。又道應：

昔者公孫龍在趙之時，謂弟子曰：「人而無能者，龍不能與游。」有客衣褐帶索而見曰：「臣能呼。」公孫龍謂弟子曰：「門下故有能呼者乎？」對曰：「無有。」公孫龍曰：「與之弟子之籍。」後數日，往說燕王。至於河上，而航在一汜。使善呼者呼之，一呼而航來。故曰：聖人之處世，不逆有伎能之士。

又詮言：

公孫龍粲於辭而貿名；鄧析巧辯而亂法。

史記卷七十四孟荀列傳曰：

而趙亦有公孫龍，爲堅白同異之辯。

同書卷七十六平原君虞卿列傳：

虞卿欲以信陵君存邯鄲，爲平原君請封。公孫龍聞之，夜駕見平原君曰：「龍聞虞卿欲以信陵君之存邯鄲，爲君請封，有之乎？」平原君曰：「然。」龍曰：「此甚不可！且王舉君而相趙者，非以君之智能爲趙國無有也。割東武城而封君者，非以君爲有功也，而以國人無勳，乃以君爲親戚故也。君受相印，不辭無能，割地不言無功者，亦自以爲親戚故也。今信陵君存邯鄲而請封，是親戚受城而國人計功也。此甚不可！且虞卿操其兩權：事成操右券以責；事不成，以虛名德君。君必勿聽也。」平原君遂不聽虞卿。

此太史公採自戰國策趙策三者。傳又曰：

平原君厚待公孫龍。公孫龍善爲堅白之辯，及鄒衍過趙，言至道，乃絀公孫龍。

此條或後人補入，非史遷原文，考證見本篇第一節。而龍辯堅白同異由是遂爲世人所共認，然雖有言此事者，但標其名，未見深說，淮南雖加譏評，亦文人之辭耳。

鹽鐵論鹽鐵箴石曰：

丞相曰：「吾聞諸鄭長孫曰：『君子正顏色，則遠暴嫚；出辭氣，則遠鄙倍矣。』故言可述，行可則，此有司夙昔所願覩也。若夫劍客論博奕，辯惑色而相。蘇秦立權以不相假，使有司不能取賢良之議，而賢良文學被不遜之名，竊爲諸生不取也。公孫龍有言曰：『論之爲道辯，故不可以不屬意。屬意相寬，相寬其歸爭，爭而不讓，則入於鄙。』今有司以不仁，又蒙素飡，無以更責雪恥矣。……」

此處引龍之說，謂「論之爲道辯，故不可以不屬意。屬意相寬，相寬其歸爭，爭而不讓，則入於部」，是龍說至漢，非且大盛，亦頗見尊重矣。而何以致然？吾嘗疑其或因呂不韋修呂氏春秋，而不韋爲相國，書自得廣以流傳，公孫龍亦因之漸爲世知。然漢初所傳龍說，如前引諸條，多稱龍善堅白同異之辯，而遠承莊子秋水者也。而漢人之所關注，惟龍之言辯而已。然漢人之關注龍事，實與影響中國思想史甚大，而不爲人所注意之惠施、鄧析、公孫龍地位之昇降，有極其密切之關係。

先秦諸子之起也，各騁其言辯，以明我是而他非。墨子小取曰：

夫辯者——將以明是非之分，審治亂之紀，明同異之處，察名實之理，處利害，決嫌疑——焉（焉，乃也）摹略萬物之然，論求羣言之比；以名舉實，以辭抒意，以說出故；以類取，以類予；有諸己，不非諸人；無諸己，不求諸人。

又經上：

辯，爭彼(註五五)也。辯勝，當也。

經說上：

辯，或謂之牛，或謂之非牛，是爭彼也。是不俱當。不俱當，必或不當。不當若犬。

又經說下：

辯也者，或謂之是，或謂之非，當者勝也。

或謂之是，或謂之非，當者爲勝。當，非必合於正理，乃言辭有以勝人，而已說伸張之謂也。老子四十五章：「大辯若訥。」又八十一章：「善者不辯，辯者不善。」孟子滕文公曰：「公都子曰：『外人皆稱夫子好辯，敢問何也？』孟子曰：『予豈好辯哉？予不得已也。天下之生久矣，一治一亂。當堯之時，水逆行，氾濫於中國，蛇龍居之，民無所定，下者爲巢，上者爲營窟。書曰：洚水警余。洚水者，洪水也。使禹治之，禹掘地而注之海，驅蛇龍而放之菹，水由地中行，江淮河漢是也。險阻既遠，鳥獸之害人者消，然後人得平土而居之。堯舜既沒，聖人之道衰，暴君代作，壞宮室以爲汙池，民無所安息，棄田以爲園囿，使民不得衣食。邪說暴行又作，園囿汙池，沛澤多而禽獸至。及紂之身，天下又大亂，周公相武王，誅紂伐奄，三年，討其君，驅飛廉於海隅而戮之，滅國者五十，驅虎豹犀象而遠之，天下大悅。書曰：丕顯哉！文王謨。丕承哉！武王烈。佑啓我後人，咸以正無缺。世衰道微，邪說暴行有作，臣弒其君者有之，子弒其父者有之。孔子懼，作春秋。春秋，天子之事也，是故孔子曰：知我者，其惟春秋乎！罪我者，其惟春秋乎！聖王不作，諸侯放恣，處士橫議，楊朱墨翟之言盈天下。天下之言，不歸楊，則歸墨。楊氏爲我，是無君也；墨氏兼愛，是無父也。無父無君，是禽獸也。公明儀曰：庖有肥肉，廄有肥馬，民有饑色，野有餓莩，此率獸而食人也。楊墨之道不息，孔子之道不著，是邪說誣民，充塞仁義也。仁義充塞，則率獸食人，人將相食。吾爲此懼，閑先聖之道，距楊墨，放淫辭。邪說者，不得作。作於其心，害於其事；作於其事，害於其政。聖人復起，不易吾言矣。昔者禹抑洪水，而天下平；周公兼夷狄，驅猛獸，而百姓寧；孔子成春秋，而亂臣賊子懼。詩云：戎狄是膺，荊舒是懲，則莫我敢承。無父無君，是周公所膺也。我亦欲正人心，息邪說，距詖行，放淫辭，以承三聖者，豈好辯哉！予不得已也。能言距楊墨者，聖人之徒也。』」莊子外篇駢拇曰：「駢於辯者，纍瓦結繩，竄句遊心於堅白同異之間，而敝跬譽無用之言非乎，而楊墨是已。」又天地：「夫子問於老聃曰：『有人治道若相放，可不可，然不然。辯者有言曰：離堅白，若縣寓。若是則可謂聖人乎？』」又天道：「辯雖雕萬物，不自說也。」又曰：「驟而語形名賞罰，此有知治之具，非知治之道，可用於天下，不足以用天下，此之謂辯士一曲之人也。」又雜篇徐無鬼曰：「知士無思慮之變則不樂，辯士無談說之序則不樂，察士無淩誶之事則不樂，皆囿於物者也。」又曰：「惠子曰：『今夫儒墨楊秉，且方與我以辯，相拂以辭，相鎭以聲，而未始吾非也，則奚若矣？』」又太平御覽四百六十四人事部引莊子：「孔子舍於沙邱，見主人，曰：『辯士也。』子路曰：『夫子何以識之？』曰：『其口窮踦，其鼻空大，其服博戲，其睫流撟，其舉足以高，其踐地也深，鹿與而牛舍。』」荀子修身曰：「夫堅白同異，有厚無厚之察，非不察也，然而君子不辯，止之也。」又非相：「凡言不合先王，不順禮義，謂之姦言，雖辯，君子不聽。法先王，順禮義，黨學者，然而不好言，不樂言，則必非誠士也。故君子之於言也，志好之，行安之，樂言之，故君子必辯。」又曰：「君子必辯，凡人莫不好言其所善，而君子爲甚焉。是以小人辯言險，而君子辯言仁也。言而非仁之中也，則其言不若其默也，其辯不若其吶也。言而仁之中也，則好言者上矣，不好言者下也。故仁言大矣，起於上所以道於下，正令是也；起於下所以忠於上，謀救是也。故君子之行仁也無厭，志好之，行安之，樂言之，故言。君子必辯，小辯不如見端，見端不如見本分。小辯而察，見端而明，本分而理，聖人士君子之分具矣。有小人之辯者，有士君子之辯者，有聖人之辯者。不先慮，不早謀，發之而當，成文而類，居錯遷徙，應變不窮，是聖人之辯者也。先慮之，早謀之，斯須之言而足聽，文而致實，博而黨正，是士君子之辯者也。聽其言則辭辯而無統，用其身則多詐而無功，上不足以順明王，下不足以和齊百姓，然而口舌之均，噡唯則節，足以爲奇偉偃却之屬，夫是之謂姦人之雄。」又解蔽曰：「辯利非以言是，則謂之詍。」韓非子問辯：「或問曰：『辯安生乎？』對曰：『生於上之不明也。』問者曰：『上之不明，因生辯也，何哉？』對曰：『明主之國：令者，言最貴者也；法者，事最適者也。言無二貴，法不兩適。故言行而不軌於法令者，必禁。若其無法令，而可以接詐應變，生利揣事者，上必采其言，而責其實言。當則有大利，不當則有重罪，是以愚者畏罪而不敢言，智者無以訟，此所以無辯之故也。亂世則不然，主上有令，而民以文學非之，官府有法，民以私行矯之。人主顧漸其法令，而尊學者之智行，此世之所以多文學也。夫言行者，以功用爲之的彀者也。夫砥礪殺矢，而以妄發其端，未嘗不中秋毫也。然而不可謂善射者，無常儀的也。設五寸之的，引十步之遠，非羿逢蒙，不能必中者，有常也。故有常，則羿逢蒙以五寸的爲功；無常，則以妄發之中秋毫爲拙。今聽言觀行，不以公用爲之的彀，言雖至察，行雖至堅，則妄發之說也。是以亂世之親言也，以難知爲察，以博文爲辯；其觀行也，以離羣爲賢，以犯上爲抗。人主者，說辯察之言，尊賢抗之行。故夫作法術之人，立取舍之行，別辭爭之論，而莫爲之正。是以儒服帶劍者衆，而耕戰之士寡，堅白無厚之詞章，而憲令之法息。故曰：上不明，則辯生焉。」呂氏春秋審分覽君守曰：「堅白之察，無厚之辯。」觀諸上引，「辯」之一詞，當先秦之時，殆已成乎專名(註五六)。故雖有近于「辯」而無有「辯」之名者(註五七)，此處均不擬加以論列。而專務言辯之人，更有「辯者」、「辯人」、「辯士」之稱。其後，又有專務言辯，卓然有以名家，而爲世人所共認者出。然其說法似有兩系，而此皆源於「辯」義之內涵不同。

自老、孟、莊諸書之使用「辯」之一字觀之，一遵墨氏之定義：或謂之是，或謂之非，當者勝也。

荀、韓、呂，則雖亦以此爲辯，然於辯之內涵加以擴充，莊子秋水曰：「求之以察，索之以辯。」又徐無鬼：「辯士無談說之序，則不樂；察士無淩誶之事，則不樂。」「察」「辯」雖相對成文，而未混淆。荀子修身云「堅白同異，有厚無厚之察」，呂氏春秋君守曰「堅白之察，無厚之辯」，韓非子問辯謂「以難知爲察，以博文爲辯」，然又曰「說辯察之言」，而「辯」「察」之使用不異(註五八)。

此說既明，乃進而可討論諸子所目爲「辯者」而卓然有以名家者。

莊子天下曰：

惠施多方，其書五車，其道舛駁，其言也不中。厤物之意，曰：至大無外，謂之大一；至小無內，謂之小一。無厚不可積也，其大千里。天與地卑，山與澤平。日方中方睨，物方生方死。大同而與小同異，此之謂小同異；萬物畢同畢異，此之謂大同異。南方無窮而有窮。今日適越而昔來。連環可解也。我知天下之中央，燕之北，越之南是也。氾愛萬物，天地一體也。惠施以此爲大，觀於天下，而曉辯者。天下之辯者，相與樂之。卵有毛。雞三足。郢有天下。犬可以爲羊。馬有卵。丁子有尾。火不熱。山出口。輪不輾地。目不見。指不至。至不絕。龜長於蛇。矩不方。規不可以爲圓。鑿不圍枘。飛鳥之景，未嘗動也。鏃矢之疾，而有不行不止之時。狗非犬。黃馬驪牛三。白狗黑。孤駒未嘗有母。一尺之棰，日取其半，萬世不竭。辯者以此與惠施相應，終身無窮。桓團、公孫龍，辯者之徒。飾人之心，易人之意。能勝人之口，不能服人之心，辯者之囿也。惠施日以其知與人之辯，特與天下之辯者爲怪，此其柢也。然惠施之口談，自以爲最賢。曰：天地其壯乎！施存雄而無術。南方有倚人焉，曰黃繚，問天地所以不墜不陷，風雨雷霆之故。惠施不辭而應，不慮而對，偏爲萬物說。說而不休，多而無已。猶以爲寡，益之以怪。以反人爲實，而欲以勝人爲名，是以與衆不適也。弱於德，強於物，其塗隩矣。由天地之道，觀惠施之能，其猶一蚊一虻之勞者也。其於物也何庸？夫充一尚可曰愈，貴道幾矣。惠施不能以此自寧，散於萬物而不厭，卒以善辯爲名。惜乎！惠施之才，駘蕩而不得，逐萬物而不反，是窮響以聲，形與影競走也。悲夫！

此云惠施之時，天下之辯者以辯爲名，「飾人之心，易人之意，能勝人之口，不能服人之心」，其所持以辯者，特不過「卵有毛。雞三足。郢有天下。犬可以爲羊。馬有卵。丁子有尾。火不熱。山出口。輪不輾地。目不見。指不至。至不絕。龜長於蛇。矩不方。規不可以為圓。鑿不圍枘。飛鳥之景，未嘗動也。鏃矢之疾，而有不行不止之時。狗非犬。黃馬驪牛三。白狗黑。孤駒未嘗有母。一尺之棰，日取其半，萬世不竭」等事。並舉桓團、公孫龍，以為此「辯者之徒」也（「徒」當從劉汝霖氏說，作「類」解(註五九)）。就此篇觀之，惠施非辯者，作者亦不以其為辯者(註六〇)，乃一極顯明之事。惠施既出，有感「天下之辯者」所持以辯者，故另以「至大無外，謂之大一。至小無內，謂之小一。無厚不可積也，其大千里。天與地卑。山與澤平。日方中方睨。物方生方死。大同而與小同異，此之謂小同異。萬物畢同畢異，此之謂大同異。南方無窮而有窮。今日適越而昔來。連環可解也。我知天下之中央，燕之北，越之南是也。氾愛萬物，天地一體也」以曉之，「以此為大，觀於天下」，故「自以為最賢」。然因「不能以此自寧，散於萬物而不厭，卒以善辯為名」。

荀子則不然，每以惠施與鄧析並舉，儒效曰：

惠施、鄧析不敢竄其察。

又非十二子曰：

不法先王，不是禮義，而好治怪說，玩琦辭，甚察而不惠，辯而無用，多事而寡功，不可以爲治綱紀，然而其持之有故，其言之成理，足以欺惑愚衆，是惠施、鄧析也。

雖同書解蔽嘗謂「析辭而爲察，言物而爲辯」，似「察」「辯」有異，然其前有「傳曰」二字，非荀卿說也。又不苟曰：

山淵平。天地比。齊秦襲。入乎耳，出乎口。鉤有須。卵有毛。是說之難持者也，而惠施，鄧析能之。然而君子不貴者，非禮義之中也。

按以莊子天下篇較之，如「鉤有須」，卽「丁子有尾」也；又如「卵有毛」，並辯者之所持，而惠施不以爲貴者，今荀卿並以之歸於惠施、鄧析(註六二)，不知所從出。鄧析者，荀子宥坐曰：「子產誅鄧析、史付。」其事始末，見呂氏春秋審應覽離謂曰：「鄭國多相縣以書者，子產令無縣書，鄧析致之。子產令無致書，鄧析倚之。令無窮，則鄧析應之亦無窮。」又曰：「子產治鄭，鄧析務難之。與民之有獄者約：大獄一衣，小獄襦袴，民之獻衣襦袴而學訟者不可勝數。以非爲是，以是爲非，是非無度，而可與不可日變。所欲勝，因勝。所欲罪，因罪。鄭國大亂，民口讙嘩。子產患之，於是殺鄧析而戮之。民心乃服，是非乃定，法律乃行。」然錢師賓四疑其事之非眞，云：「據左傳昭公二十年，子產卒，定公九年，駟歂殺鄧析而用其竹刑。前後相去二十一年，是鄧析與子產同時，而非子產所殺。」又云：「今按：左傳子產鑄刑書，叔向諫曰：『民知爭端矣。錐刀之末，將盡爭之。亂獄滋豐，賄賂並行。終子之世，鄭其敗乎！』今鄧析之所為，即是叔向之所料。是駟歂之誅鄧析，正為其教訟亂制。」(註六二)是不苟篇之所指謂，荀卿有所不當也。而惠施，鄧析之歸於一類，意亦未盡洽切。韓非子問辯力為之釋，至謂「堅白無厚之詞章，而憲令之法息」，强合二者為一，用心可謂苦矣。此猶之乎「形名」一辭，戰國策趙策二載蘇秦對秦王曰：「夫形名之家，皆曰白馬非馬也。」莊子外篇天道則曰：「是故古之明大道者，先明天，而道德次之。道德已明，而仁義次之。仁義已明，而分守次之。分守已明，而形名次之。形名已明，而因任次之，因任已明，而原省次之。原省已明，而是非次之。是非已明，而賞罰次之。賞罰已明，而愚知處宜，貴賤履位，仁賢不肖襲情。必分其能，必由其名。以此事上，以此畜下。以此治物，以此修身。知謀不用，必歸其天。此之謂太平，治之至也。故書曰：有形有名。形名者，古人有之，而非所以先也。古之語大道者，五變而形名可舉，九變而賞罰可言也。驟而語形名，不知其本也。驟而語賞罰，不知其始也。倒道而言，迕道而說者，人之所治也，安能治人。驟而語形名賞罰，此有知治之具，非知治之道。可用於天下，不足以用天下。此之謂辯士一曲之人也。禮法數度形名比詳，古人有之，此下之所以事上，而上之所以畜下也。」並由當之勝也之「辯」，而轉趨於法術之中。而「辯」也者，「形名」也者，其變化之樞，似皆與莊子有關。

莊子天下以公孫龍爲辯者之徒，秋水篇曰：「公孫龍問於魏牟曰：『龍少學先王之道，長而明仁義之行。合同異，離堅白。然不然。可不可。困百家之知，窮衆口之辯。吾自以爲至達已。……』」雖自以爲「至達」，然未爲世所重，未能以一辯者，卓然自有以名家，而爲世人所共認。荀子所譏，但惠施、鄧析二人，而析實非其類也。施雖以善辯爲名，亦非莊子天下所謂之辯者。荀卿與龍時旣相接，韓非、呂不韋亦晚於龍，然於論評諸子時，竟無一語及龍，則龍之爲當世所輕也至屬顯然，所重者，一曰惠施，再曰鄧析。

漢時，說公孫龍事者乃獨盛，間或龍，析並擧，若淮南詮言所云：「公孫龍粲於辭而貿名，鄧析巧辯而亂法。」而同書道應曰：「惠子爲惠王爲國法（許愼注曰，惠王，梁惠王；惠子，惠施也。），已成，而示諸先生。先生皆善之，奏之惠王。惠王甚說之，以示翟煎，曰：『善！』惠王曰：『善，可行乎？』翟煎曰：『不可。』惠王曰：『善而不可行，何也？』翟煎對曰：『今夫擧大木者，前呼邪許，後亦應之，此擧重勸力之歌也，豈無鄭衞激楚之音哉，然而不用者，不若此其宜也。治國有禮，不在文辯，故老子曰：法令滋彰，盜賊多有。此之謂也。』」此但就施之文法，而不以施之論辯爲說。於本節之首，吾人嘗引西京初年諸家所記龍事，其中乃特多言龍辯堅白同異者，視諸惠施爲何如也。

司馬談論六家要指，始立「名家」之號，曰：

名家使人儉而善失眞（索隱：劉向別錄云：「名家流出於禮官，古者，名位不同，禮亦異數。孔子曰：『必也正名乎！』」按名家知禮亦異數，是儉也，受命不受辭，或失其眞也。），然其正名實，不可不察也。

又曰：

名家苛察繳繞，使人不得反其意，專決於名，而失人情，故曰：使人儉而善失眞。若夫控名責實，參伍不失，此不可不察也。

雖有「名家」之名，未見所指。至乎漢志，則予以系統之說明：

鄧析二篇（鄭人與子產並時）

尹文子一篇（說齊宣王先公孫龍）

公孫龍子十四篇（趙人）

成公生五篇（與黃公等同時）

惠子一篇（名施與莊子同時）

黃公四篇名疵爲秦博士作歌詩在秦時歌詩中

毛公九篇趙人與公孫龍等並游平原君趙勝家

右名七家三十六篇。

名家者流，蓋出於禮官。古者，名位不同，禮亦異數。孔子曰：「必也正名乎！名不正，則言不順；言不順，則事不成。」此其所長也。及謷者爲之，則苟鉤鈲析亂而已。

此處不擬討論「名家」之名合理與否(註六三)，亦不擬就漢志分家之標準爲何作一檢討(註六四)，但就其說而論其事。孟堅既用劉氏向、歆父子之說，於名家，首列鄧析，則以析爲名家之遠祖也(註六五)；自注中，更明示尹文子先龍，毛公與龍同時，其以公孫龍爲名家之渠魁，意固顯然也；惠子雖年早于龍，而置成公生後，是班氏漢志以等閒視諸惠子也。至此，三家之新形勢，龍爲重，析次之，施又次之。

試就諸家載籍中見說三人之條數作一比較：

書（人）	惠施	鄧析	公孫龍
左傳		昭公一	

莊子	逍遙游二齊物論一德充符一秋水二至樂一徐無鬼二則陽二外物一寓言一天下一		秋水一天下一
荀子	不茍一非十二子一	不茍一非十二子一儒效一宥坐一	
呂氏春秋	淫辭一應言一不屈三愛類一	離謂三	審應一淫辭一應言一
戰國策	趙策一魏策五楚策一		趙策一
淮南子	道應一	詮言一氾論一	齊俗一道應一詮言一
史記			孟荀列傳一平原君列傳二
鹽鐵論			鹽鐵箴石一
劉向	說苑二（善說）	敘一別錄一新序一說苑二（反質、指武）	別錄一校上荀子二秦上鄧析子敘略一
揚雄			法言二（吾子）
桓譚			新論二
論衡			案書一

許慎			淮南子注二（齊俗、詮言）
漢書	藝文志一自注一古今人表一	藝文志一自注一古今人表一	藝文志一自注三古今人表一

觀此表，則三家之爲世所輕重，及其地位之升降，昭然可見。

孫次舟鄧析子僞書考曰：

漢書藝文志名家著錄鄧析二篇，自注曰：「鄭人，與子產並時。」此所著之鄧析二篇者，其果爲鄧析所著，抑非也，吾人不當漠然視之，而不加考索也。左傳只言鄧析爲竹刑，並未言其著他書。復就呂覽諸書所記鄧析事觀之，則鄧析不過如今之訟師，熟於法律，巧於訴訟而已。設鄧析於竹刑之外，倘有他書，恐必爲法家言，如韓非說難之流，而漢志乃著其書於名家，寧非可疑？況左傳言鄧析之死，爲造竹刑，呂覽言鄧析之死，爲妄議法律，設二者克出於一，則鄧析雖有著書，亦當爲鄭之執政者所毀滅，萬無使其流傳之理。故予於漢志名家所著錄之鄧析書，疑其非出於鄧析之手，而爲後人所依託也。何以言之？

（一）名家之興，始於戰國。戰國策趙策二曰：「夫刑名之家，皆曰白馬非馬也。如白馬實馬，乃使有白馬之爲也，此臣之所患也。」名家之見於載記，此爲最朔。蓋其學，淵源於別墨，而成於惠施公孫龍也。莊子天下篇稱名家爲「辯者」，若曰：「惠施以此爲大觀於天下，而曉辯者，天下之辯者，相與樂之。」又曰：「辯者以此與惠施相應，終身無窮。桓團公孫龍之徒，飾人之心，易人之意，能勝人之口，不能服人之心，辯者之囿也。」是也。夫名家之興，始于戰國，春秋之時，烏得有此？此於漢志所著鄧析書，不能無疑也。

（二）鄧析與孔子同時，設其實爲名家之祖，而隋書經籍志又稱其爲鄭大夫，則孔子對鄭之大夫，若裨諶世叔子羽子產子西之流，並有褒貶，何於鄧析而無一語及之乎？卽孟子闢楊墨子莫許行，亦不及鄧析。而莊子天下篇歷論當時辯者，若惠施桓團公孫龍之徒，並見稱述，而獨不及鄧析，惡得數典而忘祖？此尤不能使人於漢志所著鄧析書弗懷疑也。

（三）鄧析之見稱諸子，而以名家目之者，始於荀子。荀子不苟篇曰：「山淵平，天地比，齊秦襲，入乎耳，出乎口，鉤有須，卵有毛，是說之難持者也，而惠施鄧析能之。」又非十二子篇曰：「不法先王，不是禮義，而好治怪說，玩琦辭，甚察而不急，辯而無用，多事而寡功，不可以爲治綱紀。然而其持之有故，其言之成理，足以欺惑愚衆，是惠施鄧析也。」又儒效篇曰：不恤是非然不然之情，以相薦撙，以相恥怍，君子不若惠施鄧析。若夫誦德而定次，量能而授官，使賢不肖皆得其官，萬物得其宜，事變得其應，愼墨不得進其談，惠施鄧析不敢竄其察。」淮南子詮言訓曰：「公孫龍粲於辭而貿名，鄧析巧辯而亂法。」案自荀子以還，忽以鄧析與惠施公孫龍並論，爲可疑焉。荀子以前，無以鄧析爲名家者，何至荀子，乃以與惠施之流並論邪？觀左傳呂覽所記鄧析事，則鄧析不過一名訟師耳，與惠施公孫龍之行事，大相逕庭，何至荀子以還，乃列諸名家，以與惠施公孫龍並論耶？此實使人大惑不解也。

就前三端，細加尋繹，竊謂鄧析本爲鄭之一大訟師，並非名家之祖。漢志所著錄之鄧析書，乃戰國後期，辯學大盛，辯者之徒，欲顯其學之源遠而流長，以鄧析以敎訟名於世，遂依託而爲其書焉。故自荀子以還，多以鄧析與惠施公孫龍並論也。不然，鄧析與惠施公孫龍，年代行事並風馬牛不相及，焉得相提並論邪？馮友蘭曰：「荀子以惠施鄧析並舉，然據呂氏春秋所說，鄧析只以敎人訟爲事，蓋古代一有名之訟師也。大約其人，以詭辯得名，故後來言及辯者多及之，其實辯者雖尙辯，而不必卽尙詭也。」馮氏所見，殆與予同，足見鄧析本無著書之事，其書乃辯者所依託；其產生當在惠施之後，荀卿之前也(註六六)。

錢師賓四鄧析考亦曰：

漢藝文志名家有鄧析二篇，劉向敍：「臣所儲中鄧析書四篇，臣敍書一篇，凡中外書五篇，以相校除復重，爲五篇，其論無厚者言之異同，與公孫龍同類。」今按韓非子云：「堅白無厚之詞章，而憲令之法息。」淮南子亦云：「鄧析巧辯而亂法。」則鄧析書乃戰國晚世桓團辯者之徒所僞托。鄧析實僅有竹刑，未嘗別自著書也。荀子不苟篇：「山淵平，天地比，齊秦襲，入乎耳，出乎口，鉤有須，卵有毛，是說之難持者也，而惠施鄧析能之。」非十二子篇云：「不法先王，不是禮義，而好治怪說，玩琦辭，甚察而不惠，辯而無用，是惠施鄧析也。」此證鄧析之說起於晚世之辯者。云惠施鄧析，猶如云陳仲史鰌，大禹墨翟，神農許行，黃帝老子。其一人爲並世所實有，別一人則托古以爲影射。孟子言必稱堯舜，亦其例也。(註六七)

二氏皆以鄧析之與惠施、公孫龍並舉，肇自荀子。而析教訟爲業，有異於施、龍，戰國末人，所以並舉之者，托古以影射也(註六八)。劉汝霖周秦諸子考則專務於惠施、公孫龍之事而論之，曰：

淮南子道應篇：「昔者公孫龍在趙之時，謂弟子曰：『人而無能者，龍不能與游。』有客褐帶索而見曰：『臣能呼。』公孫龍顧謂弟子曰：『門下故有能呼者乎？』對曰：『無有。』公孫龍曰：『與之弟子之籍。』後數日，往說燕王，至於河上，而航在一汜，使善者振臂一呼而航來。」他在這時已經很有聲望，所以門下有許多弟子。……證明公孫龍成名很早，曾和惠施辯論。但惠施比他的資格老，所以他的地位，並不如惠施的重要。堅白之辯，大概是當時辯者共同討論的問題。因爲惠施是他們的先進，所以一切辯論的問題的提出，都歸功於惠施一人。莊子天下篇載「惠施多方……自以爲最賢」。看「曉辯者」的話，可知惠施是這些辯者中間的先覺，所以惠施「自以爲最賢」。……前面已經說明惠施是當時一切辯者的先覺，所以他的地位，非常重要。後人對於名家的批評，也以惠施爲目標。荀子反對名家最力，我們且看他所反對的人物，「不恤是非然不然之情……惠施鄧析不敢竄其察」（儒效篇），「山淵平……而惠施鄧析能之，」（不苟篇，）「不法先王……是惠施鄧析也」（非十二子篇）。荀子反對辯者，全對惠施、鄧析而發，沒有一句說到公孫龍，可見他的地位不如惠施重要了。到秦漢之間，公孫龍的地位，漸漸昇高，一切辯者所討論的問題，都由惠施移到公孫龍身上。戰國時，惠施「以堅白鳴」（見莊子德充符），漢代集公孫龍的書，就有堅白論。公孫龍子一書，竟代替了惠子的五車書，結束了辯者所討論的一切問題。此時的人，只曉得公孫龍爲名家大師，提不到惠施了。所以淮南子說：

「公孫龍粲於辭而貿名，鄧析巧辯而亂法」，可以見出他們兩人昇降的情形了。(註六九)

同書又曰：

惠施，宋人（見呂覽高誘注），戰國時名家大師也。以辯論為當時所重視。故戰國時言辯論者稱惠施。至戰國末，公孫龍聲名漸起，遂奪其地位矣。惠施又常與莊子辯難，莊子書稱「惠子多方，其書五車，其道舛駁，其言也不中」，又舉其二十一事，皆含有極深哲理。至漢代，其書僅餘一卷，今已亡。(註七〇)

胡適中國哲學史大綱則云：

天下篇並不曾明說公孫龍和惠施辯論，原文但說：「惠施以此為大觀於天下而曉辯者。天下之辯者，相與樂之。……辯者以此與惠施相應，終身無窮。桓團公孫龍，辯者之徒，飾人之心，易人之意，能勝人之口，不能服人之心。……」此段明說「與惠施相應」的乃是一班「辯者」，又明說「桓團公孫龍」乃是「辯者之徒」，可見公孫龍不曾和惠施辯論。此文的「辯者」，乃是公孫龍的前輩，大概也是別墨一派。……後來這些「辯者」一派，公孫龍最享盛名，後人把這些學說攏統都算是他的學說了(註七一)。

胡氏雖以施，龍不得相辯論，然亦承認其後辯者一派，公孫龍最享盛名。

吾人所舉諸家之說，雖多有可議評處，然於討論惠施、鄧析，公孫龍三家地位之昇降，各有所得，間於吾文有相資發明處，故並引之。而明乎此三家地位之昇降，乃可進而討論公孫龍學說思想，歷史演變中最關重要之兩問題，曰白馬非馬、曰堅白。

五　馬非馬與白馬非馬

公孫龍學說思想之見於早期記載者既如前所考，而後人則往往稱龍倡白馬非馬說(註七二)。然世人雖知「白馬非馬」之爲說，不知其說之非古；世人皆以「白馬非馬」出自公孫龍，不知其但爲後來之說也。蓋前乎「白馬非馬」之說者，有「馬非馬」說；而後乎此者，疑又有「馬白非白馬」、「白馬非白馬」說。即自「白馬非馬」者言之，亦初不歸於公孫龍，而另有其人。其間變化，先賢殊少措意，因爲之考定，兼見發明焉。

（一）莊、墨、荀三家「馬非馬」義

（二）「白馬非馬」說之變迹

（三）「馬白非白馬」與「白馬非白馬」說

（四）論「馬非馬」與「白馬非馬」說之關係

（一）　莊、墨、荀三家「馬非馬」義

「馬非馬」說之流行，或可上溯至戰國中晚期，以莊子齊物論曰：

以指喻指之非指，不若以非指喻指之非指也；以馬喻馬之非馬，不若以非馬喻馬之非馬也。天地，一指也；萬物，一馬也。

姑不論齊物論之作者爲何人（註七三），其出現於紀元前四或三世紀，當無疑問。既云不若「以非指喻指之非指」、「以非馬喻馬之非馬」，則「以指喻指之非指」、「以馬喻馬之非馬」自爲當時或其先流行之說。（註七四）

郭子玄以爲自是而非彼，彼我之常情。故以我指喻彼指，彼指於我指獨爲非指，此以指喻指之非指也；反之，以彼指還喻我指，我指於彼指亦爲非指，此以非指喻指之非指。如是反覆相喻，而彼之與我，既同於自是，又均於相非，而无是无非矣。故曰：天地一指，萬物一馬。

郭注明「指」而不及「馬」，抑以爲「指」「馬」意所不殊？而章太炎氏用佛家境、識、現量說公孫龍子指物、白馬之論以釋之（註七五），亦非至當。

成玄英則以馬爲戲籌（註七六）。馬非馬，所以喻人是非各執，彼我異情。而聞一多與說同。（註七七）

近人劉武，乃引申王先謙「稱謂之而物得其名」之說以解之，以爲馬名未立之時，以名牛者名馬，則馬爲牛矣(註七八)。今馬牛之名已立，鬣者人共知其爲馬，而牛則人共知其爲非馬也，若復以此馬證彼馬之非馬，必爲人所嗤，且亦無以申其說，因其同爲是，而不能有非存於其間也。如以非馬證彼馬之非馬，名既非眞，是非今復對立，不能遽執是非之誰屬也，故言以馬喻，不若以非馬喻(註七九)。

諸說或有得於齊物前後文意，終難洽人心。雖如是，莊生固以「馬非馬」爲可以理解者，此同乎流行之論，特所以喻之者有異。

又墨子經說上曰：

止。無久之不止，當牛非馬，若矢(註八〇)過楹；有久之不止，當馬非馬，若人過梁。

孫仲容以爲「當牛非馬」、「當馬非馬」兩句與上下文不相蒙，疑爲錯簡(註八一)。梁任公遂以舊脫爲名，强作「當牛馬非馬」、「當牛非馬」(註八二)，其說非是，前人固已多有論之者(註八三)。張皋文明無久之不止，以不止爲不止，其理易見，故當牛非馬亦通；有久之不止，以不止爲止也，其理難見，故當馬非馬亦通(註八四)。是張氏以理之易見難見爲說，「馬非馬」非不可通，其理未顯耳。

此後究墨者雖夥，釋是條者要可分爲兩支：

或从時空立說，如章行嚴用時間之有滯無滯，明「馬非馬」爲無理之稱(註八五)；楊寬則以當然不然，謂「當馬非馬」者，所以證不然也(註八六)，吳毓江則以時空之變，喩「馬非馬」亦自可解(註八七)。

或从王壬秋氏「久謂撐柱，所以止物」之說立論，如高亨(註八八)、鄧高鏡(註八九)，並以久，岠也，申「馬非馬」者不可通；而張之銳說同(註九〇)，于省吾益進，而謂久斥同字，止義爲限，言水能限人，有梁則過，則水不以爲水，猶當馬不以爲馬也(註九一)，初不以「馬非馬」爲不可以喩解；譚戒甫則以泰西力學立說，說同于氏無大異(註九二)。

綜此以觀，似以于說爲較勝。而墨經既以「若人過梁」、「當馬非馬」並證「有久之不止」、「若人過梁」理既可通，「當馬非馬」自亦同然可解，如「若矢過楹」，「當牛非馬」之證「無久之不止」一也。

又荀子正名篇曰：

非而謁楹有牛馬非馬也，此惑於用名以亂實者也。驗之名約，以其所受，悖其所辭，則能禁之矣。

此處之困難，在於首句之標點。楊倞注本作「非而謁，楹有牛，馬非馬也」，王先謙集解从之；而近人則多斷之爲「非而謁楹，有牛馬非馬也」（註九三），如是則不復與「馬非馬」說有關。

持後說者，若李笠，校「非而謁楹」爲「彼夫謁楹」，以爲「而」即「夫」之訛，「非」同於「匪」，「彼也」（註九四）。若劉念親，則以爲當作「飛矢過楹」，謂「非」「飛」古通，「而」與「矢」篆文相似而訛（註九五）。是皆宛轉詁釋，蘄合己意而已。而馮友蘭（註九六）以爲「非而謁楹」及「有牛馬非馬」皆墨經中所說，又曰：「前者未詳其義。」若以「有牛馬非馬」見於墨經，則「馬非馬」又何不然？且以「有牛馬非馬」，固不得謂以名亂實也。「牛馬」自不同於「馬」，何能曰亂？是必以「馬非馬」爲說矣。以「馬」之名亂「馬」之實，名實不符，此有違於名約。違於名約，則事物以亂耳。故必驗之名約，以其所受，悖其所辭以禁之。是所以謂楊倞之斷句爲正，而李笠輩皆非。

然則荀子固謂「馬非馬」爲不可通者，且益進一層，以考其所以不可通之理孰在？

而三家說雖異，共有論「馬非馬」之文，謂先秦之際流行其說，又何不可？

（二）「白馬非馬」說之變迹

若齊物論者，固爲戰國之作品；墨子經說亦戰國墨者之言（註九七）；荀子之書，更無可疑

(註九八)。然則戰國之時，「馬非馬」說流行，初不言「白馬非馬」也。戰國策趙策二引蘇秦說秦王曰：

今臣有患於世，夫刑名之家皆曰白馬非馬也。如白馬實馬，乃使有白馬之爲也。此臣之所患也。

又韓非子外儲說左上曰：

人主之聽言也，不以功用爲的，則說者多棘刺白馬之說。

其說云(註九九)：

兒說，宋人，善辯者也。持白馬非馬也，服齊稷下之辯者，乘白馬而過關，則顧白之賦。故籍之虛辭，能勝一國；考實按形，不能謾於一人。

今按兒說事，諸家言之蓋寡。呂氏春秋君守篇引其弟子解宋元王閉事，淮南子說山、人間篇則引作兒說。此則云說嘗以「白馬非馬」說以服齊稷下之辯者，而與趙策言「白馬非馬」無所歸屬者又自不同。外儲說成書較晚；若言其與戰國策皆漢初作品(註一〇〇)，或可置信。載籍標「白馬非馬」之說者，唯此三條爲早，然固已在戰國之後矣。

其後諸書並將「論白馬非馬」，「乘白馬以過關」歸之公孫龍，是又一變。史記卷七十六平原列傳，集解引別錄云：

齊使鄒衍過趙平原君，見公孫龍，及其徒綦母子之屬，論白馬非馬之辯。

又初學記七引別錄云：

公孫龍持白馬之論以度關。

按唐寫本古類書第一種文筆部云：「（白馬）公孫龍度關，關司禁曰：『馬不得過。』公孫曰：『我馬白，非馬。』遂過。」顧實以爲「右說可爲別錄之證」。胡道靜公孫龍子考既引此，更曰：「唐寫類書景本模糊，『禁曰』之『曰』字，似『白』字，又似『日』字（若是『白』字，則『關司禁白馬不得過』，當作一句讀），顧先生云：『案義似作曰爲長。』謹從之。」（註一〇一）

白孔六帖九引桓譚新論曰：

公孫龍常爭論曰：「白馬非馬。」人不能屈。後乘白馬，無符傳，欲出關，關吏不聽。

此虛言難以奪實也。

劉汝霖周秦諸子考論龍之地位上昇時，特指出其間變化之迹云：「他書中的白馬論，也是經過許多的演進而來，不止公孫龍一人的思想。戰國策趙策二載……，可見白馬非馬是刑名之家共同討論的問題。韓非子外儲說左上又說……，這種論，在當時不過是一種寓言，本沒有一定的主人翁，此處用兒說的名字代表。到漢代，就歸到公孫龍身上，新論說：『公孫龍常爭論曰：……此虛言難以奪實也。』此處雖歸到公孫龍身上，不過借此說明虛言難以奪實，仍是寓言的體裁。到後來，更演爲『公孫龍度關……遂過』。劉向別錄也載『公孫龍持白馬之論以度關』，於是由寓言變爲實事，儼然成了白馬論的序文。公孫龍作白馬論的傳說，竟作實了。」(註一〇二) 雖尚有可論處，而最見卓識，遠邁其他之論公孫龍諸家矣。

又太平御覽四六四人事部引桓譚新論曰：

公孫龍，六國時辯士也。爲堅白之論，假物取譬，謂白馬爲非馬。非馬者，言白所以名色，馬所以名形也。色非形，形非色。

淮南鴻烈齊俗篇許愼注曰：

公孫龍、趙人，好分析詭異之言。以白馬不得合爲一物，離而爲二也。

許愼又注詮言篇曰：

公孫龍以白馬非馬，冰不寒，炭不熱爲論，故曰貿也。

漢時篇章之言公孫龍說「白馬非馬」者，但得此六條，而分隸於劉向別錄、桓譚新論、暨許愼淮南注三書。且自桓君山後，始有較詳明離形色之論。

自是迄東晉，而「白馬非馬」說復現，張湛注列子仲尼篇「白馬非馬，形名離也」曰：

白馬論曰：「馬者，所以命形也；白者，所以命色也。命色者，非命形也。」尋此等語，如何可解，而猶不歷然。

又同篇「白馬非馬」注：

此論見存，多有辨之者，辨之者皆不弘通。

「此論見存，多有辨之者」，是前此諸家所說「白馬非馬」，已自軼聞古事，轉成談論新課題矣，如世說文學篇所云：

謝安年少時，請阮光祿道白馬論，爲論以示謝，于時，謝不卽解阮語，重相咨盡。阮乃歎曰：「非但能言人不可得，正索解人亦不可得！」

阮光祿所道之「白馬論」，固非列注所引之「白馬論」，而後引申發明其意，另加組織以成「論」(註一〇三)體者，此魏晉南北朝談風流行之通象也。

又文心雕龍諸子篇曰：

公孫之白馬孤犢，辭巧理拙。

是仍以說歸龍。劉孝標注世說文學篇云：

孔叢子曰：「趙人公孫龍云：『白馬非馬。馬者，所以命形；白者，所以命色。夫命色者非命形，故曰：白馬非馬也。』」

孝標之注，至堪注意。以其所引，與列注不少異，然不曰「白馬論」，而轉引諸孔叢子，其可怪一也。卽就今本孔叢子覓之，亦初無其文，其可怪者二也。抑其爲孔叢子佚文，而列子注，世說文學篇，及當時所用爲「談端」(註一〇四)之「白馬論」，莫非取諸此孔叢之佚文，然又何不卽引桓譚之說邪？此可怪者三也。就現存載籍觀之，終難以解，但存疑而已。

「白馬非馬」說流行至今日，猶爲人所樂於喻引，亦莫不知有公孫龍爲之倡，觀此，亦可了然其變迹矣。

（三）「馬白非白馬」與「白馬非白馬」說

余旣博採諸家舊文，得異說三條。其一，高誘注呂氏春秋審應覽淫辭篇云：

公孫龍、孔穿，皆辯士也，論相易奪也。……辯，說也，若乘白馬，禁不得度關，因言「馬白非白馬」，此之類也，故曰：甚辯也。

其二，孔叢子公孫龍篇曰：

公孫龍者，平原君之客也。好刑名，以白馬爲非白馬。……子高適趙，與龍會平原君家，謂之曰：「僕居魯，遂聞下風，而高先生之行也，願受業之日久矣。然所不取於先生者，獨不取先生以白馬非爲白馬爾。試去非白馬之學，則穿請爲弟子。」公孫龍曰：「先生之言悖也！龍之學，正以白馬爲非白馬者也。今使龍去之，則龍無以教矣。今龍無以教，而乃學於龍，不亦悖乎！且乎學於龍者，以智與學爲不逮也。今敎龍去白馬非白馬，是失敎也；而後師之，不可也。……且白馬非白馬者，乃子先君仲尼之所取也……。」

其三，劉昞注人物志材理篇「辭勝者，破正理以求異，求異，則正失矣」曰：

以白馬非白馬，一朝而服于人，及其至關，禁錮，直而後過也。

「馬白非白馬」、「白馬非白馬」，立論特異於前此所論述，其爲「馬非馬」、「白馬非馬」說衍生之另一形態邪？抑「白馬非馬」衍一「白」字而致然？

若孔書「白馬非白馬」、「非白馬之學」凡五六出，似非衍而偶誤，然就文而觀之，自「乃子先君仲尼之所取也」後，有如下之文字：

「……龍聞楚王張繁弱之弓，載忘歸之矢，以射蛟兕於雲夢之囿，反而喪其弓，左右請求之，王曰：『止也。楚人遺弓，楚人得之，又何求乎？』仲尼聞之曰：『楚王仁義而未遂！亦曰人得之而已矣，何必楚乎？』若是者，仲尼異楚人於所謂人也。夫是仲尼之異楚人於所謂人，而非龍之異白馬於所謂馬，悖也。……」異日，平原君會衆賓而延子高，平原君曰：「先生，聖人之後也，不遠千里來顧臨之，欲去夫公孫子白馬之學，今是非未分，而先生翻然欲高逝，可乎？」子高曰：「理之至精者，則自明之，豈任穿之退哉！」平原君曰：「至精之說，可得聞乎？」答曰：「其說皆取之經傳，不敢以意。春秋記『六鷁退飛，覩之則六，察之則鷁』，鷁猶馬也，六猶白也，覩之得見其白，察之則知其馬。色以名別，內由外顯，謂之白馬；名實當矣。若以絲麻加之女工，為緇素青黃，色名雖殊，其質則一。是以絲有素絲，不曰絲素；禮有緇布，不曰布緇。犧牛玄武，此類甚衆，先舉其色，後名其質，萬物之所同，聖賢之所常也。君子之謂，貴當物理，不貴繁辭。若尹文之折齊王之所言與其法，錯故也。穿之所說於公孫子，高其智，悅其行也。去白馬之說，智行固存，是則穿未失其所師者也。稱此云云，設其理矣。是楚王之言，楚人亡弓，楚人得之。先君夫子探其本意，欲以示廣，其實狹之。故曰：不如亦曰人得之而已也。是則異楚王之所謂楚，非異楚王之所謂人也，以此為喻，乃相擊切矣。凡言人者，總謂人也；亦猶言馬，總謂馬也。楚自國也，白自色也，欲廣其人，宜在去楚；欲正名色，不宜去白，忱察此理，則公孫之辨破矣。」

綜此以觀，則知前所引作「白馬非白馬」、「非白馬之學」者，下「白」字皆涉上「白」字而衍。今本公孫龍子跡府篇引之，於「白馬非白馬」處皆作「白馬非馬」，可爲一證。

雖此可證孔書之誤，然於高、劉二注，則殊難釋其必然若是。龍乘白馬以度關事，亦見於韓非子、別錄、新論。吾人固可謂關禁「馬」不得度，又何嘗不可以謂關禁「白馬」不得度邪？若前說，斯有「白馬非馬」之論；若後者，「馬白非白馬」亦至當之說。設去「白」而爲「馬白非馬」，則所重在「白」而非「馬」，義亦難通。而「白馬非白馬」者，視雖無理，亦「馬非馬」同類之辯也。姑暫置是二條，以待異日之再考。

（四）　論「馬非馬」與「白馬非馬」說之關係

就前引各條，依時序之先後，排列比附，成左圖：

馬非馬

- 莊子齊物論
- 墨子經說上
- 荀子正名

白馬非馬

- 戰國策趙策
- 韓非子外儲說上

兒說

- 韓非子外儲說上

公孫龍

- 劉向別錄
- 桓譚新論
- 許慎淮南解
- 孔叢子公孫龍
- 張湛列子注
- 世說文學
- 劉勰文心雕龍
- 劉孝標世說注 ←（孔叢子公孫龍）

馬白非白馬（？）

- 高誘呂氏春秋注

白馬非白馬（？）

- 劉昞人物志注

由圖示所，吾人可以察知其因時序之不同，流行之說亦自有異，要可歸爲兩端：

一、初說「馬非馬」，而後始言「白馬非馬」，可以秦爲分界。

一、「白馬非馬」說尤關重要。然其始，或不標其主之者，或云兒說倡之，終乃歸之於公孫龍。其時間，正與龍地位上昇之時相當，自是遂成定論。

若此，絕非偶然可以致之者。而其間究具何等關聯，卽「馬非馬」、「白馬非馬」，其爲一命題之轉化，抑本屬爲二？此實當前亟待解決者。

就莊、墨、荀三家所稱說之「馬非馬」而言，其理或可喩解，或不可以喩解。卽可以喩解者，亦但就「馬」喩「馬」，理既晦澀難明，其不愜人心者自所必然也。「白馬非馬」說則不然，雖於名學未行之時，用爲詭辯之辭，究屬可通。

復從載籍考之，當「馬非馬」說於先秦流行之際，「白馬」說亦同時或更先爲諸家所喩引，孟子告子篇曰：「異於白馬之白也，無以異於白人之白也。」此乃孟子用「白馬」之「白」爲喩，以攻告子，謂告子豈以「白」之於「白馬」，爲其外與？而告子固以「白羽」、「白雪」、「白玉」之「白」未始有異也。離形言色，重之在色。又墨子經下曰：「白馬多白，視馬不多視。」又大取篇曰：「白馬，馬也；乘白馬，乘馬也。驪馬，馬也；乘驪馬，乘馬也。」又小取篇：「馬或白者，一馬而或白也，非兩馬而或白也。」凡此，或離形以爲言，或不以色別而異定形，雖及「白馬」與「馬」之關聯，然僅就其正面，而未嘗如後來之能從相反處立論也(註一〇五)。

就「白馬」而論「白馬」，捨「馬」與「白」之關聯外，它無可以論者。卽就「白馬爲白馬」或「白馬爲馬」言之，亦殊無論辯之價值存乎其中，此理固人人所知也。必曰「白馬非馬」，而後將問：「白馬非馬乎？何得云然？」遂及「白馬」與「馬」之所以異。乃究其名實，考其蘊涵，發隱繫微，求其至當。其理易明，然所以生此命題者殊非易易也。「白馬，馬也」，見於墨子大取，又如何一轉而爲「白馬非馬」，戰國策趙策二引蘇秦說秦王曰：「夫形名之家，皆曰白馬非馬也。如白馬實馬，乃使有白馬之爲也。此臣之所患也。」是謂始倡「白馬非馬」者，形名之家也。「有形有名」(註一〇六)，此形名之家之所主。墨子經上云：「名，達類私。」經說上云：「名、物、達也。有實必待文多也(註一〇七)。命之馬，類也。若實也者，必以是名也。命之臧，私也。是名也，止於是實也。」又荀子正名篇曰：「萬物雖衆，有時而欲徧擧之，故謂之物。物也者，大共名也。推而共之，共則又共，至於無共然後止。有時而欲偏擧之，故謂之鳥獸。鳥獸也者，大別名也。推而別之，別則又別，至於無別然後止。」墨經所謂「達名」，當荀子之「大共名」；「私名」，當「至於無別而後止」之「別名」；「類名」，則進退於共別之間，而有大小之分。經下曰：「推類之難，說在之大小。」經說下曰：「謂四足獸與，生鳥與，物盡與，大小也。」獸之一名，對物爲別，對馬爲共。凡共名之所共者，別名必具有之；別名之所別者，共名不必具有之。如獸必具有物之德，而物不必具有獸之德。白馬必具有馬之形，而馬不必具有白馬之色，此共別之辨也。「白馬非馬」之理如是，然猶有賴於「馬非馬」者，以荀子正名篇有云：「非而謁，楹有牛，馬非馬也，此惑於用名以亂實者也。驗之名約，以其所受，悖其所辭，則能禁之矣。」豈「馬非馬」因而一轉爲「白馬非馬」邪？若是，二者之理型雖非一致，固一命題之轉化也。(註一〇八)

而後人不察，一以「白馬非馬」說歸之於公孫龍，不亦妄乎！

六　說　堅　白

「堅白」一辭，早見於先秦，而流行一時，且使用極繁，迥非「馬非馬」之所可比擬也。如莊子內篇，齊物論曰：

昭文之鼓琴也，師曠之枝策也，惠子之據梧也，三子之知幾乎？皆其盛者也，故載之末年。唯其好之也，以異於彼，其好之也，欲以明之彼，非所明而明之，故以堅白之昧終，而其子又以文之綸終，終身無成。若是而可謂成乎？雖我亦成也。若是而不可謂成乎，物與我無成也。

又德充符：

惠子謂莊子曰：「人故無情乎？」莊子曰：「然。」惠子曰：「人而無情，何以謂之人？」莊子曰：「道與之貌，天與之形，惡得不謂之人。」惠子曰：「既謂之人，惡得無情？」莊子曰：「是非吾所謂情也。吾所謂無情者，言人之不以好惡內傷其身，常因自然而不益生也。」惠子曰：「不益身，何以有其生？」莊子曰：「道與之貌，天與之形，無以好惡內傷其身。今子，外乎子之神，勞乎子之精，倚樹而吟，據槁梧而瞑。天選子之形，子以堅白鳴！」

「故以堅白之昧終」、「子以堅白鳴」，此「堅白」，在當時，似有一實質上之意義。而此實質上之意義，後來諸家釋之者，似皆不足以當之。郭子玄注齊物論「故以堅白之昧終」云：「是猶對牛鼓簧耳，彼竟不明，故己之道術，終於昧然也。」因駢拇之文而強作解人，實未能真得其旨者。復據莊生之言，此「堅白」，與惠子似又特具關聯。然是但見於內篇，外篇則頗有以異，駢拇曰：

駢拇枝指，出乎性哉，而侈於德；附贅縣疣，出乎形哉，而侈於性。多方乎仁義而用之者，列於五藏哉，而非道德之正也。是故駢於足者，連無用之肉也；枝於手者，樹無用之指也。多方駢枝於五藏之情者，淫僻於仁義之行，而多方於聰明之用也。是故駢於明者，亂五色，淫文章，青黃黼黻之煌煌非乎，而離朱是已；多於聰者，亂五聲，淫六律，金石絲竹黃鐘大呂之聲非乎，而師曠是已；枝於仁者，擢德塞性，以收名聲，使天下簧鼓以奉不及之法非乎，而曾史是已；駢於辯者，纍瓦結繩，竄句游心於堅白同異之間，而敝跬譽無用之言非乎，而楊墨是已。故此皆多駢旁枝之道，非天下之至正也。

又胠篋曰：

上誠好知而無道，則天下大亂矣。何以知其然邪？夫弓弩畢弋機變之知多，則鳥亂於上矣。鉤餌網罟罾笱之知多，則魚亂於水矣。削格羅落置罘之知多，則獸亂於澤矣。知詐漸毒頡滑堅白解垢同異之亂多，則俗惑於辯矣。故天下每每大亂，罪在於好知。故天下皆知求其所不知，而不知求其所已知者；皆知非其所不善，而不知非其所已善者，是以大亂。

又天地篇：

天子問於老聃曰：「有人治道若相放，可不可，然不然，辯者有言曰：『離堅白，若縣寓。』若是，則可謂聖人乎？」

又秋水：

公孫龍問於魏牟曰：「龍少學先王之道，長而明仁義之行，合同異，離堅白，然不然，可不可，困百家之知，窮衆口之辯，吾自以爲至達已。今吾聞莊子之言，汒焉異之，不知論之不及與？知之弗若與？今吾無所開吾喙，敢問其方？」

知詐、漸毒、頡滑、堅白、解垢、同異，「堅白」要不過辯者之一辭。合同異、離堅白、然不然、可不可，「離堅白」尤爲辯者之所樂道。據秋水，則辯者，如公孫龍者是也。天下篇亦以龍爲辯者之徒，可資參證。然此「堅白」，固已不同於內篇所見之「堅白」矣(註一〇九)。

於墨子，經上：

堅白，不相外也(註一一〇)。

經下：

不堅白，說在□。

又：

無久與宇，堅白，說在因。

經說上：

堅白之攖，相盡。體攖，不相盡。

經說下：

見不見，離一二，不相盈，廣循堅白。

又：

無堅得白，必相盈也。

又：

於石，一也；堅、白，二也，而在石。

大取：

苟是石也，敗是石也，盡與白同。是石也唯大，不與大同。是有便謂焉也。以形貌命者，必智是之某也，焉智某也；不可以形貌命者，唯不智是之某也，智某可也。

以上並從譚戒甫墨辯發微本。墨經諸篇，雜亂已甚，經上末舊有「讀此書旁行」五字，畢沅依之，錄經上爲兩截，旁讀成文；嗣後，張惠言亦據其例以讀經下，引說相傳，文義粗明；孫詒讓作閒詁，重加校定，復有闡發，自來學者宗之(註一一二)。然後人任意增削排列比附，以圓己說，以成己德，其得其失，蓋亦難言之矣。而釋堅白者，亦莫不據今本公孫龍子堅白論爲之言，勉强以通，雜揉之迹顯然，而墨經之本眞由是喪焉。卽如前引「無久與宇」條，梁啓超墨經校釋曰：

一六［經］無久與宇，堅白，說在因（？）（因或當作盈）

［說］無 撫（此字舊脫）堅得白，必相盈也。

［校］此條及下條經文，舊本皆夾在論光學諸條中，今依經說校其位次，宜移置此處。

此條經文不可解，經說之義，亦不與經相應，疑經後人點竄。嘗偏檢本經言堅白者共六條，內五條皆有疑點：（一）經上第六十六條：「堅白不相外也。」與經說所釋，語意相反。「白不」二字，當爲妄人所竄入。（二）經說上第六十九條：「堅白之攖相盡。」「堅」字當爲「兼」字音近之譌。「白」字當衍。（三）經說下第六條：「廣脩堅白。」「堅白」二字，爲經文所無，與上下文亦不連貫。（四）本條經文及經說文。經文不可解，經與說義不相函。（五）經說下第二十五條：「鑑團景一不堅白說在。」下有闕文。原文文義不可解，經說中亦無堅白義。（六）經說下第三十八條：「堅白二也而在石。」惟該條義尚可通耳。墨經誠多難解處，然若此二字之屢見而皆發生疑問，寧非大奇。竊疑此諸條多非原文，或由公孫龍之徒竄入以借重其說，或後人見經中多論異同，謂所操必公孫龍輩之術，遂隨處添堅白二字，以致文義不可解。或若據此等字面，指此經爲龍輩所撰，則眞莠之亂苗也已。

舊本排次：「鑑團景一不堅白說在」條，下隔十字，便接本條，而與本條同在上行。胡適乃割彼條下半與本條合爲一條，其文曰：「不堅白，說在無久與字。堅白，說在因。」以哲學上空間時間觀念解之，其理甚精眇可喜。雖然，恐非經之本意，且非經之本文也。本經從無一條中有兩個「說在」字樣者，故此兩文之「說在」不宜糅合，一也。經說「無堅得白」之「無」字，明爲牒擧經文「無久與字」之「無」字，故「無久與字」四字，不應與上文連，二也。胡說恐不能成立，本條終付諸不可解而已。

經說首一字爲「無」字，乃牒經標題之文，但下文「堅得白」三字不詞，竊疑「堅」字上當脫一「撫」字，因涉上文「無」字，遂譌爲「無」，後人見無無二字連疊不通，又妄删其一耳。

梁校甚是。故引墨經者，最當小心。

於荀子，脩身曰：

夫堅白同異有厚無厚之察，非不察也，然而君子不辯，止之也。

又禮論曰：

禮之理誠深矣，堅白同異之察，入焉而溺。

於韓非子，問辯篇曰：

堅白無厚之詞章，而憲令之法息。

於呂氏春秋，季冬紀誠廉篇曰：

石可破也，而不可奪堅；丹可磨也，而不可奪赤。堅與赤，性之有。性也者，所受於天也，非擇取而為之也。

又審分覽君守篇曰：

不出於戶而知天下，不窺於牖而知天道，其出彌遠者，其知彌少，故博聞之人，彊識之士闕矣；事耳目，深思慮之務敗矣；堅白之察，無厚之辯外矣。不出者，所以出之也；不為者，所以為之也。

又似順論別類篇：

相劍者曰：「白所以爲堅也，黃所以爲牣也。黃白雜，則堅且牣，良劍也。」難者曰：「白，所以爲不牣也；黃，所以爲不堅也。黃白雜，則不堅且不牣也。」又：「柔則錈，堅則折，劍折且錈，焉得爲利劍。」劍之情未革，而或以爲良，或以爲惡，說使之也。

此三書中，有可以注意者，在「堅白」一辭，多與「有厚」「無厚」並舉，而爲當時辯者所宗。

而論語陽貨篇亦云：

佛肸召，子欲往。子路曰：「昔者由也，聞諸夫子曰：『親於其身爲不善者，君子不入也。』佛肸以中牟畔，子之往也，如之何？」子曰：「然，有是言也。不曰堅乎，磨而不磷；不曰白乎，涅而不緇。吾豈匏瓜也哉？焉能繫而不食。」

是堅白一辭，非且流行於先秦，且可上推春秋之時。

漢時，載籍見引「堅白」一者益多，晏子春秋(註一一二)問下篇第四云：

堅哉石乎落落！視之則堅，循之則堅，內外皆堅。

淮南子齊俗篇：

公孫龍析辯抗辭，別同異，離堅白，而不可與衆同道也。

史記卷二十三禮書附：

禮之貌誠深矣，堅白同異之察，入焉而溺，其貌誠大矣。

按此卽荀子禮論文也。又卷七十四孟子荀卿列傳：

而趙亦有公孫龍，爲堅白同異之辯。

又卷七十六平原君列傳：

公孫龍善爲堅白之辯。

鹽鐵論褒賢篇曰：

東方朔自稱辯略，消堅釋石，當世無雙。

劉向校上荀子曰：

趙亦有公孫龍，爲堅白同異之辭，然非先王之法也，皆不循孔子之術。

若夫堅白一辭，雖早著於先秦之書，如莊子內外篇、墨經、荀子，甚且論語，莫不有之；韓非、呂覽，亦見稱引。然徒標其名者衆，闡發其義者少。墨經去古太遠，文辭太簡，尤多舛錯，義亦含混，實難究其旨歸。後人注釋之者，頗多用今本公孫龍子堅白論爲說，其文旣屬後起，用之不盡洽切。太平御覽卷四百六十四人事部，引桓譚新論曰：

公孫龍，六國時辯士也。爲堅白之論，假物取譬，謂白馬爲非馬。非馬者，言白所以名色，馬所以名形也。色非形，形非色。

以此觀之，則所謂「堅白論」者，卽「白馬論」之異名，而出現於言公孫龍倡白馬非馬說之初(註一一三)。時當漢志成書之際，抑桓君山所言，正漢志公孫龍子十四篇之一邪？王充論衡案書篇云：「公孫龍著堅白之論，析言剖辭，務曲折之言，無道理之較，無益於治。」當卽指此。此所以許愼注淮南子齊俗篇「公孫龍析辯抗辭，別同異，離堅白」曰：

公孫龍，趙人，好分析詭異之言，以白馬不得合爲一物，離而爲二。

吾人由是以知，漢中葉之時，所流行之堅白之論，卽所以言白馬爲非馬者也(註一一四)。然此不必卽爲先秦漢初「堅白」一辭之故訓。以「白馬非馬」之說，本屬後起，而以「白馬非馬」之說歸諸公孫龍，尤爲晚近之事也。

迄晉，「堅白」始有人爲之詮釋，莊子齊物論「故以堅白之昧終」釋文：

堅白，司馬云：「謂堅石、白馬之辨也。」又云：「公孫龍有淬劒之法，謂之堅白。」崔同。又云：「或曰：『設矛伐之說爲堅，辯白馬之名爲白。』」

司馬，司馬彪；崔，崔譔，皆晉時人。蓋自漢以來，篇章多闕，「堅白」雖爲先秦漢初流行之辭，其義亡佚久矣。雖有言「白馬非馬」之「堅白之論」，未有詁釋「堅白」一辭者。至是而三說並起，諸家說雖紛歧，要皆從古義變化而來。

堅白，謂「堅石、白馬之辨」，似有簡略，楊倞注荀子脩身篇，引司馬彪之說云：

堅白，謂堅石非石、白馬非馬也。

「堅石非石」、「白馬非馬」，相對成文。曰「堅」、曰「白」，皆物之德。說雖巧妙，似與墨子不合，以經說下云：「無堅得白，必相盈也。」又云：「於石，一也。堅，白，二也。而在石。」堅，白，同謂石也，非一石而一馬。

彪又引淬劒之說，崔氏同。按史記卷七十四荀卿列傳，宋裴駰集解引晉太康地記云：

汝南平西縣有龍淵水，可用淬刀劍，特堅利，故有堅白之論，云：「黃所以爲堅也，白所以爲利也。」或辯之云：「白所以爲不堅，黃所以爲不利。」

正義引括地志云：「西平縣西北百四十里，有龍淵水也。」此說亦自有其所本，呂氏春秋似順論別類篇曰：

相劍者曰：「白所以爲堅也，黃所以爲牣也。黃白雜，則堅且牣，良劍也。」難者曰：「白，所以爲不牣也；黃，所以爲不堅也。黃白雜，則不堅且不牣也。」又：「柔則錈，堅則折，劍折且鋯，焉得爲利劍。」劍之情未革，而或以爲良，或以爲惡，說使之也。雖有所本，意非漢志公孫龍子十四篇所云「堅白」之理。然是否先秦「堅白」故訓，亦不可考。

又以設矛伐之說爲堅，辯白馬之名爲白。「設矛伐」不知所出，然既云「辯白馬之名爲白」，則顯與謂「白馬」爲「非馬」之說相背，而爲一正面之講法。其所重，在「白馬」之「白」，用此以推「設矛伐之說爲堅」，可以思過半矣。

三說並晉時所出，而與「白馬非馬」有關者三居其二。楊倞注荀子脩身篇，引司馬彪之說云：「堅白，謂堅石非石、白馬非馬也。」成玄英疏莊子齊物論曰：「白，卽公孫龍守白馬論也，堅執守白之論，眩惑世間，雖宏辯如流，終有言而無理也。」又疏天地篇曰：「堅白，公孫龍守白論也。」以此推漢唐之間，公孫龍堅白論存佚未可知也。而世人所以目堅白論者，卽白馬論之異名，此或符桓君山之所謂，然不必爲其本然之眞貌。

今試就堅白、白馬非馬義之分合，造成左圖：

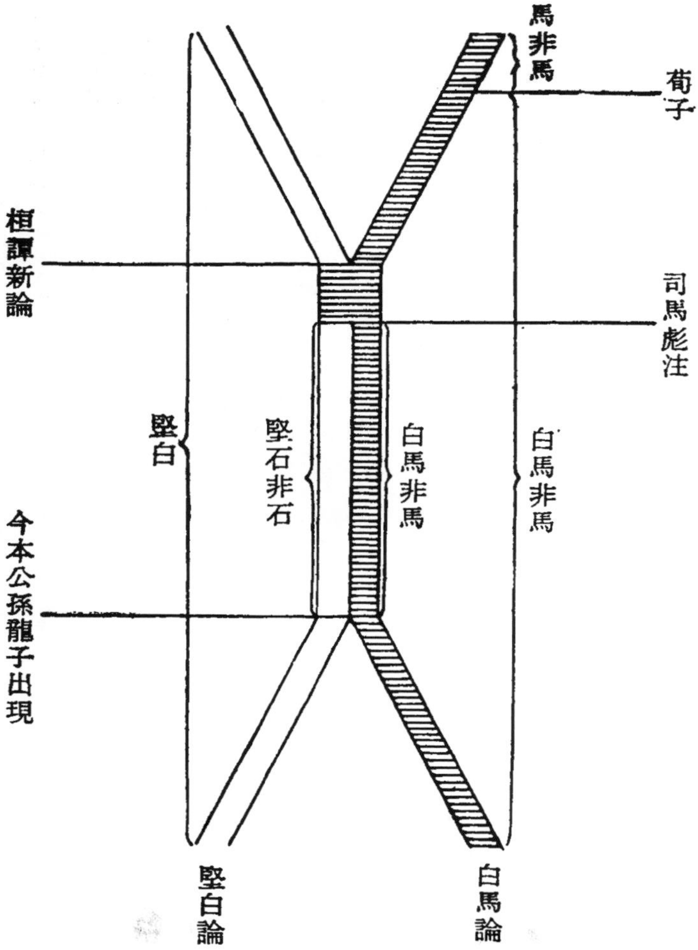

馬非馬
荀子
白馬非馬
司馬彪注
白馬非馬
堅石非石
堅白
桓譚新論
今本公孫龍子出現
白馬論
堅白論

七　公孫龍學說思想之次期記載

公孫龍辯白馬非馬，與堅白牽附於白馬非馬說中，誠爲公孫龍學說思想之歷史演變中極其重要之一章，而其時，正當惠施地位下降，而龍上昇之際，其間固有蛛絲馬跡可尋。今則就西京哀平以後有關公孫龍學說思想之記載，循時序之先後，作一概括性之敍述。

劉向校上荀子曰：

趙亦有公孫龍，爲堅白同異之辭，然非先王之法也，皆不循孔子之術。

莊子秋水引龍之自敍云：「龍少學先王之道，長而明仁義之行。合同異，離堅白，然不然，可不可，困百家之知，窮衆口之辯。」是龍以此「合同異，離堅白」卽仁義之行也，亦未明言其非「先王之道」。更生則譏其「非先王之法也，皆不循孔子之術」。又初學記七引別錄云：

公孫龍持白馬之論以度關。

又史記卷七十六平原君列傳，集解引別錄曰：

齊使鄒衍，過趙平原君，見公孫龍，及其徒綦母子之屬，論白馬非馬之辯，以問鄒子，鄒子曰：「不可！天下之辯，有五勝三至，而辭正爲下。辯者別殊類，使不相害；序異端，使不相亂；抒意通指，明其所謂，使人與知焉，不務相迷也。故勝者不失其所守，不勝者得其所求。若是，故辯可爲也。及至煩文以相假，飾辭以相惇，巧譬以相移，引人聲，使不得及其意；如此，害大道。夫繳紛爭言而競後息，不能無害君子。」坐皆稱善。

史記平原君傳曰：「平原君厚待公孫龍，公孫龍善爲堅白之辯。及鄒衍過趙，言至道，乃絀公孫龍。」更生此條，當據史遷之文而來。別錄又爲公孫龍倡白馬非馬見於載籍之始，前此無有也。而更生用「公孫龍及其徒綦母子之屬論白馬非馬之辯」，以代本傳所說「公孫龍善爲堅白之辯」，是「堅白之辯」卽所以爲「白馬非馬之辯」，與桓譚新論說不異也，前節未能擧之，今特附此，以爲桓說之旁證。初學記引別錄一條，蓋變易韓非子外儲說上兒說之故事，事關公孫龍地位之上昇，故並將持白馬非馬以度關者歸於龍也。

其後諸家，罔有不從劉氏出者，揚雄法言吾子篇：

或問：「公孫龍詭辭數萬以爲法，法歟？」曰：「斷木爲棊，梡革爲鞠，亦皆有法焉。不合乎先王之法者，君子不法也。」

又羣書治要引桓譚新論曰：

凡人耳目所聞見，心意所知識，情形所好惡，利害所去就，亦皆同務焉。若材能有大小，智略有深淺，聽明有闇照，質行有薄厚，亦皆異度焉。非有大材深智，則不能見其大體。大體者，皆是當之事也。夫言是而計當，遭變而用權，常守正，見事不惑，內有度量，不可傾移而誑以譎異，爲知大體矣。如無大材，則雖威權如王翁；察慧如公孫龍；敏給如東方朔；言災異如京君明；及博見多聞，書至萬篇；爲儒，教授數百千人，祇益不知大體焉。

桓氏譏龍之雖察慧而不知大體也。又太平御覽卷四百六十四人事部，引桓譚新論曰：

公孫龍，六國時辯士也。爲堅白之論，假物取譬，謂白馬爲非馬。非馬者，言白所以名色，馬所以名形也。色非形，形非色。

又白孔六帖卷九引桓譚新論曰：

公孫龍常爭論曰：「白馬非馬。」人不能屈。後乘白馬，無符傳，欲出關，關吏不聽，

此虛言難以奪實也。

許愼注淮南子齊俗篇曰：

公孫龍，趙人，好分析詭異之言，以白馬不得合爲一物，離而爲二也。

「以白馬不得合爲一物，離而爲二」，語甚含混，難以驟解，細推其意，似與桓君山所說不同。

許氏又注詮言云：

公孫龍以白馬非馬、冰不寒、炭不熱（爲論），故曰貿也。

「冰不寒」、「炭不熱」二者，未見於他書。叔重「性淳篤，少博學經籍，馬融常推敬之，時人爲之語曰：『五經無雙許叔重。』」(註一一五)許氏既有此論，當有所根據也。

班孟堅修漢書藝文志，一遵劉氏父子七略，而「删其要，以備篇籍」(註一一六)焉。於諸子略名家，云：

鄧析二篇鄭人與子產並時

尹文子一篇說齊宣王先公孫龍

公孫龍子十四篇趙人

成公生五篇與黃公等同時

惠子一篇名施與莊子並時

黃公四篇名疵爲秦博士作歌詩在秦時歌詩中

毛公九篇趙人與公孫龍等並游平原君趙勝家

右名七家三十六篇：

名家者流，蓋出於禮官。古者名位不同，禮亦異數。孔子曰：「必也正名乎！名不正，則言不順；言不順，則事不成。」此其所長也。及警者爲之，則苟鉤鈲析亂而已。

漢志分諸子爲十家，歸公孫龍於名家，並予一確切之地位。又至許叔重淮南子注及漢志自注中，始明標公孫龍爲「趙人」，前此但云「趙有公孫龍」，雖不無龍爲趙人之意，然亦不必爲趙人。而漢志「公孫龍子十四篇」，亦爲「公孫龍子」見於著錄之始。揚子雲謂「公孫龍詭辭數萬」，似龍尙未有專書，今則直曰「公孫龍子十四篇」，豈劉氏父子所編集者邪？然中世載籍未見有引之者，豈但藏於中秘邪？

王充論衡案書篇曰：

公孫龍著堅白之論，析言剖辭，無道理之較，無益於治。

又徐幹中論考僞篇曰：

昔楊朱、墨翟、申不害、韓非、田駢、公孫龍，汨亂乎先王之道，譸張乎戰國之世，然非人倫之大患也。何者？術異乎聖人者易辨，而從之者不多也。

又抱朴子外篇應嘲曰：

夫君子之開口動筆，必戒悟蔽。式整雷同之傾邪，磋礱流遁之闇穢。而著書者，徒飾弄華藻，張磔迂闊，屬難驗無益之辭，治靡麗虛言之美，有似堅白厲修之書，公孫刑名之論。雖曠龍天地之外，微入無間之內，立解連環，離合同異，鳥影不動，雞卵有足，犬可以爲羊，大龜長蚍之言，適足示巧表以誑俗。

「堅白厲修之書，公孫刑名之論」二句，相對成文而並舉，所指當爲一事。其書所論，諸如「立解連環，離合同異，鳥影不動，雞卵有足，犬可爲羊，大龜長蚍之言」，又多前引諸條所不載。葛氏自敍曰：「曾所披涉，自正經諸史百家之言，下至短雜文章，近萬卷。」既云「堅白厲修之書，公孫刑名之論，雖曠龍天地之外，微入無間之內」，則稚川於其書自曾寓目也，而後乃得如此云爾。然就當時載籍觀之，公孫書之存否，至屬可疑。以「堅白」者，固龍之所倡，而見於早期之記錄者，設果有此「堅白厲修之書，公孫刑名之論」，而此書此論又眞屬諸公孫龍，則其時於「堅白」一辭，自當有一確定之界說，而不當如莊子齊物論「故以堅白之昧終」釋文所云：「堅白，司馬云：『謂堅石，白馬之辨也。』又云：『公孫龍有淬劍之法，謂之堅白。』崔同。又云：『或曰：設矛伐之說爲堅，辯白馬之名爲白。』」其說之紛歧，固證其釋之者皆憑猜忖之言，而未有書可資依憑者。

時愈晚近，言龍事者愈繁，甚或有以專章而論其人其事其學者，孔叢子也。孔叢子之僞，固不待言，論者皆以爲其成書在魏晉間。其書第十二曰公孫龍，除末節外，所舉並公孫龍事，曰：

公孫龍者，平原君之客也。好刑名，以白馬爲非白馬，或謂子高曰（子高，孔穿之字，孔箕之子，伋之玄孫）：「此人小辨，而毀大道。子盍往正諸？」子高曰：「大道之悖，天下之交往也。吾何病焉？」或曰：「雖然，子爲天下故，往也。」子高適趙，與龍會平原君家，謂之曰：「僕居魯，遂聞下風，而高先生之行也，願受業之日久矣。然所不取於先生者，獨不取先生以白馬爲非白馬爾。誠去非白馬之學，則穿請爲弟子。」公孫龍曰：「先生之言悖也。龍之學，正以白馬爲非白馬者也。今使龍去之，則龍無以教矣。今龍爲無以教，而乃學於龍，不亦悖乎？且夫學於龍者，以智與學不逮也。今教龍去白馬非白馬，是先教也，而後師之，不可也。先生之所教龍者，似齊王之問尹文也，齊王曰：『寡人甚好士，而齊國無士。』尹文曰：『今有人於此，事君則忠，事親則孝，交友則信，處鄉則順，有此四行者，可謂士乎？』王曰：『善！是眞吾所謂士者也。』尹文曰：『王得此人，肯以爲臣乎？』王曰：『所願，不可得也。』尹文曰：『使此人於廣庭大衆之中，見侮而不敢鬬，王將以爲臣乎？』王曰：『夫士也，見侮而不鬬，是辱，則寡人不以爲臣矣。』尹文曰：『雖見侮而不鬬，是未失所以爲士也，然而，王不以爲臣。則鄉所謂士者，乃非士乎？夫王之令，殺人者死，傷人者刑。民有畏王令，故見侮終不敢鬭，是全王之法也。而王不以爲臣，是罰之也。且王以不敢鬭爲辱，必以敢鬭爲榮。是王之所貴，吏之所罰也；上之所是，法之所非也。賞罰是非，相與曲謬，雖十黃帝，固所不能治也。』齊王無以應。且白馬非白馬者，乃子先君仲尼之所取也。龍聞楚王張繁弱之弓，載忘歸之矢，以射蛟兕於雲夢之圃，反而喪其弓，左右請求之，王曰：『止也。楚人遺弓，楚人得之，又何求乎？』仲尼聞之曰：『楚王仁義而未遂。亦曰：人得之而已矣。何必楚乎？』若是，仲尼異楚人於所謂人也。夫是仲尼之異楚人於所謂人，而非龍之異白馬於所謂馬，悖也。先生好儒術，而非仲尼之所取也。欲學，而使龍去所以敎。雖百龍之智，固不能當前也。」子高莫之應，退而告人曰：「言非而博，巧而不理，此固吾所不答也。」

異日，平原君會衆賓而延子高。平原君曰：「先生，聖人之後也，不遠千里，來顧臨之，欲去夫公孫子白馬之學。今是非未分，而先生翻然欲高逝，可乎？」子高曰：「理之至精者，則自明之。豈任穿之退哉？」平原君曰：「至精之說，可得聞乎？」答曰：「其說皆取之經傳，不敢以意。春秋記『六鷁退飛』：『覩之則六，察之則鷁』。鷁猶馬也，六猶白也。覩之得見其白，察之則知其馬。色以名別，內由外顯，謂之白馬，名實當矣。

若以絲麻，加之女工，爲緇素青黃，色名雖殊，其質則一。是以詩有『素絲』，不曰『絲素』；禮有『緇布』，不曰『布緇』。『犧牛』、『玄武』，此類甚衆。先擧其色，後名其質。萬物之所同，聖賢之所常也。君子之謂，貴當物理，不貴繁辭。若尹文之折齊王之所言，與其法錯故也。穿之所說於公孫子，高其智，悅其行也。去白馬之說，智行固存，是則穿未失其所師者也。稱此云云，沒其理矣。是楚王之言『齊人亡弓，楚人得之』，先君夫子探其本意，欲以示廣，其實狹之，故曰不如『亦曰人得之而已』也。是則異楚王之所謂楚，非異楚王之所謂人也。以此爲喻，乃相擊切矣。凡言人者，總謂人也。亦猶言馬者，總謂馬也。楚自國也，白自色也，欲廣其人，宜在去楚；欲正色名，不宜去白。忱察此理，則公孫之辨破矣。」平原君曰：「先生言，於理善矣！」因顧謂衆賓曰：「公孫子能答此乎？」燕客史由對曰：「辭則有焉，理則否矣。」

公孫龍又與子高記論於平原君所，辨理至於臧三耳。公孫龍言臧之三耳甚辨析，子高弗應，俄而辭去。明日復見，平原君曰：「疇昔公孫之言信辨也！先生實以爲何如？」答曰：「然！幾能臧三耳矣。雖然，實難。僕願得又問於君：今爲臧三耳，甚難而實非也；謂臧兩耳，甚易而實是也。不知君將從易而是者乎？亦從難而非者乎？」平原君弗能應，明日，謂公孫龍曰：「公無復與孔子高辨事也。其人理勝於辭，公辭勝於理。辭勝於理，終必受詘！」

「臧三耳」，呂覽作「臧三牙」，文辭小異，而意歸多同。而特可注意者，即孔叢子謂龍引尹文之折齊王之所言，是條原出於呂氏春秋先識覽正名篇，然不必因龍引之，便指謂龍與尹文間具某種依襲關係，或龍好尹文之說，而同主「見侮不辱」也。又竊以爲今本孔叢子猶非完篇，尚有散佚，以劉孝標注世說文學篇云：

孔叢子曰：「趙人公孫龍云：『白馬非馬。馬者，所以命形；白者，所以命色。夫命色者非命形，故曰：白馬非馬也。』」

又今本列子，世人亦多以其出於魏晉間，仲尼篇曰：

中山公子牟者，魏國之賢公子也，好與賢人游，不恤國事，而悅趙人公孫龍，樂正子輿之徒笑之。公子牟曰：「子何笑牟之悅公孫龍也？」子輿曰：「公孫龍之爲人也，行無師，學無友。便給而不中，漫衍而無家。好怪而妄言，欲惑人之心，屈人之口，與韓檀等肄之。」公子牟變容曰：「何子狀公孫龍之過歟？請聞其實。」子輿曰：「吾笑龍之詒孔穿，言善射者能令後鏃中前括，發發相及，矢矢相屬，前矢造準而無絕落，後矢之括猶衘弦，視之若一焉。孔穿駭之，龍曰：『此未其妙者。逢蒙之弟子曰鴻超，怒其妻而怖之，引烏號之弓，綦衞之箭，射其目，矢來注眸子而眶不睫，矢隧地而塵不揚。』是豈智者之言與？」公子牟曰：「智者之言，固非愚者之所曉。後鏃中前括，鈞後於前；矢注眸子而眶不睫，盡矢之勢也。子何疑焉？」樂正子輿曰：「子，龍之徒，焉得不飾其闕？吾又言其尤者，龍誑魏王曰：『有意不心。有指不至。有物不盡。有影不移。髮引千鈞。白馬非馬。孤犢未嘗有母。』其負類反倫，不可勝言也。」公子牟曰：「子不諭至言而以為尤也，尤其在子矣。夫無意則心同。無指則皆至。盡物者常有。影不移者，說在改也。髮引千鈞，勢至等也。白馬非馬，形名離也。孤犢未嘗有母，非孤犢也。」樂正子輿曰：「子以公孫龍之鳴皆條也，設令發於餘竅，子亦將承之？」公子牟默然。良久，告退，曰：「請待餘日，更謁子論。」

試以莊子天下篇所說辯者二十一事，與此篇作一比較：

莊子天下	列子仲尼
卵有毛	

雞三足	
郢有天下	
馬有卵	
犬可以爲羊	
丁子有尾	
火不熱	
山出口	
輪不蹍地	
目不見	
指不至，至不絕	有指不至
龜長於蛇	

矩不方，規不可以爲圓	
鑿不圍枘	
飛鳥之影，未嘗動也	有影不移
鏃矢之疾，而有不行不止之時	
狗非犬	
黃馬、驪牛，三	
白狗黑	
孤駒未嘗有母	孤犢未嘗有母
一尺之捶，日取其半，萬世不竭	有物不盡
	有意不心
	髮引千鈞
	白馬非馬

以此觀之，列子雖頗引莊子天下之說，然不必如胡適所云：「與惠施相應的辯者，不是公孫龍自己，是他的前輩。後來公孫龍便從這些學說（指二十一事）上生出他自己的學說來。後來這些辯者一派，公孫龍最享盛名，後人把這些學說攏統都算是他的學說了（如列子仲尼篇）。」(註二一七)列子以龍言「白馬非馬」，其書晚出，固亦可爲一證也。

又晉書卷九十四隱逸魯勝傳曰：

惟注墨辯，存其敍曰：「名者，所以別同異，明是非，道義之門，政化之準繩也。孔子曰：『必也正名，名不正，則事不成。』墨子著書，作辯經，以立名本。惠施、公孫龍祖述其學，以正刑名顯於世。孟子非墨子，其辯言正，辭則與墨同。荀卿、莊周等，皆非毀名家，而不能易其論也。名必有形，察形莫如別色，故有堅白之辯。名必有分明，分明莫如有無，故有無序之辯。是有不是，可有不可，是名兩可。同而有異，異而有同，是之謂辯同異。至同無不同，至異無不異，是謂辯同辯異。同異生是非，是非生吉凶，取辯於一物，而原極天下之汙隆，名之至也。自鄧析至秦時，名家者世有篇籍，率頗難知，後學莫復傳習，於今五百餘歲，遂亡絕。墨辯有上下經，經各有說，凡四篇，與其書衆篇連第，故獨存。今引說就經，各附其章，疑者闕之。又采諸衆雜集爲刑名二篇，略解指歸，以俟君子。其或與微機絕者，亦有樂乎此也。

叔時墨辯注敍，始以名家者流，出於墨子。又以爲「名必有形，察形莫如別色，故有堅白之辯」，是「堅白之辯」者，謂「白馬非馬」也，而非「堅白石」明甚。其以「自鄧析至秦時，名家者世有篇籍，率頗難知，後學莫復傳習，於今五百餘歲，遂亡絕」，亦足證時已無公孫龍子一書之流傳，否則，當不如此謂也。

又三國志魏志卷二十八鄧艾傳注引荀綽冀州記曰：

（邵）兪字子都，淸貞貴素，辯於論議，採公孫龍之辭，以談微理，少有能名。

又文心雕龍諸子篇：

公孫之白馬孤犢，辭巧理拙，魏牟比之鴞鳥，非妄貶也。

綜此以觀，自劉氏父子以後，以迄齊梁之間，六百餘年中，公孫龍之地位遠邁惠施、鄧析之上。言名家者，必擧龍；言辯者，亦擧龍。而此一時期，白馬非馬一躍而爲世之顯說，亦以之歸龍(註一一八)。前此所見於載籍，謂龍爲堅白之辯，今則釋堅白者，亦莫不以白馬非馬爲說，此固不同於往日，亦有異於未來也。漢志雖標公孫龍子十四篇，就前引諸條考之，實未見流傳。曰堅白之論，曰白馬論，亦不必同於今本之公孫龍子也。

（註一）見胡氏中國哲學史大綱頁二三五。

（註二）見王氏公孫龍子懸解事輯頁一。

（註三）見譚氏公孫龍子形名發微頁二。

（註四）見王氏公孫龍子懸解事輯頁一。

（註五）見錢師先秦諸子繫年考辨卷四，一四一、公孫龍說燕昭王偃兵考，下冊頁四三四——五。又公孫龍年表，古史辨第六冊頁二九一——二。

（註六）見錢師先秦諸子繫年考辨卷四，一四二、公孫龍說趙惠文王偃兵考，下冊頁四三六——七。

（註七）史記趙本紀，正義引地理志云：「石城，在相州林慮縣西南九十里。」

（註八）見錢師公孫龍傳略，古史辨第六冊，頁二八六——七。

（註九）見錢師先秦諸子繫年考辨卷四，一四二、公孫龍說趙惠文王偃兵考，下冊頁四三七。

（註一〇）並見錢師先秦諸子繫年考辨卷四，一四二、公孫龍說趙惠文王偃兵考，下冊頁四三七。

（註一一）見錢師先秦諸子繫年考辨卷四，一四二、公孫龍說趙惠文王偃兵考，下冊頁四三六——七。

（註一二）見林氏戰國紀年。

（註一三）按史記卷七十七信陵君傳：「公子姊，爲趙惠文王弟平原君夫人。」是平原君爲惠文王弟，而戰國策趙策四亦云：「趙豹，平原君親，寡君之母弟也。」

（註一四）參閱王夢鷗鄒衍遺說考頁一九——二〇。

（註一五）鄒衍遺說考頁二〇——二一。

（註一六）見劉氏周秦諸子考下冊，頁四一七——八。

（註一七）史記約成於漢武帝太初四年（前一〇一年）以後，蓋太史公自序云：「余述歷黃帝，至太初而訖。」史記記事止於是歲，班固、司馬貞、張守節並云：「訖於天漢。」緣後人補史記而未能詳考之也。可參閱史記會注考證所附年譜，又史記考索頁一——八，史記終於太初考。以此謂史記於諸書中最爲晚出也。

（註一八）劉汝霖周秦諸子考頁四〇八——四一二，論公孫龍之身世，於趙居趙及說燕之前，謂嘗至魏，說云：「公孫龍早年到魏國，受學於魏牟，又遇見惠施、莊周，和他們又有辯論的事情。莊子徐無鬼篇，載莊子、惠子問答的話：『莊子曰：然則儒墨楊秉四，與夫子爲五，果孰是邪？或者若魯遽者邪？其弟子曰：我得夫子之道矣，吾能冬爨鼎而夏造冰矣。魯遽曰：是直以陽召陽，以陰召陰，非吾所謂道也。吾示子乎吾道。於是乎爲之調瑟，廢一於堂，廢一於室，鼓宮宮動，鼓角角動，音律同矣。夫或改調一弦，於五音無當也，鼓之二十五弦皆動，未始異於聲，而音之君已。且若是者邪？惠子曰：今夫儒墨楊秉，且方與我以辯，相拂以辭，相鎭以聲，而未始吾非也，則奚若矣。』莊子秋水載：『公孫龍問於魏牟曰：龍少學先王之道，長而明仁義之行，合同異，離堅白，然不然，可不可，困百家之知，窮衆口之辯，吾自以爲至達已。今吾聞莊子之言，汒焉異之，不知論之不及與？知之弗若與？今吾無所開吾喙，敢問其方。』我們看列子仲尼篇引有公孫龍說魏王的話，又知道魏牟是魏國人，可以斷定公孫龍曾到過魏國。惠施考中，已經證明惠施於周赧王五年離開魏。所以公孫龍能見到惠施，必在這年或這年以前。又考戰國策載邯鄲圍後，公孫龍曾勸平原君不要受封。邯鄲解圍在赧王五十八年（前二五七年），上距惠施離魏五十三年，可以知道公孫龍居魏，必在早年時代。列子仲尼所載，雖不盡合事實，也頗有討論的價值，記在下面，以備參考：『中山公子牟者，魏國之賢公子也。好與賢人游，不恤國事，而悅趙人公孫龍。樂正子與之徒笑之，公子牟曰：子何笑牟之悅公孫龍也？子輿曰：公孫龍之爲人也，行無師，學無友，佞給而不中，漫衍而無家，好怪而妄言，欲惑人之心，屈人之口，與韓檀等肄之。公子牟變容曰：何子狀公孫龍之過歟？請聞其實？子輿曰：吾笑龍之詒孔穿，言善射者，能令後鏃中前括，發發相及，矢矢相屬，前矢造準，而無絕落，後矢之括猶銜弦，視之若一焉。孔穿駭之。龍曰：此未其妙者，逢蒙之弟子曰鴻超，怒其妻而怖之，引烏號之弓，綦衛之箭，射其目，矢來注眸子，而眶不睫，矢隧地而塵不揚。是豈智者之言與？公子牟曰：智者之言，固非愚者之所曉。後鏃中所括，鈞後於前；矢注眸子而眶不睫，盡矢之勢也。子何疑焉。樂正子輿曰：子龍之徒，焉得不飾其闕，吾又言其尤者。龍誑魏王曰：有意不心，有指不至，有物不盡，有影不移，髮引千鈞，白馬非馬，孤犢未嘗有母。其負類反倫，不可勝言也。公子牟曰：子不諭至言而以爲尤也，尤其在子矣。夫無意則心同。無指則皆至。盡物者常有。影不移者，說在改也。髮引千鈞，勢至等也。白馬非馬，形名離也。孤犢未嘗有母，非孤犢也。樂正子輿曰：子以公孫龍之鳴皆條也。設令發於餘竅，子亦將承之。公子牟默然良久告退曰：請待餘日，更謁子論。』這一大段，有兩層疑點：第一，把中山公子牟當作魏公子牟。第二，把公孫龍和孔穿辯論的事情提前。但文中提出的幾個題目，大致和惠施的二十一事相同。」劉氏此說極其勉强，姑置此以備一說焉。

（註一九）按史記卷七十六平原君傳曰：「平原君以趙孝成王十五年卒。」索隱曰：「六國年表，及世家，並云十四年卒，與此不同。」故並置之。

（註二〇）按錢師先秦諸子繫年考辨卷四，一四一、公孫龍說燕昭王偃兵考（下册頁四三五）說云：「此下無公孫龍事，龍卒蓋亦在是時。」如以此下無公孫龍事，便指謂龍卒亦當在是時，似嫌武斷。

（註二一）見胡氏中國哲學史大綱頁二三五——六。

（註二二）見范氏中國哲學史綱要頁九四。

（註二三）見金氏公孫龍考，公孫龍子釋頁四。

（註二四）見譚氏公孫龍子形名發微頁二。

（註二五）錢師惠施年表：「襄王（九）：惠施當卒於是年前，徐州相王之歲，凡二十五年，惠施壽蓋在六十左右也。」見惠施公孫龍，又收入古史辨第六册，頁二六七。

（註二六）見錢師公孫龍年表跋，惠施公孫龍。又收入古史辨第六册，頁二九三——五。

（註二七）先秦諸子繫年考辨，通表之部，附表第三，諸子生卒年世先後一覽表例言，下册頁六一三。

（註二八）除見於公孫龍年表並跋（惠施公孫龍，又古史辨第六册，頁二九二、頁二九四）外，亦見先秦諸子繫年考辨卷四，一四一、公孫龍說燕昭王偃兵考，下册頁四三五。

（註二九）先秦諸子繫年考辨，附諸子生卒年世約數表，下册頁六一九。原作「六六歲」，疑爲「七一歲」之譌。日人大濱晧所撰之公孫龍（宇野哲人博士米壽紀念論集：中國の思想家上卷，頁一七七——一八八）於龍之生卒年世，全用錢師之說。

（註三〇）見先秦諸子繫年考辨，通表之部，附表第二。下册頁六〇五——九。

（註三一）中華通史第一册頁三二三——三四六。

（註三二）參閱胡氏淮南王書手稿影印本未定稿，頁一九，又頁二八。中國古代哲學史臺北版自記。梁氏老孔墨以後學派概觀等書。

（註三三）按漢書藝文志序云：「漢興，改秦之敗，大收篇籍，廣開獻書之路。迄孝武世，書缺簡脫，禮壞樂崩。……於是建藏書之策，置寫書之官，下及諸子傳說，皆充秘府。至成帝時，以書頗散亡，使謁者陳農，求遺書於天下。詔光祿大夫劉向校經傳、諸子、詩賦，步兵校尉任宏校兵書，太史令尹咸校數術，侍醫李柱國校方技。每一書已，向輒條其篇目，撮其指意，錄而奏之。會向卒，哀帝復使向子侍中奉車都尉歆卒父業。歆於是總羣書，而奏其七略。故有輯略，有六藝略，有諸子略，有詩賦略，有兵書略，有數術略，有方技略。今删其要，以備篇籍。」是知班志之所承受，本乎劉氏父子之七略云爾。

（註三四）以此可以考見諸子之各自名家也。

（註三五）參閱梁氏中國學術思想變遷之大勢，全盛時代，第二節、論諸家之派別。

（註三六）王師莊子校釋自序曰：「漢志及呂氏春秋必已篇高誘注，並稱莊子五十二篇。今所存者，僅三十三篇：內篇七，外篇十五，雜篇十一，乃郭象删定之本。郭本內外雜篇之區畫，蓋隨意升降。……然今本內外雜篇之名，實定於郭氏，則內篇未必盡可信，外雜篇不必盡可疑。……決不可囿於郭氏之區畫，而輕於致疑也。……」實一言而破千載之大惑。

（註三七）錢師莊子纂箋序目中，於所采撫諸家，舉武內義雄，稱「偶錄一二則，聊見異邦學人治我古籍之一例」。然於此條，意當不可作此觀也。

（註三八）按郭象本天下篇較之今本，其末段尚多二百零四字，此可由日本鎌倉時代高山寺鈔本得知，其文云：「夫學者尚以成性易知爲德，不以能政異端爲貴也。然莊子閎才命世，誠多英文偉詞，正言若反，故一曲之士，不能暢其弘旨，而妄竄奇說，若閼亦意修之首，尾言遊易子胥之篇，凡諸巧雜，若此之數，十分有三。或牽之令近，或迂之令誕，或似山海經，或似占夢書，或出淮南，或辯形名而參之高韻，龍蛇並御。且辭氣鄙背，竟無深澳，而徒難知，以困後蒙，令沈滯失乎流，豈所求莊子之意哉？故皆略而不存。今唯哉取長達致全乎大體者爲（疑有誤），爲三十三篇者。太史公曰：莊子者名周，守（疑爲宋）蒙縣人也。曾爲漆園吏，與魏惠齊宣楚威王同時者也。」洪邁容齋續筆卷十二、王應麟困學紀聞卷十及漢書藝文志考證、陸德明莊子釋文敘錄等書所引郭子玄語，即見於此。詳見孫道昇莊子天下篇的作者問題，正風半月刊第一卷第二十六期，而古史辨第六冊，頁一九一——三之錄倉本莊子天下篇跋尾，即其中之一段。孫氏旣證此逸文爲郭象之著作，是非先秦之舊可知，或鈔者誤入正文而致然也。

（註三九）胡適中國哲學史大綱，楊筠如荀子研究，張西堂荀子勸學篇寃詞（古史辨第六冊，頁一四七、一六二），莫不以荀子一書爲雜纂而成，眞僞混雜。

（註四〇）此據湖海樓叢書本之汪繼培輯本。

（註四一）孫次舟論尸子與新語（原刊圖書評論第二卷第三期，刪改後收入古史辨第六冊，頁一〇一——一一二），金德建尸子作者與爾雅（原刊厦門圖書館聲二卷六、七期，潤色後收入古史辨第六冊，頁三〇六——三一三），並於尸子一書之眞僞，有詳盡之探討，可資參考。

（註四二）梁氏有莊子天下篇釋義、荀子評諸子語彙釋、韓非子顯學篇釋義，尸子廣澤篇呂氏春秋不二篇合釋，並收入中華書局排印本梁任公諸子考釋一書中。

（註四三）胡適中國哲學史大綱旣曰：「天下篇是一篇絕妙的後序，却決不是莊子自作的。」（見頁二五四）然却斷然地聲言：「莊子天下篇定是戰國末年人造的。」（見頁二三六）梁啓超莊子天下篇釋義則曰：「此篇文體極樸茂，與外篇中淺薄圓滑之各篇不同，故應認爲莊子書中最可信之篇。」是皆以其爲先秦之文也。

（註四四）參見梁啓超漢書藝文志諸子略考釋、漢志諸子略各書存佚眞僞表（梁氏諸子考釋頁九五——九六、一〇三——一〇四、一一五——一一七）。其中韓非子雖有錯入附益者，固無關於大體也。

（註四五）此見孟子滕文公下，「公都子曰：『外人皆稱夫子好辯，敢問何也？』孟子曰：『予豈好辯也，予不得已也。……世衰道微，邪說暴行有作。臣弑其君者有之，子弑其父者有之。孔子懼，作春秋。春秋，天子之事也。是故孔子曰：知我者，其惟春秋乎！罪我者，其惟春秋乎！聖王不作，諸侯放恣，處士橫議，楊朱墨翟言盈天下。天下之言，不歸楊，則歸墨。楊氏爲我，是無君也；墨氏兼愛，是無父也。無父無君，是禽獸也。公明儀曰：庖有肥肉，廄有肥馬，民有饑色，野有餓莩，此率獸而食人也。楊墨之道不息，孔子之道不著，是邪說誣民，充塞仁義也。仁義充塞，則率獸食人，人將相食。吾爲此懼，閑先聖之道，距楊墨，放淫辭，邪說者不得作。作於其心，害於其事；作於其事，害於其政。聖人復出，不易吾言矣。……無父無君，是周公所膺也。我亦欲正人心，息邪說，距詖行，放淫辭，以承三聖者，豈好辯哉？予不得已也。能言距楊墨者，聖人之徒也。』」觀之，亦可以考見孟子之時墨說之盛也。

(註四六) 見胡氏中國哲學史大綱頁二三六。蓋胡氏『以爲公孫龍決不能和惠施辯論，又不在莊子之前』，故而云然。

(註四七) 參閱胡氏中國哲學史大綱頁二三六。

(註四八) 參閱中國哲學史大綱頁二三六。

(註四九) 參見梁氏莊子天下篇釋義敍，諸子考釋頁一。

(註五〇) 見劉氏周秦諸子考下册，頁四二二——三。

(註五一) 在這一點，胡適中國哲學史大綱云：「公孫龍又說『臧三耳』。依司馬彪說（郭象莊子天下篇「雞三足」注引司馬云：「雞兩足所以行，而非動也，故行由足發，動由神御。今雞雖兩足，須神而行，故曰『三足』也。」）臧的第三隻耳朶也必是他的心神了。經上篇說：『聞，耳之聰也。循所聞而意得見，心之察也。』正是此意。」又曰：『公孫龍子的堅白論，也可與上文所說互相印證。堅白論的大旨是說，若沒有心官做一個知覺的總機關，則一切感覺都是散漫不相統屬的；但可有這種感覺和那種感覺決不能有連絡貫串的知識，所以說『堅白石二』，若沒有心官的作用，我們但可有一種『堅』的感覺，和一種『白』的感覺，決不能有『一個堅白石』的知識。所以說：『無堅得白，其舉也二；無白得堅，其舉也二。』『視不得其所堅而得其所白者，無堅也。拊不得其所白而得其所堅者，無白也。……得其白，得其堅，見與不見離。(見)不見離，一二不相盈，故離。離也者，藏也。（見不見離，一二不相盈，故離。舊本有脫誤，今據墨子經說下考正。）』古來解這段的人都把『離』字說錯了。本書明說：『離也者，藏也。』離字本有『連屬』的意思，如易象傳說：『離，麗也，日月麗乎天，百穀草木麗乎土。』又如禮記說：『離坐離立，毋往參焉。』眼但見白，而不見堅；手可得堅，而不見白。所見與所不見相藏相附麗，始成的『一』個『堅白石』，這都是心神的作用，始得使人同時『得其堅，得其白』。」亦同樣地用後起之公孫龍子堅白論來解早出之文。

(註五二) 按諸家似皆未能細諳呂覽下文及高氏訓解。淫辭曰：「令渭人取冠進，上問馬齒，圉人曰：『齒十二，與牙三十。』」注曰：「馬上下齒十二，牙上下十八，合爲三十。謂若公孫龍藏去其三牙，多而偏，不可均，故難也。藏去其二，少而均，故易。」觀之，則知「藏三牙」本不誤，「藏」亦就字面之義可解，毋須宛轉詁釋也。

（註五三）錢師賓四先秦諸子繫年通表赧王三七年（二七八），齊襄王六年條下，謂「稷下復興，荀卿反齊，爲稷下老師，當在此時或稍後」。說見荀卿齊襄王時爲稷下祭酒考，先秦諸子繫年考辨下册，頁五六六，又頁四三七——八。

（註五四）此所以世人目龍學或從墨者出，或自儒家來，其說皆是而皆非，蓋緣此也。

（註五五）「彼」，胡適校曰：「當是『佊』字之誤。佊字，廣雅釋詁二云：『衺也』，王念孫疏證云，『廣韻引埤蒼云，佊，邪也；又引論語子西佊哉。今論語作彼。』據此可見佊誤爲彼的例。佊字與『詖』通。說文『詖，辯論也。古文以爲頗字。从言，皮聲。』詖、頗、佊，皆同聲相假借。後人不知佊字，故又寫作『駁』字。現在的『辯駁』，就是古文的『爭佊』。先有一個是非意見不同，一個說是，一個說非，便『爭佊』起來了。怎樣分別是非的方法，便叫作『辯』。」

（註五六）此謂「專名」者，爲諸子所共有，而不爲某家所獨有之超絕之事，胡適以「墨家的『辯』，是分別是非眞僞的方法」（中國哲學史大綱頁一九九），實則先秦之「辯」，均可以此義釋之。至少，就各家之本身出發，其「辯」固皆「分別是非眞僞」也。故此處以「辯」殆已成乎先秦流行之一專名。

（註五七）此謂近于「辯」而無有「辯」之名者，即下文所謂之「察」。

（註五八）參閱津田左右吉之道家の思想と其の展開，第四章、辯者及び名家の思想，頁二三一——二三二。

（註五九）參見劉氏周秦諸子考下册，頁四二二。

（註六〇）按惠施雖「卒以善辯爲名」，然與「桓團、公孫龍，辯者之徒」固有所異。其說非爲辯而辯，乃欲表一思想。勞師貞一釋莊子天下篇惠施及辯者之言曰：「辯者和惠施之間是有些分別的。惠施是道家的別派，其中辯論問題，有一個最後主張。雖然莊子之徒批評他舛駁，有些後來雜家呂不韋、劉安等人的味道，但他究竟有他的人生哲學及政治哲學的主張。辯者就是爲辯而辯，其主張是看不大出來的。」（見華岡學報第三期，頁三一二）同篇又曰：「惠施是道家的別派，用辯論的方法，以期表達他的理想，所以注意到宇宙的全部。而其他辯者並非要表達一個理想，只是爲辯論而辯論，所以注意到的只是名實的相互問題。」（同書頁三一七）即同此意。故於當時諸家之心目中，惠施之地位亦至高，迥異於桓團、公孫龍也。

（註六一）馬敍倫鄧析子校錄後序曰：「鄧析，周秦人頗以與惠施、公孫龍並稱。然施與龍所論無厚之旨，即莊子天下篇所謂無厚不可積也，其大千里。其見於荀卿、韓非之書，及呂氏春秋者亦然，與此無厚篇義殊。春秋左氏傳言鄧析作竹刑，又數難子產之治，及呂氏春秋離謂篇載鄧析事，知荀卿以與惠施同類，有由然矣。」其理頗爲牽強。孫次舟鄧析子僞書考（收入古史辨第六册，頁二〇七——二一九）乃以「鄧析與孔子同時，設其實爲名家之祖，而隋書經籍志又稱其爲鄭大夫，則孔子對鄭之大夫，若裨諶、世叔、子羽、子產、子西之流，並有褒貶（論語憲問篇），何於鄧析而無一語及之乎？即孟子闢楊、墨、子莫、許行，亦不及鄧析。而莊子天下篇歷論當時辯者，若惠施、桓團、公孫龍之徒，並見稱述，而獨不及鄧析，惡得數典而忘祖？」以爲「鄧析之見稱諸子，而以名家目之者，始於荀子」，「案自荀子以還，忽以鄧析與惠施、公孫龍並論，爲可疑焉。荀子以前，無以鄧析爲名家者，何至荀子，乃以與惠施之流並論邪。觀左傳、呂覽所記鄧析事，則鄧析不過一名訟師耳，與惠施、公孫龍之行事，大相逕庭，何至荀子以還，乃列諸名家，以與惠施、公孫龍並論邪？此實使人大惑不解也」。按此說或發自馮友蘭，馮氏中國哲學史曰：「荀子以惠施、鄧析並舉，然據呂氏春秋所說，鄧析只以教人訟爲事，蓋古代一有名之訟師也。大約其人以詭辯而得名，故後來言及辯者多及之。其實辯者雖尙辯而不必即尙詭也。」（頁二四三）譚氏戒甫思未能及此，而强爲之釋，云：「按山淵平，天地比，正與莊子天下篇天與地卑，山與澤平同義。而天與地卑，山與澤平，既屬惠施厤物之意，則山淵平，天地比，當即惠施之語。其他齊秦襲，入乎耳，出乎口，鉤有須，卵有毛，不屬惠施，必屬鄧析。而卵有毛見於天下篇；其齊秦襲，入乎耳，出乎口，鉤有須，又與天下篇郢有天下，山出口，丁子有尾各辭立意差近。今考卵有毛，郢有天下，山出口，丁子有尾，原爲桓團、公孫龍辯者之徒以之與惠施相應之物。則團龍所持之卵有毛，當即遠承鄧析；而郢有天下，山出口，丁子有尾各辭，亦必由齊秦襲，入乎耳，出乎口，鉤有須各辭胎息而來。若是，則龍之學出於鄧析可無疑矣。」（公孫龍子形名發微頁七五）其非是，固不待言也。

（註六二）參閱錢師鄧析考，先秦諸子繫年考辨卷一，上册頁一八——二〇。

（註六三）按胡適中國哲學史大綱曰：「古代本沒有什麼『名家』，無論那一家的哲學，都有一種爲學的方法。這個方法，便是這一家的名學（邏輯）。所以老子要無名，孔子要正名，墨子說『言有三表』，楊子說『實無名，名無實』，公孫龍有名實論，荀子有正名實，莊子有齊物論，尹文子有刑名之論：這都是各家的名學。因爲家家都有『名學』，所以沒有什麼『名家』。……不料到了漢代，學者如司馬談、劉向、劉歆、班固之流，只曉得周秦諸子的一點皮毛糟粕，却不明諸子的哲學方法。於是凡有他們不能懂的學說，都稱爲『名家』。」（頁一八七——八）又於淮南王書手稿影印本未定稿頁一九、二八，中國哲學史臺北版自記中發揮「名家」一名非先秦所有之說。梁任公老孔墨以後學派概觀，羅根澤尹文子探源（原刊文哲月刊第八期，收入古史辨第六册，頁二四四——二五七）亦相與和之。惟孫次舟鄧析子僞書考獨主「名家之興，始於戰國」，以胡氏之說，「恐非其實」（見古史辨第六册，頁二一二）。譚戒甫公孫龍子形名發微，更有主其當作「形名家」者，見譚書頁六四。可參考前篇第三節有關公孫龍學說思想淵源之爭論。

（註六四）唐鉞尹文和尹文子云：「先秦書中沒有說過尹文和名家、法家和道家有任何關係。漢志以『尹文子一篇』列入名家。但這並不能證明尹文和惠施、公孫龍是一家。漢志分家，不是根據那個人的根本學說，乃是根據當時所傳著作的內容的要點。本志以『宋子十八篇』歸小說家，原註云：『孫卿道宋子，其言黃老意。』荀子所稱宋子，止有一個宋鈃；『其言黃老意』，乃指『情欲寡淺』之說彷彿近似『使民無知無欲』之言。是宋子十八篇，漢志定爲宋鈃的作品。然而還把它列入小說家的緣故，並非認宋鈃是小說家，乃認他的書是小說家言罷了。設使當時韓非子止剩解老、喻老兩篇，那末，它一定要被列入道家；假如止有說林上下兩篇，一定被列入小說家。這樣看來，尹文子所以歸入名家，也不過當時所傳一篇，大部是說名理的。設使當時荀子止剩解蔽，正名兩篇，它也必定歸入名家。所以漢志的分類並不含有尹文是名家的意義。」說極新奇可喜，可資參考。原刊中國史的新頁，收入古史辨第六册，頁二三〇——二三一。

（註六五）世之宗名家之說者多從漢志此說，譚戒甫公孫龍子形名發微其一例也，見流別第七。

（註六六）見古史辨第六册，頁二一二——二一四。

（註六七）見先秦諸子繫年考辨卷一，上册，頁一九——二〇。

（註六八）錢師鄧析考語，見先秦諸子繫年考辨卷一，上册，頁二〇。

（註六九）見劉氏周秦諸子考下册，頁四一二——四二五。

（註七〇）見劉氏周秦諸子考下册，頁三〇九。

（註七一）見胡氏中國哲學史大綱二三六——二三七。

（註七二）此如胡適中國哲學史大綱，以「公孫龍最出名的學說是『白馬非馬』『臧三耳』兩條。如今這兩條都不在這二十一事（莊子天下篇辯者所倡）之中，可見與惠施相應的『辯者』，不是公孫龍自己，是他的前輩」（頁二三六），可代表一般究龍學者之觀點。

（註七三）按齊物論爲莊子內篇之一，舊注諸家均未嘗致疑。傅斯年於誰是齊物論之作者一文中，提出一新假說，即齊物論之作者，不爲莊周，而爲愼到，說見史語所集刊第六本第四分。至附記所稱王先進雖早于民二十二年（傅文發表于民二十五年）十二月，於山東大學勵學發表之齊物論之作者問題，亦持相同之說法，據傅氏言，實亦原本于傅氏。

（註七四）鍾泰中國哲學史第一編上古哲學史第十章惠施公孫龍，及所附名家不出於別墨論，並謂莊子齊物論云：「以指喻指之非指，不若以非指喻指之非指也。以馬喻馬之非馬，不若以非馬喻馬之非馬也。」即對公孫「白馬非馬」與「物莫非指而指非指」而發。實係不明時間，又復不了思想發展之線索而致然也。

（註七五）見章著齊物論釋定本。

（註七六）見成玄英莊子齊物論疏。按成疏所指之「馬」，「碼」也，即如今之所謂「籌碼」，而非所謂「白馬」之「馬」。

（註七七）見聞一多全集古典新義莊子內篇校釋。

（註七八）反之，亦可言「牛爲馬」，名實位置雖異，意自可通。

（註七九）見劉武莊子集解內篇補正。

（註八〇）「矢」，原作「夫」，張惠言疑爲「人」，非是。王引之校爲「矢」，云：「鄉射禮記曰：『射自楹間。』故以矢過楹爲喻。」是也，今从之。

（註八一）見墨子閒詁卷十經說上。

（註八二）見墨經校釋上之下，經說上之下。

（註八三）如李笠墨辨止義辨所論，見東方雜誌二十一卷五號。

（註八四）見墨子閒詁卷十經說上引。

（註八五）見章行嚴名墨訾應考，東方雜誌二十一卷二號。

（註八六）見楊寬墨經哲學頁一一一。

（註八七）見吳毓江墨子校注卷十。

（註八八）見高亨墨經校詮卷二。

（註八九）見鄧高鏡墨經新釋頁三五。

（註九〇）見墨經注。

（註九一）見于省吾雙劍誃墨子新證。

（註九二）見譚戒甫墨辯發微頁八二。

（註九三）孫詒讓札迻卷六則曰：「『非而謁楹，有牛馬非馬也。』注云：『非有謁楹有牛，未詳所出；馬非馬，是公孫龍白馬之說也。』按此當以『有牛馬非馬也』為句，謂兼舉牛馬，與單舉馬異也。注讀大誤。墨子經說下篇云：『或不非牛，而非牛也，未可。牛馬，牛也，未可。則或可或不可，而曰：牛馬，牛也，未可，亦不可。且牛不二，馬不二，而牛馬二，則牛不非牛，馬不非馬，而牛馬非牛非馬，無難。』即此，有『牛馬非馬』之義。」

（註九四）見墨辨止義辨，東方雜誌二十一卷五號。

（註九五）見楊寬墨經哲學頁一一一引。又見於梁叔任荀子約注。

（註九六）見馮氏中國哲學史頁三八一。

（註九七）據胡適中國哲學史大綱頁一五一考證。

（註九八）荀子一書，雖極駁雜，然正名一篇，胡適之中國哲學史大綱、梁啓超漢書藝文志諸子略考釋、楊筠如荀子研究、張西堂荀子勸學篇寃詞（原刊北平晨報思辨第四十、四十一期。收入古史辨第六冊，頁一四七——一六二）均未嘗致疑，可視為眞之成份較多者。

（註九九）按韓非子外儲說分經、說兩部，說用以釋經，如墨子之經與經說也。

（註一〇〇）戰國策一書，隋志引作「劉向錄」；兩唐志則曰「劉向撰」；四庫提要則以其「編自劉向」；近人亦有疑其出自蒯通。無論如何，戰國策要爲漢時人所編撰。雖編撰與著述不同，編撰在後，著作仍可在前，然內容不盡原來，而雜入晚近之說者必矣。

（註一〇一）見胡氏公孫龍子考卷一，事迹考，頁一七。

（註一〇二）見劉氏周秦諸子考，下册，頁四二五——六。

（註一〇三）魏晉六朝之「論」，多用爲談論之資，自立城國，以待人之來攻。文心雕龍論說篇云：「論也者，彌綸羣言，而研精一理者也。原夫論之爲體……義貴圓通……辭共心密，敵人不知所乘，斯其要也。」可爲說明。參閱拙著魏晉思想與談風頁三——四。

（註一〇四）按「談端」一辭，爲魏晉六朝談論之術語，所以表一課題，而爲攻難之端。參閱拙著魏晉思想與談風頁五——六。

（註一〇五）嚴可均校道藏本公孫龍子跋曰：「龍爲堅白之辨，頗惑當時之聽。故孟子書中，亦有白雪、白玉、白馬、白人時說。」錢師賓四亦以此「白馬」，即當時「白馬非馬」說之敵對論調也。而證時之所謂「馬非馬」者，即所以言「白馬非馬」也。

（註一〇六）見莊子天道篇所引「故書」中語。

（註一〇七）墨子閒詁校改「文多」爲「之名」，義較勝。

（註一〇八）韋政通荀子與古代哲學，引日人中村元中國人之思惟方法（徐復觀譯，中華文化出版事業委員會出版）云：「該書第二章『中國詭辯之特性』一節中，提到公孫龍的堅白論的詭辯，主要是因公孫龍以爲『堅乃由觸覺所知覺，白則由視覺所知覺。知堅石時不知白石，知白石時不知堅石，所以堅白石不是一個，是兩個。』接着中村元下評語：『這種辯說好像是有理由底流行着，正由於中國人未能充分自覺到實體與屬性之區別，及此種區別的意義。』這個論點，中村元覺得也可以同樣應用到荀子。他說：『這種思想傾向，在論難惠施一派的詭辯的荀子，也是相同的。荀子之說如次——名有單名，有兼名。表示一個概念時用單名。兩個概念同時在同處可以徵知時，用兼名。單名例如馬，兼名例如白馬。此時把握兼名的方法，沒有意識到實體與屬性的區別，不過將白與馬作爲同一資格之名而把握之。』中村元之批評，無論是對公孫龍或荀子，都是極中肯的。這在我們檢討荀子知識論的缺點時，是很重要又是很有意義的一點。因『實體與屬性』的意識，在知識論中，佔有極重要的地位。這實體與屬性的意識，是我們的理解通過感性材料作一綜合判斷時，必須依據的一個基本形式。譬如『馬』是一概念，當我們的理解通過直覺，而說『這馬是白的』時，就成立一判斷，這一判斷的成立，同時卽給『馬』一概念加進了新的成分。現在要問，我們何以會將表象顏色的『白』一性質，與此『馬』一概念聯綴起來，而有如此的綜合判斷的活動？無他，此卽由於我們有一『實體與屬性』的意識，卽此一判斷所依據的基本形式。假如沒有這一個意識的自覺，那末我們就不會將『白』視爲『馬』之屬性，而逕將『馬』與『白』視作兩並列的名把握之，如中村元之所評。上言白的性質加到馬一概念中，就對馬增加了新的成分，這是表示知識內容之擴張；因人的知識，絕不能單停在單一的概念上，必然要求更豐富的內容，馬不僅可以加入一白的性質，諸如這白馬『一食三斗，日行千里』等內容，均可一一與馬一概念聯起來爲其屬性，這種知識內容的擴張，可以成一長串。這一串新經驗成素加入原有概念的一串綜合判斷活動，還是依於實體與屬性的形式。」（韋著荀子與古代哲學頁一六七——八）韋氏所說雖爲一正面的說法，然其心理過程之轉變之剖析，仍與此節所討論者有相通處，可資發明參考。

（註一〇九）王師叔岷莊子校釋自序，謂莊子內外雜篇，爲郭象所編次，據此「堅白」，則似亦有所根據，非貿然而從事者也。

（註一一〇）梁啓超墨經校釋，讀墨經餘記云：「經上篇並無『與白與同』『牛馬非馬』等論。」自注曰：「第六十六條『堅白不相外也』，『白不』二字全屬後人妄加。據經說文無『白』字，且專釋『堅之相外』可證。」

（註一一一）可參閱胡適中國哲學史大綱、梁啓超墨經校釋、譚戒甫墨辯發微諸書。

（註一一二）晏子春秋一書，梁啓超漢志諸子略各書存佚眞僞表，以其爲「戰國末或漢初依託」。

（註一一三）參見本書馬非馬與白馬非馬章考證。

（註一一四）譚戒甫引許注，謂此「以白馬不得合爲一物」中「白馬」一詞，「應作堅白」，實未了然「堅白」一詞含義之歷史變化也。見譚氏公孫龍子形名發微頁九五。

（註一一五）見後漢書卷一百九下儒林許愼傳。

（註一一六）見漢書藝文志敍。

（註一一七）見胡適中國哲學史大綱頁二三六——七。

（註一一八）雖吾人於篇章中亦可覓得一二反例證，如文選卷五十五劉峻演連珠，李善注曰：「倪惠以堅白爲辭，故其辯難譏。」又史記卷八十三魯仲連鄒陽列傳，正義引魯連子曰：「齊辯士田巴，服狙邱，議稷下，毀五帝，罪三王，服五伯，離堅白，合同異，一日服千人。」然此一二反例證，固無妨於吾人所得之結論也。

下　今本公孫龍子及其他有關論著

前所研討，似但就公孫龍之見於載籍諸條，予以析解，然後知乎世人之於公孫龍，其認識固因時有所不同，變迹顯然。而獨不及於公孫龍子其書。蓋漢志雖著錄公孫龍子十四篇，未見流傳於中世。以迄於唐初，乃復再現。竊疑其已非漢志之舊矣。即漢志所有者，亦不必爲先秦之書。

茲篇所論，除於今本公孫龍子成書年時有所發明外，並著錄所見所聞公孫龍子之板本，以及古今諸家之有關公孫龍及今本公孫龍子之論著，雖非完貌，要可考見究此學者之所趨向焉。而今本公孫龍子譌誤脫衍殊甚，難以卒讀，世人闡釋是書者，輒繫於文字之考訂，仁智互見，各有所得，孰是孰非，難爲確切之定論。集校所作，但存衆賢之舊，以備讀者之探討，各尋所安；非敢謂能發乎幽明，而獨創異說也。

一　今本公孫龍子成書年時考

漢志著錄公孫龍子十四篇，其書未見流傳，或早亡佚，由以下諸事可得一明證：

（一）梁庾仲容有子鈔三十卷，今不存。其目載高似孫子略中，所收凡百有五家，而未有此書。

（二）唐魏徵之羣書治要成於貞觀五年，原序云：「爰自六經，訖乎諸子，上始五帝，下訖晉年，凡爲五袠，合五十卷。」其中無此書。

（三）唐太宗貞觀三年，詔秘書監魏徵脩隋史，十年正月書成，上之。而經籍志爲徵所撰，此見舊唐志所引毋煚等四部都錄序，及清四庫總目序四十五，亦未收此書。

（四）李善文選注成於唐高宗顯慶三年，其中徵引諸子凡八十五種，目載汪師韓文選理學權輿卷二，亦未收此書。

（五）唐馬總有意林六卷，今本五卷。高似孫子略，謂其「一遵庾目」，就其原目考察之，亦無是書。

前所引證，皆梁唐間採蒐子書篇章最富之書，考其原目，則皆不見有「公孫龍子十四篇」。（註一）

又：

（六）桓君山新書、王仲任論衡並謂「公孫龍著堅白之論」，葛稚川抱朴子亦稱「堅白厲修（註二）之書」，公孫刑名之論」，而未見有舉「公孫龍子」其名者。

（七）東晉魯勝墨辯注序曰：「自鄧析至秦時，名家者世有篇籍，率頗難知，後學莫復傳習，於今五百餘歲，遂亡絕。」證東晉之時，龍書未見流傳，蓋已「亡絕」。

（八）莊子齊物論「故以堅白之昧終」釋文：「堅白，司馬云：『謂堅石、白馬之辨也。』又云：『公孫龍有淬劍之法，謂之堅白。』崔同。又云：『或曰：設矛伐之說爲堅，辯白馬之名爲白。』」是司馬彪、崔譔之釋「堅白」，雖有確切之定義。設有公孫龍子其書，而堅白又爲其書中之一章，當不至如此也。

公孫龍子十四篇既見於漢志，而所以不見於他書者，探其因，可得以下兩點：

（一）揚雄法言有「公孫龍詭辭數萬」之說，或劉向歆父子因以刪裁以成書(註三)，卽漢志「公孫龍子十四篇」也。見藏於中秘，未有流傳於外，歷經年所，因以散佚耳。

（二）劉氏父子七略既載錄公孫龍子十四篇，桓譚新論、王充論衡亦引「堅白之論」，或可證其書爲實有，故桓君山、王仲任並得以見之，而著錄於所撰之書，然早經散佚，未見流傳。

如前者之說爲眞，則今本公孫龍子六篇又何從出乎？兩唐志固皆著錄有「公孫龍子三卷」，又賈大隱、陳嗣古注各一卷。賈大隱者，公彥之子，歷事高、中、睿三宗，及武后共四朝。陳嗣古，唐書無傳，其與大隱排列之先後，兩唐志亦復互異，殊難確考其年時之先後。然二注之出於初唐，當無疑問。今本公孫龍子跡府篇後段，凡「治」、「民」二字，皆作「理」、「人」，是亦所以避唐太宗、高宗之諱而改之也，或可為考證今本公孫龍子成書時日之一助與！文苑英華卷七五八有無名氏擬公孫龍子論序(註四)，云：

公孫龍者，古人之辯士也。嘗聞其論，願觀其書。咸亨二十年，歲次辛未，十二月庚寅，僕自嵩山，游於汝陽。有宗人王先生，名師政，字元直，春秋將七十，博聞多藝，安時樂道，恬澹浮沈，罕有知者。僕過甜焉，縱言及於指馬，因出其書以示僕，凡六篇，勒成一卷。其夜，僕宿洞玄觀韓先生之房。先生名玄最，字通元，從容人間，虛談自保。與僕觀其書，且謂僕曰：「足下，後生之明達者，公孫之辨何如？」僕曰：「小子何足以知之。然伏周孔之門久，尋聖賢之論多矣。六合之內，聖人論而不辨；六合之外，聖人存之不論。簡而易之，欲其可行也；神而明之，存乎其人也。陳詩書，定禮樂。身心之道達而已，家國之用足而已。變而通之，未嘗滯之；引而伸之，未嘗蕩也。令天下思之而後及也，令天下得之而不過也。若此，則六經之義具矣，五常之教足矣，安取辭堅別白之辨乎？故曰：若公孫之論，非不中也，非不妙也。其辭逸，其理恢、其術空、其義悖，令人煩。非高賢不能知也，非明達不能究也。抑可以爲聖人之理，不足以爲聖人之敎。若隨方而言，觸類而長，何必白馬堅白猶存其理乎？故曰：因是論之也，卽直之論也。惑其文則不可以爲易矣，達其意則不足以爲難矣。可存而不可守也，可辨而不可行也。知者不必言，言者不必用也。然天下之理不可廢也，天下之言不可沮也。故理可貫也，言可類也。若使僕借公孫之理，乘公孫之意，排合衆義，掊勞羣言，則雖天下之異可同也，天下之同可異也，天下之動可靜也，天下之靜可動也。堅不堅，白不白，石非石，馬非馬，何必聚散形色，離合一二者乎？」先生曰：「天下有易，迷之者難，則天下無易矣。天下有難，能之者易，則天下無難矣。足下當有易之地，用無難之辨，能爲龍之所爲乎？」僕笑而答曰：「使虎豹之力移於麋鹿，固爲虎豹矣。使鴈鶩之口移於鷹隼，固爲鷹隼矣。故以仲尼之道託於盜跖之性，則盜跖固爲仲尼矣。今公孫龍之理處於弟子之心矣，弟子且非公孫龍乎？」遂和墨櫽紙，援翰寫心。篇卷字數，皆不踰公孫之作；人物義理，皆反取公孫之意。觸類而長，隨方而說。質明而作，日中而就。以事源代迹府，因意而存義也；以幸食代白馬，尋色而推味也；以慮心代指物，自外而明內也；以達化代通變，緣文而轉稱也；以香辛代堅白，憑遠而取近也；以稱足代名實，居中而擬正也。或因數陳色；或反色在數；或棄色取味；或以氣轉形；明天下之言，無所不及也。發沈源而迴鶩，闢榛路以先驅，庶將來君子有以知其用心也。

咸亨，高宗之年號，二十年爲二年之誤，衍十字。如是，與前說正相符契。首迹府，次白馬，次指物，次通變，次堅白，次名實，其篇目次第亦正同今本，是豈今本公孫龍子之母本邪？作者固「嘗聞其論」也，而書却待是而始見。然則流行之「論」爲何？豈與此書同然不異？漢志但曰「十四篇」而已，不詳其目，而中世載籍中引述公孫龍之「論」，則有如下三種：

一、白馬論

張湛注列子仲尼篇「白馬非馬，形名離也」曰：「離，猶分也。白馬論曰：『馬者，所以命形也；白者，所以命色也。命色者非命形也。』導此等語，如何可解？而猶不歷然。」又注公孫龍誑魏王以「白馬非馬」云：「此論見存，多有辨之者，辨之者皆不弘通，故闕而不論也。」是東晉時，已有「白馬論」之出現。世人雖多辨之，然皆不弘通，亦以其理之難以喻解，故處度不復引之耳。而此「白馬論」當指世說文學篇所云：「謝安年少時，請阮光祿道白馬論。爲論以示謝，于時，謝不卽解阮語，重相咨盡。阮乃歎曰：『非但能言人不可得，正索解人亦不可得！』」注引孔叢子曰：「趙人公孫龍云：

白馬非馬。馬者，所以命形；白者，所以命色。夫命色者非命形，故曰白馬非馬也。」孝標之注，至堪注意。以其所引，與列注不少異，然不曰「白馬論」，而轉引諸孔叢子，其可怪者一也。卽就今本孔叢子覓之，亦無其文，其可怪者二也。抑其爲孔叢子之佚文，而列子注、世說文學篇、及當時所用爲論端之「白馬論」，莫非取諸此孔叢之佚文，然又何不卽引桓譚之說邪？此可怪者三也。雖然如是，自魏迄梁，固有「白馬論」存世，而爲談論之一大課題也。

二、守白論

成玄英疏莊子齊物論曰：「白馬，卽公孫龍守白論也。公孫當六國之時，弟子孔穿之徒，堅持此論，橫行天下，服衆人之口，不服衆人之心。……眩惑世間，雖宏辯如流，終有言而無理者也。」復疏秋水篇曰：「孫龍秉性聰明，率才宏辯，著守白之論，以博辯知名。」又疏天下篇曰：「公孫龍著守白論，見行於世。」是成疏以「守白論」爲公孫龍所著，所以論「白馬非馬」也。成玄英事蹟見舊唐書藝文志本注，爲貞觀、永徽間人。設今本公孫龍子早已行世，成疏當不至於數數言「守白」；更由御覽引桓譚新論，反證今本公孫龍子跡府易「堅白」爲「守白」，實受成疏先進之影響。至隋志道家類有

「守白論一卷」，是否卽成疏所說之公孫龍守白論，已不復可考矣。

三、堅白論

堅白一辭，早著於先秦載籍，若莊子內外篇、墨經、荀子，莫不有之。韓非、呂覽，亦見稱說。及乎史記卷七十四荀卿傳，乃曰：「趙有公孫龍，爲堅白同異之辯。」始以之歸公孫龍。劉向校上荀子，亦稱「趙亦有公孫龍，爲堅白同異之辭」。雖說者多家，難究其旨歸。太平御覽四百六十四人事部，引桓譚新論曰：「公孫龍，六國時辯士也。爲堅白之論，假物取譬，謂白馬爲非馬。非馬者，言白所以名色，馬所以名形也。色非形，形非色。」以此觀之，則所謂「堅白論」者，卽「白馬論」之異名，而出現於言公孫龍倡「白馬非馬」說之初。時當漢志成書之際，抑桓君山所言，正漢志公孫龍子十四篇之一邪？王充論衡案書篇云：「公孫龍著堅白之論，析言剖辭，務曲折之言，無道理之較，無益於治。」當卽指此(註五)。然後人於「堅白」之義特多分歧，莊子齊物論釋文：「司馬云：『謂堅石白馬之辯也。』又云：『公孫龍有淬劍之法，謂之堅白。』崔同。」又云：『或曰：矛伐之說爲堅，辯白馬之名爲白。』」司馬彪、崔譔，皆晉人，所言亦皆古義。如淬劍爲堅白，史記卷七十四荀卿傳，劉宋裴駰集解引晉太康地記云：「汝南平西縣有龍淵水，可用淬刀劍，特堅利，故有堅白之論，云：『黃所以爲堅也，白所以爲利也。』或辯之曰：『白所以爲不堅，黃所以爲不利。』」此說自有其所本，呂覽別類篇固曰：「相劍者曰：『白所以爲堅也，黃所以爲牣也，黃白雜，則堅且牣，良劍也。』難者曰：『白所以爲不牣也，黃所以爲不堅也，黃白雜，則不堅且不牣也。』」雖有所本，意非漢志公孫龍子所云堅白之理。至他一說，謂堅白所以爲「堅石白馬之辯」，楊倞注荀子脩身篇，引司馬彪之說云：「堅白，謂堅石非石，白馬非馬也。」此所以爲近古而雜今義也。成玄英疏莊子齊物論云：「白，卽公孫龍守白馬論也。……堅執守白之論，眩惑世間，雖宏辯如流，終有言而無理也。」又疏天地篇曰：「堅白，公孫龍守白論也。」是成疏已去「堅石非石」之說，而獨標「白馬非馬」，最得君山之意者也。此不同於今本公孫龍子堅白論，亦可證本公孫龍子不必爲漢志之原書。至資治通鑑周紀三，胡三省注謂「堅白卽守白也，言堅執其說，如墨子墨守之義」，猶得成疏之意，勝諸楊倞注多多矣。

以此觀之，今本公孫龍子實非漢志所見之原書，篇目不盡相同，內容亦然。益之以荀子楊倞注所引白馬論、堅白論之已同乎今本，可證前所考今本公孫龍子出於李唐高宗時，卽西元七世紀中葉之際說爲眞(註六)。同然亦所以證今本公孫龍子白馬論之成書年時，與乎得名之初，蓋諸多異名也。

二　雜論今本公孫龍子跡府前段與白馬論

由前所述，知今本公孫龍子行世以前，世所流傳而歸名公孫龍之「論」凡三：曰白馬論，曰守白論，曰堅白論。白馬論者，卽所以究「白馬非馬」之說者也；守白論，爲白馬論之異名；至堅白論，雖說者不一，桓君山既以稱其所以論「白馬非馬」者，是其名也，實先白馬論而有，或爲漢志公孫龍子原本十四篇之一。然則漢志公孫龍子十四篇既以亡佚，所可考見，亦中世所流傳有關公孫龍之學說而得以明其始末者，但唯有論「白馬非馬」而已。

今本公孫龍子白馬論雖出于初唐，而「白馬非馬」說實早肇於戰國策趙策（此說雖不必卽如後世所傳爲公孫龍所倡者），迄乎桓君山以後，始有較詳明離形名之說，此固白馬論之根本理據所在也。

而今本公孫龍子跡府首段，與桓譚新論說同而較詳。新論所說既疑出諸漢志公孫龍子十四篇，跡府自當同然，試對比其文以觀之：

桓譚新論（見御覽四六四引）	公孫龍子跡府
公孫龍，六國時辯士也。爲堅白之論，假物取譬，謂白馬爲非馬。非馬者：言白所以名色，馬所以名形也。色非形，形非色。	公孫龍，六國時辯士也。疾名實之散亂，因資材之所長，爲守白之論。假物取譬，以守白辯，謂白馬爲非馬也。白馬爲非馬者：言白所以名色，言馬所以名形也。色非形，形非色也。夫言色，則形不當與；言形，則色不宜從，今合以爲物，非也。如求白馬於廐中無有，而有驪色之馬，然不可以應有白馬也；不可以應有白馬，則所求之馬亡矣；亡則白馬竟非馬。欲推是辯，以正名實而化天下焉。

「名」，他書皆作「命」。按：廣雅釋詁：「命，名也。」是「名」「命」義同。然所以以「名」作「命」者，則不可考矣。又跡府以「守白」，易新論之「堅白」，據前所考，所指不異。而所以如此者，疑後人多未能了然漢時之堅白卽所以論白馬非馬也，故晉人司馬彪、崔譔之釋堅白，已未能確切之指謂其爲論白馬非馬，而多摻雜他義。由此，吾人亦可據以考見「堅白」一義之變遷。至唐初，堅白與白馬非馬遂形分途，而新論之堅白，遂亦易而爲守白矣。

今本公孫龍子白馬論云：「馬者，所以命形也；白者，所以命色也。命色者非命形也，故曰：白馬非馬。」諸家並以此爲論旨所在。其于命色，命形下，標「命色非命形」，遂得「白馬非馬」之結論，與跡府所以推論此理者，「色非形，形非色也。夫言色，則形不當與；言形，則色不宜從，今合以爲物，非也。」非徒說理有粗精之分，其層次之淺深亦顯然可見，吾人可作如左之比較：

白馬論	跡府
馬所以命形，白所以命色。 命色者非命形。 故曰：白馬非馬。	白所以名色，馬所以名形。 言色，形不當與；言形，色不宜從——色非形，形非色—— 今合以爲物，故非。 故曰：白馬非馬。

雖如是，終不必有優劣之分。以白馬論此節，但表一理，而所以組織此理者，出之於論難之形式。舊注云(註七)：「夫闡微言，明王道，莫不立賓主，致往復，假一物以爲萬化之宗，寄言論以齊彼我之謬。」此猶承前代名理論難之風，觀之北齊杜弼邢邵之共論名理(註八)可知矣。

三　見於諸家著錄之今本公孫龍子板本

明晁瑮寶文堂書目傳抄本子卷上

公孫龍子天泉刻

明刻正統道藏（明刻梵夾裝本）太清部顛字號

公孫龍子（上中下同卷）

淸四庫全書總目（藝文印書館影原刻本）子部雜家類（卷一百十七）

公孫龍子三卷（兩江總督採進本）

季滄葦藏書目（士禮居叢書本）宋元雜板書子書

二十家子十六本（公孫子）

孫星衍孫氏祠堂書目（十厓軒叢書本）諸子第三名家（內篇卷二）

公孫龍子一卷（一明緜眇閣刊本、一明十二子刊本、一明刻子彙中本）

孫詒讓札迻（世界書局影印本）○（卷六）

公孫龍子謝希深注（明梁杰刊本、錢熙祚刊本、俞樾讀公孫龍子校）

陸心源皕宋樓藏書志（十萬卷樓刊本）子部雜家類（卷五十五）

公孫龍子一卷（明嘉靖刊本）　周齊人公孫龍撰

公孫龍子一卷（明崇德書院刊本）　周公孫龍撰

楊守敬李之鼎叢書舉要（宜秋館刊本）子部（卷九）

先秦諸子合編明萬曆間棉李馮夢禎校刻名家，公孫龍子一卷

五子全書明嘉靖五年刻大字本，公孫龍子一卷

子彙明萬曆五年刋，名家，公孫龍子一卷

吉府刻二十家子書明萬曆六年謝其盛輯，公孫龍子一卷

二十二子全書道光癸巳王續堂刻，公孫龍子

崇文書局彙刻百子湖北書局光緒元年刋，雜家類，公孫龍子一卷

公孫龍子三卷周公孫龍撰，宋謝希深注。子彙本、諸子彙函無注本、守山閣一卷本、子書百種一卷本、崇德書院本

近人丁仁八千卷樓書目錢塘丁氏刋本子部雜家類卷十二

羅振玉續彙刻書目雙魚堂刋本丙

百家類纂明慈谿沈津纂輯，名家類，公孫龍子

楊立誠四庫目略刋本子部雜家類

（書名）公孫龍子，周公孫龍撰，三卷。

（板本）嘉靖五子本、十二子本、子彙本、緜眇閣本、道藏本、近人刋二十二子本、墨海金壺本、守山閣本、弘治丙辰楊一清校五子本、嘉靖甲辰刋五子本、刋六子全書本、

明十願齋刻楊愼評本、諸子彙函本、子書百種本、崇德書院本。

楊家駱四庫大辭典公孫龍子條

嘉靖五子本、十二子本、子彙本、緜眇閣本、道藏本、近人刋二十二子本、墨海金壺本、守山閣本、弘治丙辰楊一淸校五子本、嘉靖甲辰刋五子本、刋六子全書本、明十願齋刻楊愼評本、諸子彙函本、子書百種本、崇德書院本。

胡道靜公孫龍子考商務印書館萬有文庫薈要本敍錄卷六

公孫龍箸書數萬言，爲十四篇，見法言及漢志。先唐之世，其書散亡，亡而復出，失其八篇，所存者六。傳本有二：一、三卷卷二篇本。新舊唐志、趙希弁郡齋讀書附志、陳振孫書錄解題、文獻通考、道藏目錄、四庫總目所著錄者、南北道藏、四庫七閣所槧板傳寫者，均屬此系。一、一卷卷六篇本。公孫龍子論、崇文總目、通志略、王應麟漢志考證、宋志、說郛、焦竑國史經籍志所著錄者、緜眇閣、十二子、子彙、墨海金壺、守山閣、崇文百子所刋板者、及兩唐志、通志略、玉海、焦志所載賈大隱、陳嗣古二家注本，均屬此系。蓋兩本皆有遠源，並行至今，固非後人所妄析者也。獨開元四庫書目著錄者爲二卷本，別無所聞，亦不知何故。年遠代久，今亦莫從質證矣。

王琯公孫龍子懸解（中華書局仿聚珍本）敍錄上册

賈大隱、陳嗣古注亦見鄭樵通志，今俱不存。明鍾伯敬重刋此書，改名辯言，不經已極。計明淸兩代，校印本書者，有道藏本、梁杰本、馮夢禎本、楊一淸本、明嘉靖刻五子全書本、明子彙本、明吉藩刻二十家子書本、緜眇閣本、墨海金壺本、守山閣本（即金壺舊板）、崇文書局百子全書本（掃葉山房有覆印本），現通行本爲謝希深注。

汪兆鏞跋陳澧公孫龍子注（汪兆鏞刋本）曰

右公孫龍子注一卷，陳東塾先生撰。唐陳嗣古、賈大隱二注久佚，今惟存謝希深注。先生引舊注，卽謝說也。龍書，漢志著錄十四篇，宋亡八篇，僅存六篇。而各家書目多沿唐志，稱三卷，四庫，道藏本皆然。通行之守山閣本、墨海金壺本、湖北崇文書局本、三槐堂本，皆一卷，與宋志及王伯厚說合，今從之。

嚴可均校道藏本公孫龍子跋：

右公孫龍子三卷，凡六篇，從道藏顚字三號錄出。世所通行，有前明緜眇閣本、十二子本、諸子彙函本，唯道藏本爲差善。

按：日本京都大學文學部支那哲學史、中國語學、中國文學研究室藏書目錄（昭和二十七年九月稿本）中著錄「公孫龍子三卷　□闕名注　民國□年中國書店據嚴可均校道藏本排印」，因附此以見。

錢基博公孫龍子校讀後序（無錫國學專修學校叢書名家五種校讀記之一）

余觀公孫龍書三本：一涵芬樓影印正統道藏本、一烏程嚴可均校道藏本、一湖北崇文官書局刻百子全書本。金山錢熙祚守山閣校本，稱爲敍而未見。百子全書本疑亦出道藏，而依嚴校改正者。惟嚴校殊未爲審，有正文注文互勘而譌敓可見者，嚴氏亦仍其舊。羣書治要，意林及太平御覽，皆無公孫龍子。而馬驌繹史所引不知出何本，以視道藏本，字句有劇勝處。其篇次亦與藏本不同。惟有正文，無注文，注文出宋謝希深，原有序，而道藏本有注無序。今以道藏本爲主，讎記異同，未曉於吾宗何如，要視嚴校爲勝爾。

清張之洞撰（註九），近人范希曾補正，書目答問補正（新興書局影潘氏家藏本）子部三卷

公孫龍子三卷（守山閣本、金壺本、明梁杰訂本，名　補宋謝希深注。雙鑑樓影印道藏本、涵芬樓道藏舉要影印道藏本。俞樾孫詒讓洪頤煊各校公孫龍子數則在諸子平議札迻讀書叢錄內，番禺陳澧萬載辛從益皆撰公孫龍子注有刻本未見，近人日照王琯公孫龍子懸解不分卷二冊中華書局聚珍本）

清邵懿辰撰，孫詒讓等參校，邵章續錄，邵友誠重編，增訂四庫簡明目錄標注（世界書局排印本）雜家

公孫龍子三卷　周公孫龍撰，其注爲宋謝希深作。

別六子全書本、十二子本、子彙本、緜眇閣本、墨海金壺本、守山閣刋本、近人刋二十二子本、明嘉靖甲辰刋五子本、道藏本、明十願齋刻楊慎評本。

（附錄）張孝達師云：有明梁杰訂本。余近亦收得與尹文合刋一冊。（詒讓）

（續錄）明弘治丙辰楊一清本、崇德書院本、諸子彙函本、子書百種本、佞漢齋叢書本。

淸陳澧撰注一卷，校勘記、篇目考、附錄各一卷，同治四年刋本。（註一〇）

四部備要 中華書局排印本 子部

公孫龍子 據守山閣本校刋

附：外文譯本

國譯漢文大成 國民文庫刋行會 經子史部第十八卷

國譯公孫龍子 文學博士小柳司氣太譯並註

公孫龍子解題：「本書の底本は、道藏本影本〔大正七年〕守山閣叢書本〔錢熙祚刋本〕百子全書本〔皆な謝註〕により，其の註釋は謝楊俞孫四家の說を參酌す。俞孫兩家の所說によりて底本を校訂したるところは，其の傍に圓圈を附し，私見に係るものは，方格を以て之を標示す。又た私說と合せざるも、兩家の註釋を、そのまま原文の中に插入したるところあるは異見を博むるためである。前記三種の底本の外に、他の刊本あることは、邵懿辰の四庫簡明目錄標註卷十三、及び邵亭知見傳本書卷十に見ゆるも、皆な未見に屬す。大正十二年五月　小柳司氣太識。

中國古典新書（宇野精一・鈴木由次郎責任編集）公孫龍子 天野鎮雄

Mei, Y. P.: The Kung-sun Lung-tzu with a translation into English
Harvard Journal of Asiatic Studies 16 (1933), pp. 404–437.

Ignace Kou Pao-koh(顧保鵠): Kong-souen Long-tseu (Traduction et Commentaire)
Deux Sophistes Chinois: Houei Che et kong-souen Long
Bibliothèque De L'institut Des Hautes Études Chinoises Volume VIII. (1953).

A. Forke: Traduction du Kong-souen Long-tseu.
Shanghai, Journal of the China Branch of the Royal Asiatic Society, 1901-1902.

四　今本公孫龍子校註考

後晉劉昫舊唐書卷四十七經籍志丙部子錄名家：

公孫龍子三卷　龍撰

又一卷　賈大隱注

又一卷　陳嗣古注

宋歐陽修新唐書卷五十九藝文志丙部子錄名家：

公孫龍子三卷

陳嗣古注公孫龍子一卷

賈大隱注公孫龍子一卷

鄭樵通志卷六十八藝文略名家：

公孫龍子一卷　戰國時人，舊十四篇，今亡八篇。

又一卷　陳嗣古注

又一卷　賈大隱注

今本公孫龍子，唐高宗咸亨年間始出，當無疑義矣。其注，見於諸家著錄，最早有唐賈大隱、陳嗣古兩家。而唐宋間公孫龍子注雖有兩種，並皆單行，非如今日之附見於正文下，而猶存古風也。其亡佚也當亦以此，郡齋讀書附志卷第五上諸子類：

公孫龍子三卷

右唐藝文志列於名家，陳嗣古、賈大隱皆嘗為之注，今不辯矣。孔叢子第四卷，有公孫龍子一卷。

是趙希弁時，已不及見賈、陳注，故曰：「今不辯矣。」而此後諸家之著錄公孫龍子者，亦不復舉二注，足以證其事之非虛也。如尤袤遂初堂書目雜家類：

公孫龍子。

陳振孫直齋書錄解題卷十名家類：

公孫龍子三卷。

王應麟漢藝文志考證卷七：

公孫龍子，唐志三卷，今一卷。

元馬端臨文獻通考卷二一二經籍考子部名家：

公孫龍子三卷

脫脫宋史藝文志子類名家：

公孫龍子一卷　趙人。

陶宗儀說郛卷四十七：

公孫龍子一卷　公孫龍撰。

明正統道藏太淸部顚字號：

公孫龍子上中下同卷

文淵閣書目洪字號第一厨：

公孫龍子一部一册，闕

然焦竑國史經藉志子類名家曰：

公孫龍子一卷舊十四篇，今亡八篇。

又注一卷陳嗣古

又注一卷賈大隱

歷經多年，陳、賈二注又見著錄，實難置信。或焦氏但引述前朝之說，非當時之實情也。然元、明間流傳之公孫龍子，已爲一卷本。高儒百川書志卷七子名家：

公孫龍子一卷

公孫龍子註一卷

趙公孫龍撰，凡六篇，未詳註人姓名。

此處極可玩味。蓋高儒之時，雖陳、賈二注並亡佚，而另有一不詳註人姓名之「公孫龍子註一卷」行世，然此本亦唯百川書志著錄，不見於前，無見於後。其後，乃忽爾有宋謝希深之注出焉，四庫總目提要卷一百十七子部雜家類：

公孫龍子三卷　兩江總督採進本。

周公孫龍撰。

明鍾惺刻此書，改其名爲辯言，妄誕不徑，今仍從漢志，題爲公孫龍子。又，鄭樵通志略載此書有陳嗣古、賈大隱注各一卷，今俱失傳。此本之注，乃宋謝希深所撰，前有自敘一篇。其注文義淺近，殊無可取，以原本所有，姑併錄焉。

又四庫簡明目錄卷十三子部雜家類亦曰：

公孫龍子三卷

周公孫龍撰，亦漢志所謂名家流也。原本十四篇，今存六篇。大旨欲綜覈名實，而恢詭其說，務爲博辨，孔穿之所謂詞勝於理，殆確論焉。其註爲宋謝希深作，詞不及龍，而欲伸龍之理，其淺陋宜矣。

此爲最早稱舉謝注者。又鄭堂讀書記卷五十二子部雜家類：

公孫龍子三卷

周公孫龍撰，宋謝希深注。新舊唐志俱有陳嗣古注一卷，賈大隱注一卷、今皆不傳。惟謝注尚存，諸家書目皆不載，或所據者，謝注本而不及詳耳。然原書猶能以詞勝理，希深詞不及龍，而欲伸龍之理，宜其益趨淺陋矣。前有自序，不具年日，或尚在鄭氏之後爾。

周中孚氏多用簡明目錄說，其據「自序」以證其註在鄭氏之後，胡道靜公孫龍子考曰：「謝希深，名絳，富陽人。仁宗朝，知制誥。宋史二百九十五有傳，歐陽文忠公集二二六有墓誌銘，湘山野錄、墨莊漫錄、唐宋諸賢絕妙詞選，並載其行誼。周氏云：『希深里貫未詳。』又云：『或尚在鄭氏之後爾。』殊失考。」而紀昀四庫提要，雖用所謂「謝注」，特以原本所有，故併存錄。就注而言，雖文義淺近，無可取處，然猶不敢遽以疑之。嚴可均校道藏本公孫龍子跋曰：

右公孫龍子三卷，凡六篇，從道藏顚字三號錄出。漢藝文志十四篇；隋志、羣書治要、意林皆無此書；唐志，三卷，又一卷，陳嗣古注，又一卷，賈大隱注。今此本，陳注邪？賈注邪？不可考也。簡明目錄則云：宋謝希深注。當有所據。

道藏本、百川書志所據本，皆有注，而無注人名，亦無序。子彙本有注，與道藏本同，有注無序，亦不題注者姓名。是注也，據嚴氏此跋，可知卽四庫及簡明目錄所謂之「謝注」。而四庫所用本，江南總督所進，則此注所以標「謝希深」之名，其所從來，亦可得而考之矣。

復據嚴氏此跋，知其嘗疑道藏本公孫龍子注，卽爲唐志著錄之陳注或賈注，說亦新奇可喜。

錢基博公孫龍子校讀後序云：

注文出謝希深，原有序，據史記平原君虞卿列傳，集解引劉向別錄，及列子仲尼篇爲說。而道藏本有注無序，序中自謙膚識，於所注未能怡然，而鉤深索隱，頗得其趣。四庫提要遽以淺近無可取薄之，譚何容易也。

又汪兆鏞跋陳澧公孫龍子注曰：

古公孫龍子注一卷，陳東塾先生撰。唐陳嗣古、賈大隱二注久佚，今惟存謝希深注，先生引舊注，卽謝說也。

是陳氏亦不以四庫說爲是，遠勝於辛從益、錢基博、金受申等諸家說。錢說已如上引，辛氏公孫龍子注自跋云：

偶於仲兄淑鄭案頭，得公孫龍子注一卷，蓋借之兆嶽者。愛其文奇僑，而頗嫌謝氏注紕繆未安。

金氏公孫龍子釋自序亦云：

公孫龍子之旨，殆欲表現直觀，以命物之名不正，則無以察同異，審名實，故著書專論此科，謝希深不察，妄以君臣是非爲詁，去其旨遠矣。

是三家並泥於四庫「謝注」之說。陳柱則曰：

公孫龍子古注唯存謝希深注，然序與注義有矛盾，或出假託，今題曰「舊注」。(註一一)

是其從東塾之迹顯然。又譚戒甫公孫龍子形名發微曰：

今公孫龍子皆六篇合爲一卷，不著撰人，前僅有謝希深一序，末謂：「今閱所著書六篇，多虛誕不可解。謬以膚識注釋，私心尚在疑信間，未能頓怡然無異也。」然四庫總目云：「公孫龍子三卷。此本之註，乃宋謝希深所撰，前有自序一篇。其註文義淺近，殊無可取，以原文所有，姑併錄焉。」又簡目云：「其註爲謝希深作，詞不及龍，而欲伸龍之理，其淺陋宜矣。」考宋史載謝絳，「字希深，以祖懿文葬富陽，爲富陽人。父濤，以文行稱，進士起家。絳以文學知名，爲人修潔醞藉，擧進士甲科。善議論，喜談時事，屢抗疏改革，頗綜核名實。嘗歷州縣，所至大興學舍，敎諸生，自遠而至者數百人。年四十六卒，有文集五十卷」。王安石嘗爲謝公行狀，極稱其制誥之善。歐陽修亦有謝公墓誌銘，其集古錄自序跋，復有「謝希深善評文章，尹師魯辨論精博」之語。然皆不言謝有公孫龍子注，疑涉誤傳。且今序末僅署「宋謝希深序」五字，揆之體例不合，似後人任意批補者。道藏、子彙諸本皆無此序，亦不題注者姓名。嚴可均謂是否唐人陳、賈所注，不可考矣（校道藏本跋），然亦有可商者：前言陳、賈舊注甚簡(註二二)，故楊倞引注荀子修身篇，覈與今本字句差少而微異；而引注正名篇者，今本全無。從知謝氏或就舊注增益之；其白馬論注見諸跡府前段者，則又逕行刪去耳。竊意謝氏藏有龍書，其所增刪，本或任意批注，尙爲未成之稿，以其早卒，流落坊間，庸手付刊，輒漫題五字於序末以識之也。總目之說，殆見其序而云然。

直認謝氏注之，與近時諸家說俱不同。王啓湘公孫龍子校詮敍云：

清四庫全書總目提要云：「公孫龍子三卷，周公孫龍撰。鄭樵通志略，載此書有陳嗣古、賈士隱注各一卷，今俱失傳。此本之注，乃宋謝希深所撰，文義淺近，殊無可取。以原本所有，姑並錄焉。」考宋史卷二百九十五：「謝絳，字希深。」今案：絳與歐陽修及王安石同時，絳之卒也，歐陽為作墓銘，王為作行狀，均稱許之甚至。且絳嘗知制誥，王介甫稱其以文章貴朝廷，藏於家，凡八十卷，其制誥常楊元白不足多，則其人之文學可知。而今注有數處至為淺陋，如「以意之所思，未至大道」，釋「意未至然與」；及以「察士之善惡，類能而使之」，釋「此猶如好士之名，而不知察士之類」諸條，宋人當陋不至此，其非絳作無疑。然其中有辭意精眇者，似宋人尙不能為。然則斯注究為誰作邪？考舊唐書經籍志、新唐書藝文志，均載有陳嗣古、賈大隱（或作「士隱」，誤）注，其書久佚。陳之為人無可考。大隱，則賈公彥之子，永年（或作「永平」，誤）人，見新唐書一百九十八卷，儒學張士衡傳中（賈公彥則見舊唐書百八十九上儒學傳）。蓋古人著書體例，與今人異：其深奧難曉者，則詳為注釋；其淺近易曉者，則多不措意。必宋以後妄人，疑古注多所缺略，乃攘竊陳、賈二注，雜以己說，爰脫謝希深之名，以售其欺，遂成斯注，此陳、賈二注之所由亡也。紀昀不為辨別，概以淺近斥之，過矣。

王說以後人竄附舊注，標以謝名。又王琯公孫龍子懸解敍錄：

賈大隱、陳嗣古註，亦見鄭樵通志，今俱不存。……現通行本為謝希深註。按希深名絳，宋富陽人。父濤，有父行，進士起家，累官至太子賓客。絳舉進士甲科，為兵部員外郎，修潔蘊藉，以文學知名。嘗歷州縣，所至大興學舍。有文集五十卷。明井觀瑣言稱，「歐有尹師魯、謝絳」。梅聖俞宛陵集，亦時載與唱酬諸詩。蓋歐公門下士也。細繹所註公孫龍子，多未徵信，玆分疏疑蘊於左：（一）謝註於原文旨趣，意頗推挹，並無貶辭；而自序一篇，反詆為虛誕；前後矛盾，不無間隙。（二）謝註此書，應見宋志，竟未列入；而關於謝氏之記載，亦祇有文集若干卷，未詳此註；均涉可疑。（三）謝序署名，稱「宋謝希深序」。自序而標以宋人，前代典籍，乏此先例。繹此五字，似為後人代添序尾。原文是否希深所作，因成疑問。就上數證，疑註者序者，共為兩人。而註中文字，亦恐不出希深之手。或為賈、陳原著，經其剟奪；或由後人託名，均未可詳。要之古代典籍，眞偽雜出，贋註冒序，亦所時有。如郭象註莊、劉向序列，或出剽竊，或為偽托。又如鬼谷一註，假名宏景，成例甚多，不煩枚舉。謝註眞贋，必有能辨之者。(註一三)

條舉縷析，立論精嚴，胡道靜公孫龍子考引之，曰：「王先生之疑，是也。竊觀道藏本公孫龍子注缺謝序，不題注者姓氏，則似以假名之說為近也。」(註一四)

時至今日，謝希深注出諸僞托，似已爲人所共認，固已可視爲定論矣。至其是否高儒百川書志所著錄之「公孫龍子註一卷」，不復可考。而烏程嚴氏、日照王氏，疑其卽爲唐時之陳注或賈注，抑加以改竄，亦但可存疑而已。然謝注之名，雖始見於淸人之著錄，紀昀之修四庫。此注固先謝名而有之，或可上推於宋明。世人徒惑於希深之名，論者亦多以此爲言。然雖知先代典籍無加「宋人」之先例，亦當知宋人之謝希深，本名絳，希深特其字，未有序其書，而以字自稱者。竊以序雖僞托，僞托者亦必以其名而不以其字出之也。是知今之所謂謝希深註，實與宋謝絳無所關涉，存疑可矣。

有淸以後，校注公孫龍子者日煩，特擧所知，著錄於左：

陳嗣古注公孫龍子一卷

賈大隱注公孫龍子一卷

兩唐志、通志、郡齋讀書附志著錄之，佚於宋。

無名公孫龍子注一卷

百川書志著錄，而不見於他書。

謝希深注公孫龍子三卷

僞託。

原序：「公孫龍子，姓公孫，名龍，字子秉，趙人也。以堅白之辯鳴於時。……今閱所著書六篇，多虛誕不可解，繆以膚識註釋，私心尙在疑信間，未能頓怡然無异也。昔莊子云：公孫龍能勝人之口，不能服人之心，辯者之囿也。厥有旨哉！宋謝希深序」

傅山公孫龍子白馬指物通變堅白注釋

見傅氏霜紅龕集外編。

譚戒甫曰：「傅氏注釋，可採之處亦不甚多。」(註一五)

辛從益公孫龍子注一卷

傳鈔本　　豫章叢書本

辛氏自跋云：「偶於仲兄淑郵案頭得公孫龍子一卷，蓋借之兆嶽者。愛其文奇雋而頗嫌謝氏注紕繆未安，因以己意注之，半月而畢業。乾隆丁未四月之末，筠谷從益識」

其子桂雲等注云：「謹案四庫全書提要，載公孫龍子三卷，而先君稱一卷，恐有筆誤，以此書世少傳本，無從覓校，不敢妄改，尤不敢臆測强分，輒依原稿，恭繕付梓。」

陳杜曰：「辛注稱一卷者，蓋所據本從新唐書或稱一卷者也。其書文字亦間與諸本不同，

有勝於諸本者。余所得雖爲鈔本，然以辛注校之，知非訛字，則必所據本之本異者也。」(註一六)

朱從約公孫龍子注

譚戒甫曰：「按贛人朱從約著有公孫龍子注，刊在舊版豫章叢書中，未見（又聞爲辛從益著，萬載人，未知係語傳否？）。」(註一七)譚氏疑朱注與辛注爲一，然就前引陳柱氏所云，譚說不可信。姑置此以待考。

嚴可均校道藏本公孫龍子

嚴氏跋曰：「右公孫龍子三卷，凡六篇，從道藏顚字三號錄出。漢藝文志，十四篇。隋志、羣書治要、意林皆無此書。唐志，三卷。又一卷，陳嗣古注。又一卷，賈大隱注。今此本，陳注邪？賈注邪？不可考也。簡明目錄則云：宋謝希深注，當有所據。……世所通行，有前明緜眇閣本、十二子本、諸子彙函本，唯道藏爲差善。嘉慶壬戌歲十月烏程嚴可均跋」

洪頤煊校公孫龍子數條

見洪氏讀書叢錄。

陳澧公孫龍子注

汪兆鏞刊本

陳澧，字蘭甫，著有公孫龍子淺說，未刊。民國乙丑（十四年），汪兆鏞刻於澳門，改名爲公孫龍子注，中有較舊注爲明顯者。

汪兆鏞跋曰：「右公孫龍子一卷，陳東塾先生撰。唐陳嗣古、賈大隱二注久佚，今惟存謝希深注。先生引舊注，卽謝說也。龍書，漢志著錄十四篇，宋亡八篇，僅存六篇。而各家書目多沿唐志，稱三卷，四庫、道藏本皆然。通行之守山閣本、墨海金壺本、湖北崇文書局本、三槐堂本，皆一卷，與宋志，及王伯厚說合，今從之。先生指物論注稿本：初本、改本並存，是知並未寫定。歸道山後，門人傳鈔，互有出入。嗣於哲孫仲猷茂才處，獲見先生手稿。（卷首原題公孫龍子淺說。各篇後均有自記己酉七月閱過，改若干處。又記云：尙須再閱加注，以發其義。先生之不自滿假如此。按己酉、庚戌、爲道光二十九年、三十年，距今七十五年矣。）假歸，謹斠斁過，多所是正，而參閱諸禁本，仍有牴牾，未敢臆測，今悉依原稿迻錄，略加整理，附按語以申明之。字句歧異者，別爲校勘記。其篇目存佚，及公孫事蹟，見於佗書，足資考證者，附錄於後。」

俞樾公孫龍子平議

見俞樓雜纂諸子平議補錄卷五，凡三十三條。

孫詒讓校公孫龍子

見札迻，凡六條。

王啓湘公孫龍子校詮三卷，附錄一卷

世界書局排印本

王啓湘公孫龍子校詮敍（啓湘案：各家校釋，對於舊注，多不注意，是以每滋誤會，故拙著專以疏通舊注爲主）曰：「清四庫全書總目提要云：『公孫龍子三卷，周公孫龍撰，鄭樵通志略，載此書有陳嗣古、賈士隱注各一卷，今俱失傳。此本之注，乃宋謝希深所撰，文義淺近，殊無可取，以原本所有，姑並錄焉。』考宋史卷二百九十五，謝絳，字希深。今案，絳與歐陽修及王安石同時。絳之卒也，歐陽爲作墓銘，王爲作行狀，均稱許之甚至。且絳曾知制誥，王介甫稱其以文章貴朝廷，藏於家，凡八十卷，其制誥，常楊元白不足多，則其人之文學可知。而今注有數處至爲淺陋，如以『意之所思，未至大道』，釋『意未至然與』，及以『察士之善惡，類能而使之』，釋『此猶知好士之名，而不知察士之類』諸條，宋人當陋不至此，其非絳作無疑。然其中有辭意精眇者，似宋人尙不能爲。然則斯注爲誰作耶？考舊唐書經籍志、新唐書藝文志，均載有陳嗣古、賈大隱注，其書久佚。……蓋古人注書體例，與今人異。其深奧難曉者，則詳爲注釋；其淺近易曉者，則多不措意。必宋以後妄人，疑古注多所缺略，乃攘竊陳、賈二注，雜以己說，爰託謝希深之名以售其欺，遂成斯注，此陳、賈二注之所由亡也。紀昀不爲辨別，概以淺近斥之，過矣。今以斯注不得主名，姑以舊注稱之。其尤淺陋者，間爲糾正，庶幾瑕瑜不致相掩，非敢云能讀古書也。……特文多譌誤脫衍，殊不易讀，既爲之校正，詳著於本書中，茲不具述。……民國三年四月一日，長沙王啓湘」

胡適校釋公孫龍子數條

見胡氏中國哲學史大綱卷上。

張怡蓀公孫龍子注

譚戒甫曰：「又聞張怡蓀亦有注，其稿存北京大學國學研究所，未見。」(註一八)

楊壽籛公孫龍子釋義

貴陽文通書局石印本

楊氏自序曰：「六國以還，異說爭鳴，是非之流，顚倒特甚，而名理卽昌於是時，蔚成學術，公孫龍氏，實斯學之造極者也。……常論前輩治學，多恃考據，公孫是書，直探至理，一違乎尋常之所見，無可考以爲據者，遂失之矣。然亦卽以是故，而斯學乃千年塵薶不彰也。是書有宋人謝希深氏爲之注，謬誤甚多，於公孫之旨，未有當者，謝之序中有曰：『今閱所著書六篇，多虛誕不可解，謬以膚識注釋，私心尙在疑信間，未能頓然無異。』則謝之不能讀公孫是書，可以概見。余也不揣檮昧，僭爲釋義。釋何以及於義，以其旨非專講明字句而可得之，故各論之前，擬爲一文，標名曰『識』，用揭其旨，於前輩之說，無苟同焉，固不敢謂遂符於公孫之旨，唯反覆論究，自信者多，庶幾有一得與？民國十一年四月，貴陽楊壽籛序」

篇目：孫洪伊序，自序，跡府第一，白馬論第二，指物論第三，通變論第四，堅白論第五，名實論第六。

陶鴻慶校讀公孫龍子札記

世界書局排印本

見陶氏讀諸子札記卷十五，凡十九條。

王琯公孫龍子懸解

中華書局仿聚珍本

王氏自序曰：「公孫龍書，與儒道殊恉，並世莊荀，已相排笮。漢初尙黃老，格而弗宣。武帝表章六經，學術一尊，益在擯擠之列，學者承流，斷斷弗已。魏晉之間，始稍稍振矣，然終不暢。自唐迄宋，註釋數家，其書多佚，莫覩厥恉。今流傳之謝希深註，謂爲未窺窔奧可也。淸代子學勃興，治此者尠。晚季兪（蔭甫）孫（仲容）兩家，始刋挩誤，多所諟正。近人胡適之，益以新知，撢簡其誼。梁（任公）章（行嚴）摘發異同，間獲新解。千載榛莽，迺漸通涂徑焉。嗟乎！以公孫氏之駘蕩玅眇，蒙世詬病，遺簡殘編，旁皇異代；旣擯於道，復棄於儒，微言大義，閟之數千百年僅乃得出；學統之𢢔人，固若斯其極耶！余承諸君子緒餘，取原書董理之。仍以羣說紛投，意或未安，片鱗隻爪，莫覺全功。乃一一爲之疏解，其是者因之，非者正之。整紛剔蠹，析疑宣蘊，冥思探討，瘕解尤多。私心所企，但如公孫論旨之眞，而不敢出入；然此豈易言者！諸君子殺靑之初，未必不同此念；偶有弗照，旋踵立覺。以余學植，安敢望諸君子，引鏡自鑑，紕繆且將倍蓰；是不待他人痛繩之後，已欿然於心矣。惟書草則於去夏之交，兀兀搴暑，躬自校錄，今一年矣。……十四年六月，日照王琯」

篇目：公孫龍子事輯，讀公孫龍子敍錄，跡府第一，白馬論第二，指物論第三，通變論第四，堅白論第五，名實論第六。

金受申公孫龍子釋

商務印書館萬有文庫國學小叢書本

金氏自序曰：「馬史『六家』，班書『九流』，名家者說，獨立一幟。尹文子曰：『形以定名，名以定事，事以驗名；察其所以然，則形名之與事物，無所隱其理矣。』尹文釋名爲三曰：『名有三科——一曰：命物之形，方圓黑白是也。二曰：毀譽之名，善惡貴賤是也。三曰：況謂之名，賢愚愛憎是也。』公孫龍子之旨，殆欲表現『直觀』，以命物之名不正，則無以察同異，審名實，故著書專論此科。謝希深不察，妄以君臣是非爲詁，去其旨遠矣。……受申不學，妄加臆釋，意欲發揮『直觀』之眞義，而不爲模棱抽象語也。……丙寅深秋二十七日金受申自誌」

又再版自記曰：「愚自民國十五年脫稿公孫龍子釋以來，卽深覺以論理程式解名家者言之誤，輒思有以匡正之，顧人事碌碌，終未更正。適北大易社主辦之國學週刊出版，受申有撰稿之義務，因作公孫龍子白馬篇新釋，以充篇幅。白馬論爲公孫龍辨明『直觀』之主要文字，其立論乃根據於說話習慣者，若僅以論理程式繩之，必有南轅北轍之弊，因將舊釋之論理程式，掃數除删，脫略之譏，尙未能免。因再版之便，爰將白馬論舊釋，易以新釋，並將各篇損益數處。……民國十九年五月三十一日記於北平」

篇目：前論：公孫龍考。本論：跡府第一，白馬論第二，指物論第三，通變論第四，堅白論第五，名實論第六。餘論：各家評公孫龍子語撮鈔，再版自記。

錢基博公孫龍子校讀記

無錫國學專修學校叢書名家五種校讀記之一

錢氏自敍云：「余覩公孫龍書三本：一涵芬樓景印正統道藏本，一烏程嚴可均校道藏本，一湖北崇文官書局刻百子全書本。金山錢熙祚守山閣校本，稱爲竄而未見。百子全書本，疑亦出道藏，而依嚴校改正者。惟嚴校殊未爲審，有正文注文互勘而譌𢿱可見者，嚴氏亦仍其舊。羣書治要、意林及太平御覽，皆無公孫龍子。而馬驌繹史所引不知出何本，以視道藏本，字句有劇勝處，其篇次亦與道藏本不同。惟有正文，無注文。注文出宋謝希深，原有序，據史記平原君虞卿列傳集解引劉向別錄，及列子仲尼篇爲說。

而道藏本有注無序。序中自謙膚識，於所注未能怡然，而鉤深索隱，頗得其趣。四庫提要遽以淺近無可取薄之，譚何容易也。今以道藏本爲主，讎記異同，未曉於吾宗何如，要視嚴校爲勝爾。」

譚戒甫公孫龍子形名發微十卷

世界書局大學用書本

譚氏自序曰：「形名發微十篇既盡，作而歎曰：周秦之間，諸子蠭起，游文騰說，波譎雲詭；其飛曜於當時而能揚聲於後世者，殆亦希矣。然未有若形名之家，不獨指意淪堙，響沈光絕；卽其所揭櫫之號，亦不能終保，而乃易之以亂名，羣相怚咋，幾二千年而不止。嗚呼！豈有它故異物哉？蓋歷代以來，功令所限，其學不周於常人之用，而漸卽於衰替焉耳。雖然，書缺有間，獨賴公孫龍子五篇之存，其所表見皆不虛，而其軼又時時見於他說；非好學沈思，心知其意，固難爲膠見謏聞道也。夫名家之學，體大思精，墨徒傳之，經說具在。今公孫白馬通變堅白，皆作答問，自畫爲守，畺域宛然；疑當世二家對揚之辭，後學編撥者也。不佞初治形名，由名學起，前後凡十餘年，孤陋膚淺，苦悟而寸進，積貫所得，僅成斯編。惟冀並世哲人，其有窮原竟委，復益發揮而光大之者，則不佞此作，直先驅之儆籌而已。民國十七年戊辰十月，湘鄉譚戒甫序於國立武漢大學西苑」

篇目：前言。傳略第一。跡府第二。論釋第三：指物論第一，白馬論第二，通變論第三，堅白論第四，名實論第五。學徵第四。理詮第五。名通第六。流別第七。評證第八。詭辯第九。纂餘第十。

伍非百公孫龍子發微

藁本

伍氏自序曰：「公孫龍子之學，與墨辯孰爲先後，今已不可知。要之其與辯經爲論敵，可斷言也。……漢世所傳公孫龍子十四篇，唐以來亡其八，今見存六篇。跡府以下白馬指物堅白通變名實皆與辯經相訾應，信乎其爲論敵矣。雖年代不相接，而學術有師承。則姑以公孫之說，當墨家異論可也。余昔治墨經，知其爲相反之論，取證於公孫龍子。今治公孫龍子，益知其爲相反之論。取證於墨經，二家轉注，其義益明，蓋學術以相師而相辭。相反而相成，其間分合正變，有可得言者。今惠、鄧之學云亡，別墨徒屬莫知誰嗣，唯此一卷殘遺僅存，則取而注之，其於名家關係，不綦重邪？至其學說得失異同，別詳於篇，茲不著云。」

篇目：序錄，名實論第一，指物論第二，通變論第三，白馬論第四，堅白論第五。

陳柱公孫龍子集解

商務印書館排印本

陳氏自序曰：「余嘗讀佛藏百論疏，愛其設爲內外之辯，展轉論難，愈轉愈深，謂可以鑿渾沌，開神智。持此以論道，固當玄之以玄；用之以辨學，亦當弗明弗措。求之吾土，則唯有公孫龍子最爲近之。昔太史談之譏名家曰：苛察繳繞。班孟堅亦曰：鉤鈲析亂。嗚呼！豈知名家之所以爲名家，獨有其絕卓千古之學者，乃端在乎是。漢志所列名家之書，如鄧析、尹文、惠施之徒，皆已無書，或爲後人僞託。唯公孫龍十四篇，今尚存六篇。其跡府一篇，又爲後人記錄之傳略。則實存五篇而已。爲之注者，唐有陳(嗣古)賈(士隱)二家，均已不傳。今唯傳宋謝希深注而已。遜清學人，以治經之餘，兼治諸子，爲公孫龍子校釋者，有辛從益、陳澧、俞樾、孫詒讓四家，而以辛注爲最早而最善，而世之知者特少，其書亦幾已無傳。近今注者，有王琯、金受申，王書頗可稱善本。其餘章炳麟、章士釗諸氏，各有論述，然皆散見，未易參討。余以暇日，翻籀此書，略事輯注，凡得若干家，都若干萬言，命曰『公孫龍子集解』，雖比前注較備，而疏謬之處，尙多有之，世有君子，其亦樂於匡正乎！」

公孫龍子集解例略：

公孫龍子古注唯存謝希深注，然序與注義有矛盾，或出假託，今題曰舊注。

本書正文遵用道藏本，亦間有改正者，注中均明言之。

本書爲六篇撰集解外，並撰事略、考證、學平上、學平下，書考共五篇爲卷首。

本書引用諸家爲：莊子、荀子、呂氏春秋、韓非子、列子、孔叢子、司馬遷、劉向、劉歆、揚雄、班固、高誘、司馬彪、郭象、史記集解、顏師古、楊倞、史記索隱、成玄英、唐書、陳振孫、王應麟、謝希深（改稱舊注）、新唐書、宋濂、楊愼、傅山、四庫全書總目提要、簡明書目、辛從益、謝鏞、盧文弨、嚴可均、姚際恆、陳澧、俞樾、孫詒讓、章炳麟、劉師培、康有爲、梁啓超、章士釗、胡適、汪兆鏞、丁鼎丞、馬敍倫、陳直、劉咸炘、欒調甫、汪馥炎、王琯、金受申、孫硃、呂思勉、顧實。

自來公孫龍子，或爲三卷，或爲一卷。今集解字數較多，分爲六卷。民國十九年八月三十日，北流陳柱記於上海界路廣齋。

集解成後將栞行，散失於一二八之役，近始恢復舊觀。尋得友人錢子泉教授公孫龍子校讀記一卷，校訂注文，足補嚴氏所未備。後又得老友譚戒甫教授形名發微十卷。又以李源澄君之介，得伍非百教授公孫龍子發微藁本。二君於公孫子之學，最爲闡幽抉微，爰采入吾書。其與鄙說有暗合處，不復删削。二十五年一月十七日記於交通大學。

凡所集錄專家，各有特見，讀者宜逐家分究，然後合而觀其得失，求其會通。後二日再記。

篇目：卷首：事略，考證，學平上下，書考。卷一跡府第一，卷二白馬論第二，卷三指物論第三，卷四通變論第四，卷五堅白論第五，卷六名實論第六。

胡道靜：公孫龍子跡府篇集訓校釋

學生雜誌十六卷七號

程啓槃：釋公孫龍子堅白論

建國月刊九卷三期

張懷民：公孫龍子名實篇斠釋

國專月刊二卷一、三、四期

張懷民：公孫龍子堅白論斠釋

國專月刊二卷三期

容肇祖：公孫龍子集解

嶺南學報二卷一期有容氏公孫龍子集解自敍一文，未見其書。

徐復觀公孫龍子講疏

東海大學排印本

徐氏先秦名學與名家（代序）曰：「作爲名家代表的現存公孫龍子，有無研究價值呢？我認爲還是很有研究價值的。第一、關於戰國中期盛極一時的辯者，除了公孫龍子以外，只留下僅有結論而沒有立論根據的若干片鱗隻爪，僅足供後人猜啞謎之用。漢志著錄的鄧析子，已非出自鄧析本人；今日所能看到的，亦非漢志著錄之舊。現時所能看到的公孫龍子，雖係殘闕之餘；但剩下的五篇，皆首尾完具，猶得以考察其立論的根據和理論的線索。只憑這一點，已經有思想史上的價值。第二、中國傳統文化中，注重具體而忽於抽象，深於體驗而短於思辯。公孫龍因爲是「專決於名」，執名爲實；於是他的辯論，主要是順着語言的自身所展開的，離開了具體地經驗地事物的辯論。……他在這種地方，表現出很高的抽象能力。這種抽象能力，是倚賴他的思辨能力，才可以達到的。

他之所以能困百家之知，是因爲他的辯論，有嚴密地抽象思辨能力，發揮了很嚴密地抽象推理作用。王啓湘在他所著的公孫龍子校詮的序文中說：『合同異者，名家所謂歸納也。離堅白者，名家所謂演繹也。』這當然是莫名其妙的亂說。但若把公孫龍的辯論，分別用形式邏輯把它來加以形式化，可能它裏面含有很高的純思維法則。……正因爲在中國文化中，缺少這一方面的努力，所以自西漢以後，他便沒有得到眞正地解人。近代治之者雖多，但收功較其他諸子爲更少；尤其是到譚戒甫的公孫龍子形名發微出，而把這一部分思想，更投入到黑暗的深淵去了。治公孫龍子的要點，是在如何能把握到他所運用的思辯的法式；或者可以說，是在如何能把握到他的立論的「理路」，順着他的理路推演下去。而不重在於校勘訓詁。先秦諸子，都是以思想爲主的。但治先秦諸子的人，多缺乏思想的訓練，對於因自己的思想銜接不上，而無法看懂的，便在訓詁上亂變花頭，愈變離題愈遠，其中尤以半吊子的古文字學者的訓詁，如于省吾之流，更爲可笑。公孫龍子因爲是高度地抽象思辨性的作品，對於這類的訓詁家，更要算是無緣之物。我因爲年來講授中國哲學思想史的課程，每當講到這一部分時，常廢然而返。今春似偶有所啓發，不忍放過，便趕著寫了出來。我之所以寫成講疏體，就是想把他的理路擺清楚。當然在校勘、訓詁方面，我也重新下過一些考校的工夫。可惜我的邏輯訓練不够，不能把『心知其意』的，列成邏輯的形式。……歲在甲午中秋前一日徐復觀記。」

篇目：先秦名學與名家（代序）：名的起源問題、名的特別意義及孔子的正名思想、辯者與名家、公孫龍及公孫龍子、公孫龍的批判者、先秦正名思想的完成、名家的價值。跡府第一、白馬論第二、指物論第三、通變論第四、堅白論第五、名實論第六。附錄一：釋公孫龍子指物論之「指」。附錄二：有關公孫龍之若干資料。

勞思光：公孫龍子「指物篇」疏證——先秦名學闡要之一

崇基學報六卷一期（頁二五——四九）（一九六六、十一）

小柳司氣太譯註國譯公孫龍子

日本國民文庫刊行會國譯漢文大成本

公孫龍子解題：

一、公孫龍〔字は子秉なること，列子の仲尼篇註及び莊子の徐無鬼篇に見ゆ〕の生涯は明ならず。史記卷七十四孟荀列傳によれば趙人にして，呂氏春秋卷十八の第五，戰國策卷六の趙策及び本書跡府篇第一の記事によれば，平原君と同時なれば，西紀前三世紀の前半頃の人である。〔趙の都邯鄲が秦から攻圍されたとき，平原君が援助を楚に求めたるは，周の赧王五十七年〔西紀前二八五年に當る。なほ史記卷六十七仲尼弟子列傳の公孫龍と混同すべからず〕其著書十四篇〔漢書の藝文志による〕ありしも，宋の時に至りて既に八篇を失ひ現今は跡府、白馬、指物、通變、堅白、名實の六篇を存するのみ。文章艱深にして，誤脱錯簡また多し。故に本書も，唯だ其の大意を解釋し，なほ參照に供すべき者あれば，之を餘論に掲ぐ。

一、本書の註釋は，鄭樵の通志略〔藝文略第六〕によれば，陳嗣古及び，賈大隱の註各一卷あるも，倶に亡佚し，現今は宋の謝希深註一卷を以て，最古となす〔希深の時代明かならず〕明の楊愼は，謝註の膚淺なるを慨きて，其の評註を著す，內閣文庫に其の刋本を藏す〔余が見たるものは，內閣本の寫本で，刋本は四庫全書簡明目錄標註卷十三の明十願齋刻楊愼評本と稱するものならん〕然れども亦た發明する所少なし。羣書治要，意林の如き古書を採錄したるもの，太平御覽の如き一千六百九十種の書目を網羅したる類書も，なほ本書を收めざるを以て，校勘に資すべきものなし。清朝に至り，諸子の研究頗る盛なるも，本書に關するものは，唯だ兪樾の兪樓襍纂第廿二に廿九ヶ條。及び孫詒讓の札迻卷六に六ヶ條を載するのみ。

一、本書の底本は，道藏本影本〔大正七年〕守山閣叢書本〔錢熙祚刋本〕百子全書本〔皆な謝註〕により，其の註釋は謝楊兪孫四家の說を參酌す，兪孫兩家の所說によりて底本を校訂したるところは，其の傍に圓圈を附し，私見に係るものは，方格を以て之を標示す。又た私說と合せざるも，兩家の註釋を，そのまま原文の中に插入したるところあるは異見を博むるためである。

一、前記三種の底本の外に，他の刋本あることは，邵懿辰の四庫簡明目錄標註卷十三，及び郘亭知見傳本書卷十に見ゆるも，皆な未見に屬す，大正十二年五月　小柳司氣太識。

天野鎭雄：公孫龍子名實論本文整理私案
　集刋東洋學十五（二二——三七）

天野鎭雄：公孫龍子指物論本文整理私案
　東方學第二十五輯（一九——六三）

天野鎭雄：公孫龍子通變論本文整理私案

日本中國學會報十六（一九六四）

天野鎮雄：公孫龍子白馬論本文整理私案

東京支那學報十一（一九六五、六）

天野鎮雄：公孫龍子堅白論本文整理私案

岩手大學學藝學部研究年報二十五（一九六五）

Ignace Kou Pao-koh (顧保鵠): Deux Sophistes Chinois: Houei Che et Kong-souen Long

Bibliothèque De L'institut Des Hautes Études Chinoises

Volume VIII (1953)

Table des Matières:

4. Relations avec Tchouang-tseu

5. Recherches sur la vie de Kong-souen Long

6. Y avait-il un Kong-souen Long ou deux Kong-souen Long?

7. Client du Prince de P'ing-yuan

8. Dates biographiques

9. Kong-soven Long et Houei Che ont-ils eu des Relations entre eux?

10. Tableau des dates biographiques des grands philosophes

11. Les Écrits de Houei Che et de Kong-souen Long

12. Les études sur Kong-souen Long à travers les siècles

13. Disciples de Kong-souen Long

Première Partie: Documentation

I.— Kong-souen Long-tseu (Traduction et Commentaire)

Chapitre I.—Recueil d'actes

Chapitre II.—Sur le Cheval blanc

A.—L'influence de Lao-tseu

B.—L'influence de Mo-tseu

3. La doctrine de Houei Che et son système philosophique

4. L'Idée principale

5. La Méthode

A.—De la multiplicité à l'unité

B.—De l'individu à l'universel

C.—Analyse partielle

6. Houei Che était-il panthéiste ou athée?

7. Questions scientifiques

Chapitre IV.—Les Influences ds Houei Che sur Tchouang-tseu

Chapitre V.—Sources de la doctrine de Kong-souen Long

Chapitre VI.—Synthèse de la philosophie de Kong-souen Long

1. L'Idée centrale: le "tcheng-ming"

2. La Méthode

A.—Méthode de Désignation immédiate

1. Rapports entre le Signe et le Nom

2. Notions de relations

B.—Rectifications des noms par la séparation des espèces

a. Séparation des Espèces ou des Concepts universels

b. Distinction entre la Substance et l'Accident

c. Séparation des Attributs d'une Substance

1. Argument épistémologique

2. Argument métaphysique

3. Question de la Connaissance

4. Immutabilité des concepts et mutabilité des choses concrètes

5. Formules des discussions

6. Questions scientifiques

Chapitre VII.—Formes du Raisonnement

1. Le Syllogisme dans Le Kong-souen Long-tseu

2. Le Sorite

3. Argumentation par Contradiction

4. Fautes commises dans le Raisonnement

II.—Essai de Sophistique comparée (de la Grèce, de la Chine et de l'Inde)

1. Le Milieu

2. Les Méthodes

A.—Les Grecs

B.—Les Chinois

C.—Les Indiens

3. La Doctrine

A.—Le Subjectivisme et le Relativisme

B.—L'Identité des Contraires

4. Quelques thèmes semblables

5. Conclusion

五　今本公孫龍子集校

例略：

一　本書正文，一遵正統道藏（太清部顚三）本，殿可均所謂於諸本中，是爲差善者也。

一　道藏本舊有注，卽今所謂宋謝希深之注。又今本前有宋謝希深序，並屬僞託，不可信。今一仍道藏本之舊，不標注者名，以存其眞。

一　傳世公孫龍子，或爲一卷，或爲三卷，今併爲一篇，不分卷。

一　諸家校釋，要不外乎文字、章節、斷句三端。文字之有異者，曰板本不同，曰任意校改，曰刋印致誤。章節、斷句之有異者，曰仁智互見。今則並存。

一　注低正文四格，校則小字附見。

跡府第一

府，聚也。述作論事之跡，聚之於篇中，因以名篇。

公孫龍，六國時辯士也。疾名實之散亂，因資材「資材」，陳澧本作「資財」。之所長，為守白之論汪兆鏞曰：「為守白之論」，太平御覽四百六十四引桓譚新論，作「為堅白之論」。。假物取譬，以守白辯。

物各有材，聖人之所資用者也。夫衆材殊辯，各恃所長，更相是非，以邪削正，故賞罰不由天子，威福出自權臣。公孫龍傷明王之不與，疾名器之乖實，乃假指物以混是非，寄白馬而齊物我。輩嚴可均曰：「輩」，當作「冀」。陳柱曰：陳仁錫本、守山閣本，均作「冀」。時君之有悟，而正名實焉。

謂白馬為非馬也。白馬為非馬者：言白，所以名色；言馬，所以名譚戒甫曰：「名」，白馬論作「命」。形也。色非形，形非色也。「色非形，形非色也」，譚戒甫本作「色形，非形，非色也」。 夫言色，則形不當與；言形，則色不宜從。今合以為物，非也。如求白馬於廐中無有，而有驪色之馬，然不可以應有白馬也。不可以應有白馬，則所求之馬亡矣，亡則白馬竟非馬。欲推是辯，以正名實而化天下焉。

馬體不殊，黃白乃異。彼此相推，是非混一。故以斯辯而正名實。

龍與孔穿，會趙平原君家。穿曰：「素聞先生高誼，願為弟子久，但不取先生以白馬為非馬耳。請去此術，則穿請為弟子。」龍曰：「先生之言悖！龍之所以為名者，乃以白馬之論爾。今使龍去之，則無以教焉。且欲師之者，以智與學不如也。今使龍去之王啓湘本、徐復觀本，缺「則無以教焉。且欲師之者，以智與學不如也。今使龍去之」二十二字。，此先教而後師之也。先教而後師之者，悖。且白馬非馬，乃仲尼之所取。

仲尼曰：「必也正名乎！」龍以白馬正名實，故仲尼之所取。

龍聞楚王張繁弱之弓，載忘歸之矢，以射蛟兕於雲夢之圃。而喪其弓，左右請求之，王曰：『止！楚王遺弓（汪兆鏞曰：「『楚王遺弓』，陳澧本，說苑至公篇『王』並作『人』。道藏本、守山閣本、墨海金壺本則作『王』。陳柱曰：陳仁錫本、辛從益本，亦均作『楚王』」。），楚人得之，又何求乎？』仲尼聞之曰：『楚王仁義而未遂也。亦曰 人亡弓，人得之 而已，何必楚！』若此，仲尼異楚人於所謂人。

楚王失弓，因以利楚，不能兼濟（錢其博曰：「『濟』，百子全書本作『齊』」。） 天下，故曰仁義未遂也。人君唯私，其黨附之。亦如守白求馬，獨有白馬來應。楚王所謂人者，楚國也；仲尼所謂人者，天下也。故離白以求馬，衆馬皆至矣；忘楚以利人，天下感（王啓湘曰：「『感』疑『咸』字之譌。陳柱曰：道藏本、陳仁錫本均作『感』」，今據守山閣本作『咸』。） 應矣。

夫是仲尼異楚人於所謂人，而非龍異白馬於所謂馬，悖。先生修儒術，而非仲尼之所取；欲學，而使龍去所教：則雖百龍，固不能當前矣。」孔穿無以應焉。

聖教雖殊，其歸不異，曲士求（王啓湘曰：「『求』，疑『束』字之誤。今按守山閣本正作『束』」。）於教，不能博通，則安其所習，毀所不悟，故雖賢倍百龍，不能當前爲師。亦如守白求馬，所喪多矣。

公孫龍，趙平原君之客也（汪兆鏞曰：「『公孫龍，趙平原君之客也』，道藏本、守山本、金壺本、湖北書局本，均接上『孔穿無以應』句，不別提行。三槐堂本提行。陳柱本則據陳仁錫本、辛從益本提行」。）。孔穿，孔子之葉也。穿與龍會，穿謂龍曰：「臣居魯，側聞下風，高先生之智，說先生之行，願受業之日久矣，乃今得見。然所不取先生者，獨不取先生之以白馬爲非馬耳。請去白馬非馬之學，穿請爲弟子。」公孫龍曰：「先生之言悖！龍之學，以白馬爲非馬者（譚戒甫本「者」作「著」）也。使龍去之，則龍無以教。無以教，而乃學於龍也者，悖。且夫欲學於龍者，以智與學焉爲不逮也。今教龍去白馬非馬，是先教而後師之也。先教而後師之，不可。先生之所以教龍者，似齊王之謂尹文也。齊王之謂尹文曰：『寡人甚好士，以齊國無士何也（俞樾曰：「以」字乃「如」字之誤。汪兆鏞曰：「以」字，守山本、金壺本、及孔叢子公孫龍篇均作「而」。陳柱曰：陳仁錫本、辛從益本均作「以」，不作「而」。）？』尹文曰：『願聞大王之所謂士者？』齊王無以應。尹文曰：『今有人於此，事君則忠，事親則孝，交友則信，處鄉則順，有此四行，可謂士乎？』齊王曰：『善！此眞吾所謂士也。』尹文曰：『王得此人，肯以爲臣乎？』王曰：『所願而不可得也。』是時，齊王好勇，

聖人之用士也，各因其材而用之，無所去取也。齊王以所好求士，亦如守白命馬，豈得士乎？

於是尹文曰：『使此人廣庭大衆之中，見侵侮而終不敢鬬，王將以爲臣乎？』王曰：『鉅（孫詒讓曰：「鉅」與「詎」通，明刊子彙本及錢熙祚本竝作「詎」，疑校者所改。汪兆鏞曰：明梁杰刊本、與道藏本同，作「鉅」。陳柱曰：陳仁錫本、守山閣本作「詎」，辛從益本作「鉅」。）士也，見侮而不鬬，辱也。辱，則寡人不以爲臣矣。』尹文曰：『唯（俞樾曰：「唯」當爲「雖」，古書通用。汪兆鏞曰：「唯」，孔叢子作「雖」，呂氏春秋十六正名篇同。）見侮而不鬬，

未失其四行也。是人未失其四行，其所以爲士也。兪樾曰：「其所以爲士也」上，脫「是未失」三字，當據呂氏春秋補。陶鴻慶曰：「是人」二字不當有，蓋卽下句之脫字，「人」卽「失」之壞字，又奪「未」。然而王一以爲臣，一不以爲臣，則向之所謂士者，乃非士乎？』齊王無以應。尹文曰：『今有人君，將理其國，譚戒甫曰：「理」字，「人」字，呂氏春秋作「治」，作「民」，下同。避唐諱也。人有非，則非之。無非，則亦非之。有功，則賞之。無功，則亦賞之。而怨人之不理也，可乎？』陶鴻慶曰：下文皆以是非賞罰對言，此當有脫句。元文本云：「人有非則非之，無非則亦非之；有是則是之，無是則亦是之；有罪則罰之，無罪則亦罰之；有功則賞之，無功則亦賞之。」下文云：「賞罰是非，相與四繆，雖十黃帝，不能理也。」正與此應。呂氏春秋作「民有非則非之，民無非則非之；民有罪則罰之，民無罪則罰之」，彼文但論不以爲臣之繆，故節舉此四語，足明此文有脫句也。齊王曰：『不可。』尹文曰：『臣竊觀下吏之理齊，其方若此矣。譚戒甫曰：呂氏春秋無「其」字。』王曰：『寡人理國，信若先生之言，人雖不理，寡人不敢怨也。意未至然與？兪樾曰：「意未至然與」，呂氏春秋作「意者未至然乎」。』

意之所思，未至大道。

既言齊國失政，敢不說其由乎？

尹文曰：『言之敢無說乎？王之令曰：殺人者死，傷人者刑。人有畏王之令者，見侮而終不敢鬭，是全王之令也。而王曰：見侮而不鬭者，辱也。謂之辱，非之也。無非，而王辱之。故因除其籍，不以爲臣也。不以爲臣者，罰之也。此無罪而王罰之也。且王辱不敢鬭者，必榮敢鬭者也。榮敢鬭者是而王是之，楊壽籛曰：「榮敢鬪者，是而王是之」，按此有脫文，當謂「是無功而王是之」，脫無功兩字，下文「彼無功而王賞之」可證。譚戒甫本則校改爲「榮敢鬪者，無是而王是之」，補無，必以爲臣矣。陶鴻慶校曰：此句當作「榮敢鬪者無是，而王是之也，是之必以爲臣矣」，文義方是。必以爲臣者，賞之也。彼無功而王賞之。俞樾曰：「榮敢鬪者是，而王是之」，當作「榮敢鬪者是之也，無是而王是之」；「彼無功而王賞之」，當作「此無功而王賞之也」，如此，則與上文相對矣。又曰：上文「無非而王辱之」，當作「無非而王非之」，與此文「無是而王是之」相對。王之所賞，吏之所誅也。上之所是王琯曰：「上」字，疑當作「王」，字體近而訛。，而法之所非也。賞罰是非，相與四謬「相與四謬」，陳柱本作「相四與謬」，當爲排印致誤。汪兆鏞曰：「四謬」，孔叢子作「曲謬」，道藏本、湖北本作「四謬」。陳柱曰：陳仁錫本、辛從益本、守山閣本均作「四謬」。「四謬」與「曲謬」，均於義未安，疑「四」與「曲」，均「回」字形近之誤。雖十黃帝，不能理也。』齊王無以應焉。

君不顧法，則國無政，故聖陪陳柱曰：「陪」，陳仁錫本、守山閣本作「倍」，據改正。十黃帝，不能救其亂也。

故龍以子之言，有似齊王。子知難白馬之非馬，不知所以難之說以此王啓湘曰：「難之」二字下，當疊「之」字；「以」字當衍。「此猶知好士之名而不知察士之類」十四字作一句讀。王琯曰：「以」疑衍。段尾疑有佚文，猶知好士之名，而不知察士之類。」

察士之善惡，類能而任之。

白馬論第二

「白馬非馬，可乎？」曰：「可。」

夫闡微言，明王道，莫不立賓主，致往復。假一物以爲萬化之宗，寄言論而齊彼我之謬。故舉白馬，以混同異。

曰：「何哉？」曰：「馬者，所以命形也。白者，所以命色也。王琯曰：跡府篇「命」均作「名」命色者，非命形也。「命色者，非命形也」句，譚戒甫本校改爲「命色形非命形也」。故曰白馬非馬。」

馬形者，喻萬物之形皆材用也；馬色者，況萬物種類各有親疏也。以養萬物王啓湘曰：「以」下，疑脫「材用」二字，明天下歸；存親疏以待人，則海內叛。譬如離色命馬，衆馬斯應，守白求馬，唯得白馬。故命形而守一白色者，非命衆馬也。

曰：「有白馬，不可謂無馬也。不可謂無馬者，非馬也。俞樾曰：「非馬也」當作「非馬耶」，古「也」「耶」通用。陳柱曰：「也」，傅本作「耶」。金受申曰：「非」字衍文。

既有白馬，不可謂之無馬，則白馬豈非馬乎？

有白馬爲有馬，白之非馬徐復觀曰：「之」應爲「馬」之誤。何也？錢基博曰：百子全書本「馬白」二字誤倒，作「有白馬爲有白，馬之非馬，何也」。王啓湘曰：此兩句，疑舊注誤入正文。」

白與馬連，而白非馬，何故？

曰：「求馬，黃黑馬皆可致；求白馬，黃黑馬不可致。

凡物，親者少，疏者多，如一白之於衆色也。故離白求馬，黃黑皆至；以白命馬，衆色咸去。懷柔之道，亦猶此也。

使白馬乃馬也，是所求一也。所求一者，白者錢基博曰：百子全書本「白者」作「白馬」。不異馬也。

設使白馬乃爲有馬者，但是一馬耳，其材不異衆馬也。猶君之所私者，但是一人耳，其賢不異衆人也。人心不常於一君，亦猶馬形不專於一色。故君之愛己則附之，君之疏己則叛之。何可私其親黨，而疏於天下乎？

所求不異，如黃黑馬，有可有不可，何也？可與不可，其相非明，故黃黑馬一也。而可以應有馬王琯曰：「而」字疑衍文。，而不可以應有白馬金受申曰：「而」字衍文。是白馬之非馬，審矣。」

如黃黑馬王啓湘曰：「如」下脫「而也」二字。亦各一馬，不異馬也，而不可以應衆馬王啓湘曰：「而」下衍「不」字。嚴可均、陳柱校同。。不可以應白馬者，何哉？白非黃，黃非白，五色相非，分明矣。君既私以待人，人亦私以叛君，寧肯應君命乎？故守白命馬者，非能致衆馬，審矣。

曰：「以馬之有色爲非馬，天下非有無色之馬也。天下無馬，可乎？」

以馬有色爲非馬者，天下馬皆有色，豈無馬乎？猶人皆有親疏，不可謂無人也。

曰：「馬固有色，故有白馬；使馬無色，有馬如已王啓湘曰：道藏本、明陳仁錫本，「而已」作「如已」，故注釋之曰：「如，而也。」若如今本，則注不可通矣。王琯曰：「固」疑爲「因」，「如」當爲「知」，字體相近，傳寫譌奪。陳柱曰：「有馬如已耳」句，道藏本、守山閣本均同。陳澧本，「有」上多「則」字。局本，「如」作「而」。王琯本，此句作「如有馬而已耳」，不知何所據？王校「馬固有色」句，「固」疑爲「因」，非是。耳，安取白馬？故白者非馬也金受申曰：此句承上下文而衍。。

如，而也。馬皆有色，故有白馬耳。若使馬元無色，而獨有馬而已者，則馬耳，安取白馬乎？如人必因種類而生，故有華夷之別，若使元無氏族，而獨有人者，安取親疏乎？

故白者自是白，非馬者也。

白馬者，馬與白也，馬與白馬也。王琯曰：「馬與白馬也」一句，上下當有訛誤，或爲錯簡。「馬與白馬也」，譚戒甫本校改作「白與馬也」。故曰：白馬非馬也。」

白既非馬，則白與馬，二物矣。合二物以共體，則不可偏謂之馬。故以馬而喩白，則白馬爲非馬也。

曰：「馬未與白爲馬，白陳柱曰：傅本自「黑馬皆可致」，至「馬未與白爲馬白」，九十四字皆脫。未與馬爲白，合馬與白錢基博曰：「合馬與白」，馬驌繹史作「合白與馬」，譚戒甫本據繹史本校改，復名白馬。是相與以不相與爲名陶鴻慶曰：「是相與」句絕，下當重「相與」二字，屬下讀之。今本重文誤脫，則語意不足。，未可辛從益曰：「未」疑衍，或當作「亦」。故曰：白馬非馬，未可金受申曰：「未可」係衍文。。」

此賓述主義而難之也。馬自與馬爲類，白自與白爲類，故曰相與也。馬不與白爲馬，白不與馬爲白，故曰不相與也。合馬與白，復名白馬。乃是强用白色以爲馬名，其義未可。故以白馬爲非馬者，未可也。上之未可主義，下之未可賓難也。

曰：「以有白馬爲有馬王啓湘曰：陳仁錫本及彙函，「有馬」作「非馬」，誤。陳柱曰：「以有白馬爲有馬」句，傅本、陳澧本並加校改爲：「以有白馬爲非馬。」守山閣同。，謂有白馬爲有黃馬譚戒甫曰：各本多作「以有白馬爲非馬」，唯繹史、道藏本作「以有白馬爲有黃馬」，而「白」當衍。按守山閣本同繹史、道藏本。，可乎？」曰：「未可。」

主責賓曰：「定以白馬爲有馬者，則白馬可得爲黃馬乎？」賓曰：「未可也。」

曰：「以有馬爲異有黃馬（守山閣本同道藏本。辛從益曰：「以有」下當脫「白」字。陳柱本據辛校改。），是異黃馬於馬也。異黃馬於馬，是以黃馬爲非馬。

既以白馬爲有馬，而黃馬不得爲白馬，則黃馬爲非馬，明執者未嘗不失矣。

以黃馬爲非馬，而以白馬爲有馬。此飛者入池，而棺槨異處，此天下之悖言亂辭也。」

黃白，色也；衆馬，形也。而强以色爲形，飛者入池之謂也。黃馬白馬，同爲馬也，而取白棄黃，棺槨異處之謂也。凡棺槨之相待，猶脣齒之相依，脣亡齒寒，不可異處也。夫四夷守外，諸夏待內，內外相依，天下安矣。若乃私諸夏而疎夷狄，則夷狄叛矣。勒兵（嚴可均曰：「勒兵」當作「勤兵」。）伐遠，人不堪命，則諸夏亂矣。內離外叛，棺槨異所，則君之所私者，不能獨輔君矣。故棄黃取白，悖亂之甚矣。

曰：「有白馬，不可謂無馬者，離白之謂也。不離（王啓湘曰：道藏本及陳本，均作「不離」，歸本同。錢基博曰：百子全書本，「不離」之「不」，誤作「是」。按俞樾所據本，正作「是離」。陳柱曰：各本均作「不離」，唯局本作「是離」，俞、王從之，誤，俞說非。）者，有白馬不可謂有馬也（俞樾曰：「有馬」當作「無馬」，涉下文三言「有馬」而誤耳。陳柱本據俞校改。王啓湘曰：「有馬」二字不誤，俞說非。）。故所以爲有馬者，獨以馬（譚戒甫曰：「獨以」二字，傳寫倒誤。）爲有馬耳。非有（錢基博曰：百子全書本，「有」字作「以」。）白馬爲有馬，故其爲有馬也，不可以謂馬馬也。」

賓曰：「爲白是離有馬（錢基博曰：按百子全書本，此作「離白是爲有馬」。），不離實爲非馬。但以馬形、馬色堅相連屬，便是二馬共體，不可謂之馬馬，故連稱白馬也。

曰：「白者，不定所白，忘之而可也。

萬物通有白色，故曰不定所白。白既不定在馬，馬亦不專於白。故忘色以求馬，衆馬皆應矣；忘私以親人，天下皆親矣。

白馬者，言白定所白也。定所白者，非白也（王琯曰：「定所白者，非白也」句，文義上下不完，似有漏誤。）。

定白在馬者，乃馬之白也，安得自爲白乎？

馬者，無去取於色，故黃黑皆所以應（王琯曰：「黃黑」下，疑有「馬」字。譚戒甫說同。）。

直云馬者，是於衆色無所去取也。無取，故馬無不應。無去，故色無不在。是以聖人淡然忘懷，而以虛統物，故物無不洽（錢基博曰：百子全書本，「洽」作「治」），而理無不極。

白馬者，有去取於色，黃黑馬皆所以色去（王啓湘曰：「以」字疑當在「所」字上。胡適、譚戒甫說同。），故唯白馬獨可以應耳。

去黃取白，則衆馬各守其色。自殊而去，故唯白馬獨應矣。王者黨其所私，而疎天下，則天下各守其疎，自殊而叛矣。天下俱叛，誰當應君命哉？其唯所私乎？所私獨應，命物適足增禍，不能靜亂也。

無去者，非有去也。故曰：白馬非馬。」

不取於白者，是不去黃也。不去於色，則色之與馬，非有能去。故曰：「無去者，非有去也。」凡黃白之在馬，猶親疏之在人，私親而背疏，則疏者叛矣。疏者離叛，則親不能獨存矣。故曰：「白馬非馬。」是以聖人虛心洞照，理無不統。懷六合於胸中，而靈鑒有餘；燭萬象於方寸，而其神彌靜。故能處親而無親，在疏而無疏。雖不取於親疏，亦不捨於親疏。所以四海同親，萬國共貫也。

指物論第三

物莫非指，而指非指。

物我殊能，莫非相指，故曰「物莫非指」。相指者，相是非也，彼此相推，是非混一，歸於無指，故曰「而指非指」。

天下無指，物無可以謂物。

指，皆謂是非也。所以物莫非指者，凡物之情，必相是非，天下若無是非之物，則無一物而可謂之物，是以有物卽相是非，故物莫非指也。

非指者陳澧曰：「非指者」上，當脫「莫」字。，天下而物俞樾曰：「天下而物」，當作「天下無物」，字之誤也。陳柱曰：「而」當作「之」，篆文「之」作㞢，倒之則與「而」篆文相似也。可謂指乎？

阚鴻慶曰：俞氏以「而」爲「無」字之誤，其說恐未然。此當於「天下」絕句。王琯曰：「天下」二字，當連上讀爲「非指者天下」，與堅白篇「離也者天下」同。

物莫非指，而又謂之非指者，天下齊焉。而物豈可謂之指乎？物物皆妄相指，故皆非指也。

指也者，天下之所無也。物也者，天下之所有也。以天下之所有，爲天下之所無，未可。

　天下無一日而無物，無一物而非適，故强以物爲指者，未可也。

天下無指，而物不可謂指也。

　所以天下無是非者，物各適其適，不可謂之是非，故無是非也。

不可謂指者，非指也。

　譬如水火殊性，各適其用，既無是非，安得謂之是非乎？

非指者，物莫非指（伍非百本校改爲「莫非非指」，曰：舊脫一「非」字，義與上牾，今以意增。）也。

　即夫非指之物，莫不妄相指也。

天下無指，而物不可謂指者（金受申曰：此當作「而物不可謂無指者」，相承而脫「無」字。），非有非指也。

　物不可謂指者，無是非也。豈唯無是非乎？亦無無是非也。故曰：「非有非指。」

非有非指者，物莫非指也。物莫非指者，而指非指也（王琯曰：「而指非指也」，上下文義不完，疑有譌奪。）。

　以乎無無是非，故萬物莫不相是非，故曰：「非有非指者，物莫非指也」。無是非，亦無無是非，兩忘之，故終日是非而無是非。故曰：「物莫非指者，而指非指也」。

天下無指者，生於物之各有名，不爲指也。

物有其實，而各有名，謂若王良善御陳柱本「若」下多一「謂」字，而斷作「而各有名謂。若謂王良善御」。，隸首善計，彼物各自爲用，譬之耳目，廢一不可，故不爲是非也。

不爲指而謂之指，是兼不爲指俞樾曰：「兼」乃「無」字之誤，「無」與「兼」相似而誤。王琯曰：俞說非是，本書屢用「兼」義，並無訛字，不須改也。金受申，徐復觀說同。

物皆不爲指，而或謂之指者，是彼此之物，兼相是非，而是非莫定，故不爲指也。

以有不爲指，之無不爲指金受申曰：疑「之」爲「爲」字之訛，草書「之」「爲」相近致誤。陳柱之說同。，未可。

之，適也。「有不爲指」，謂物也；「無不爲指」，謂指也。以物適指，故未可也。

且陳柱曰：「且」字，疑「曰」字形近之誤。指者，天下之所兼王啓湘曰：「兼」當依俞校作「無」。。

或一物而有是非二名，或彼此更相爲指，皆謂之兼也。

天下無指者，物不可謂無指也。不可謂無指者，非有非指也辛從益所據本，「非有非指也」句「指」上無「非」字，擬補。」。

是非之名，生於初相彼，故曰：「物不可謂無指」。卽此萬物無指，而又無無指，故曰：「非有非指也」。

非有非指者，物莫非指。陳柱曰：「非有非指也。非有非指者，物莫非指」十四字承上節而衍。

謂無是非者，生於物莫非指也。是以聖人求人於是非之內，乃得無是非人也。

指非非指也，指與物非指也陳澧曰：「「指與物非指也」，「與」當作「於」。」陳柱曰：「「指與物非指也」，「非」下當脫一「非」字。」

夫謂之指者，非無指也。指既不能與物爲指，故非指也。

使天下無物指，誰徑謂非指；天下無物，誰徑謂指。伍非百曰：「「使天下無物指，誰徑謂非指；天下無物，誰徑謂指」二句當倒，又衍一「指」字，當作「使天下無物，誰徑謂指；天下無指，誰徑謂非指」。」

設使天下無物無指，則寂然矣。誰謂指爲非指乎？誰謂指爲指乎？

天下有指無物指，誰徑謂非指？徑謂無物非指？

設使有指，而無物可施指者，誰謂有指爲非指乎？誰謂有無物故非指乎？明本無指也。

且夫指固自爲非指，奚待於物，而乃與爲指金受申曰：「「與爲」下脫「非」字，據補。」伍非百同。

反覆相推，則指自爲無指，何能與物爲指乎？明萬物萬殊，各自爲物，各有所宜，無是非也。是以聖人淵默恬淡，忘是忘非，不棄一能，不遺一物也。

通變論第四

曰：「二有一乎？」曰：「二無一。」

如白與馬爲二物，不可合譚戒甫曰：「「合」當爲「令」之誤。」一以爲二。

曰：「二有右乎？」曰：「二無右。」曰：「二有左乎？」曰：「二無左。」

左右合（王啓湘曰：「合」當作「各」。）一（譚戒甫曰：「一」當爲「二」之誤。）位也，不可合二以爲右，亦不可合二以爲左，明二必無爲一之道也。

曰：「右可謂（陳柱曰：傅本「謂」作「爲」。）二乎？」曰：「不可。」曰：「左可謂（傅本「謂」作「爲」。）二乎？」曰：「不可。」

不可分右以爲二，亦不可分左以爲二，明一無爲二之道也。

曰（陳柱本無「曰」字）：「左與右可謂二乎？」曰：「可。」

左右異位，故可謂二。

曰：「謂變非不變（兪樾曰：疑「不」字衍。譚戒甫曰：兪疑此有誤，是也。謂「不」字衍文，非也。疑「非」字本係「而」字，形似致誤也。徐復觀曰：兪氏疑「不」字衍文，按以下文推之，「不」字非衍文。陳柱曰：兪校衍「不」字是也。「謂變非不變」各本均有「謂」字，陳本無。），可乎？」曰：「可。」

一不可謂二，二亦不可謂一，必矣。物有遷變之道，則不可謂之不變也。

曰：「右有與？可謂變乎？」曰：「可。」

有與，謂右移於左，則物一而變爲異類，如鯤（陳柱本「鯤」作「鵾」。）化爲鵬，忠變爲逆，存亡靡定，禍福不居，皆是一物化爲他類。故擧右以明一，百變而不改一（錢基博曰：百子全書本脫「一」字。）。

曰：「變隻（兪樾曰：「變隻」無義，「隻」疑「奚」字之誤。金受申曰：兪說甚卓絕，然申以爲「隻」字衍文，句下遺「可乎」二字。譚戒甫曰：兪疑「隻」爲「奚」之誤，甚是。惟謂本作「奚」字，似尚未諦。蓋「隻」疑「臾」之誤。「粵」即「奚」之或體字耳。「粵」「隻」形近致誤。？」

鯤鵬二物，隻以變爲二矣，何謂不得王啓湘曰：陳仁錫本及錢熙祚本，均作「何得不謂」。一變爲二乎？

曰：「右。」

鯤反爲鵬，一物化爲一物，如右移於左，終是向者之右。

曰：「右苟變，安可謂右？右苟不變「右苟不變」守山閣本無「右」字。陳柱曰：傅本無「右」字。丁鼎丞曰：「苟不變」上遺「曰」字。，安可謂變？」陳柱曰：下有闕文。

右移於左，安可仍謂之右？知其一物，安可謂之變乎？明二可一，而一可二也王啓湘曰：陳仁錫本及錢熙祚本，均作「一可二」。錢基博曰：百子全書本「一可二」之「二」作「一」，譌。按守山閣本亦作「一可二」。

曰楊壽籛曰：原文「二苟無左」上有「曰」字，不可通。譚戒甫說同。：「二苟無左又無右，二者金受申曰：「二者」二字衍文。左與右奈何陳柱曰：疑「二苟無左又無右，二者左與右奈何」十四字，當在「曰：左與右，可謂二乎」之下。傅本作「二苟無右，又無左，二者左與右奈何」。？楊壽籛曰：原文此處無「曰」字，不可通。當係傳寫者誤移於上文「苟無左」之上。譚戒甫說同。羊合牛，非馬。

假令羊居左，牛居右，共成一物，不可偏謂之羊，亦不可偏謂之牛。既無所名，不可合謂之馬，故二物不可爲一，明矣。

牛合羊，非雞。」

變爲他物，如左右易位，故以牛左羊右，亦非牛非羊，又非雞也。

曰：「何哉？」曰：「羊與牛唯孫詒讓曰：「唯」與「雖」通，此書屢見異。羊有齒，牛無齒。而羊牛之非羊也，之非牛也孫詒讓校改爲「而牛之非羊也，羊之非牛也」。曰：子彙本及錢本並作「而羊之非羊也，牛之非牛也」，與謝注似合，然以文義校之，似明刻與錢刻皆非其舊。王啓湘曰：孫氏所據本，作「而羊牛之非羊也，之非牛也」，誤。陳本作「羊之非羊也，牛之非牛也」據舊注，則疑陳本近是。錢基博曰：馬驌繹史「而」字之下，作「羊之非羊也，牛之非牛也」，嚴可均校道藏本亦同。百子全書本作「牛之非羊也，羊之非牛也」，然按注文詞意，當以「羊之非羊也，牛之非牛也」爲是。金受申曰：「而牛之非羊也，羊之非牛也」，「非」字係「爲」字雙聲之譌。又草書「爲」「非」形近。譚戒甫曰：按首句，各本多作「而羊之非羊也，牛之非牛也」，與舊注所據本相合。道藏本作「而羊牛之非羊也，之非牛也」更誤。茲據崇文百子本。陳柱曰：按「而羊牛之非羊也非牛也」，道藏本、守山閣本如此。陳仁錫本、傅本，嚴可均校道藏本、陳澧本均作「而羊之非羊也，牛之非牛也」。陶鴻慶曰：疑元文本作「而羊之非牛也，牛之非羊也」。徐復觀曰：按謝注本，此處作「而羊之非羊也，牛之非牛也」，崇文百子本作「而牛之非羊也，羊之非牛也」，此據道藏本。蓋謝注本上句失一「牛」字，下句又多出一「牛」字，崇文百子本求其解而不得，故妄改。，未可。是不俱有，而或類焉。

牛之無齒，不爲不足，羊之有齒，而比於牛，爲有餘矣。以羊之有餘，而謂之非羊者，未可。然羊之有齒，不爲有餘，則牛之無齒，而比於羊，固不足矣。以牛之不足，而謂之非牛者，亦未可也。是皆稟之於天然，各足於其分而俱適矣。故牛自類牛而爲牛，羊自類羊而爲羊也。

羊有角，牛有角，牛之而譚戒甫曰：此「而」字當假爲「若」。羊也，羊之而牛也，未可。是俱有，而類之不同也王琯曰：「類之不同也」句下，似有佚文。段中詞句，譌奪尚多，今俱不可考。。

之而，猶之爲也。以羊牛俱有角，因謂牛爲羊，又謂羊爲牛者，未可。其所以俱有角者，天然也。而羊牛類異，不可相爲也。

羊牛有角，馬無角；馬有尾，羊牛無尾。故曰：羊合牛非馬也。非馬者，無馬也。無馬者，羊不二，牛不二，而羊牛二。是而羊，而牛非馬，可也（陳柱曰：「是而羊。而牛非馬，可也」，佛本「馬」下有「可」字。）。若（王琯曰：「若」字疑衍，似涉下文「若左右」句而誤。）舉而以是，猶類之不同，若左右猶是舉（「猶是舉」，伍非百校爲「是狂舉」。曰：「猶」「狂」之形訛，又誤倒。）。

馬舉（王啓湘曰：「舉」當作「與」。陳柱曰：「舉」，陳仁錫本、守山閣本並作「與」。）。牛羊，若此之懸，故非馬也。豈唯非馬乎？又羊牛中無馬矣，羊一也，不可以爲二矣，羊一也，不可以爲二矣。則一羊一牛，並之而二，可。是羊牛不得謂之馬。若以羊牛爲馬，則二可以爲三，故無馬而後可也。所以舉是羊牛者，假是類之不可，以定左右之分也。左右之分定，則上下之位明矣。

牛羊有毛，雞有羽（陳柱曰：「雞有羽」，辛從益本「羽」作「尾」。），謂雞足一，數足二，二而一，故三。謂牛羊足一，數足四，四而一，故五。牛羊足五，雞足三。故曰：牛合羊，非雞，非有以非雞也（王琯曰：原文詞句不完，似有脫佚。）。

上文羊合牛，今曰牛合羊者，變文以見左右移位，以明君臣易職，而變亂生焉。人之言曰：羊有足，牛有足，雞有足，而不數其足，則似各一足而已。然而歷數其足，則牛羊各四而雞二，並前所謂一足，則牛羊各五足（譚戒甫本於「牛羊各五足」下增補「而雞三足」四字。）矣。夫如是，則牛羊與雞異矣。故曰：非雞也。非牛羊者（「者」，譚戒甫校改爲「異」。），雞以爲非雞，而牛羊之中無雞，故非雞也。

與馬以雞，寧馬，材不材，其無以類，審矣。擧是，謂亂名，是狂擧。（王啓湘據陳仁錫本校改爲「擧是亂名是謂狂擧」，曰：「謂」字，各本誤在「亂名」上。錢基博曰：馬驌繹史作：「擧是亂名是謂狂擧」，按注所云，「謂」字明在「狂擧」之上。譚戒甫曰：末二句，各本多作「擧是謂亂名，是狂擧」，「謂」字錯誤在上也，子彙本、守山閣本、繹史本、傅本皆不誤。陳柱曰：「是狂擧」，傅本「是」下有「謂乎」。」）

馬以譬正，雞以喻亂，故等馬與雞，寧取與馬，以馬有國用之材，而雞不材，其爲非類，審矣。故人君擧是不材，而與有材者並位，以亂名實，謂之狂擧。

曰：「他辯。」曰：「青以白，非黃；白以青，非碧。」曰：「何哉？」曰：「青白不相與而相與，反對也（譚戒甫校改「反對也」爲「反而對也」。曰：原缺「而」字，據下文：「反而對」句增。舊本似亦有「而」字，觀注便知。陳柱曰：「青白不相與，而相與」句，章士釗本「青白」下增「與黃碧」。）。不相鄰而相鄰，不害其方也。

前以羊牛辯左右共成一體，而羊牛各礙於一物不相盈，故又責以他物爲辯也。夫青不與白爲青，而白不與青爲白，故曰：不相與。青者，木之色，其方在東；白者，金之色，其方在西，東西相反而相對也。東自極於東，西自極於西，故曰：不相鄰也。東西未始不相接，而相接不相害，故曰：相鄰不害其方也。

不害其方者，反而對，各當其所（陳柱曰：「反而對，各當其所」，當作「反對而各當其所」。），若左右不驪（錢基博曰：「若左右不驪」，百子全書本脫「若」字。）。

驪（孫詒讓曰：「驪」，並「麗」之借字。），色之雜者也。東西正相反而相對，各當其所居，若左右之不相雜，故不害其方也。

故一於青不可，一於白不可，惡乎其有黃矣哉？王琯曰：「其有」二字無解，疑涉上文「其有黃矣」而誤，究爲何字之訛，已不可考。「黃矣哉」，章士釗校改爲「黃碧哉」。黃其正矣，是正舉也「也」，陳柱本校改作「矣」。。其有君臣之於國焉金受申曰：疑「其有君臣之於國焉」之「有」字，爲「若」字之譌。伍非百曰：「有」當作「若」，形譌致誤。陳柱曰：「其有」疑「其猶」聲近之誤。，故强壽矣。陳柱曰：陳澧本以上節「若左右不驪」句連本節。

青白各靜其所居不相害，故不可合一而謂之青，不可合一而謂之白。夫以青白相辯，猶不一於青白，安得有黃矣哉？然青白之中，雖無於黃，天下固不可謂無黃也。黃，正色也，天下固有黃矣。夫云爾者，白以喻君，青以喻臣，黃以喻國，故君臣各正其所舉，則國强而君壽矣。

而且青驪乎白，而白不勝也。白足之孫詒讓曰：「之」當作「以」。勝矣，而不勝，是木賊金也。木賊金者碧，碧則非正舉矣錢基博曰：百子全書本脫「矣」字。陳柱曰：「舉」下，傳本有「矣」字。按守山閣本亦有「矣」字。。

白，君道也；青，臣道也。青驪於白，謂權臣擅命，雜君道也。君道雜，則君不勝矣。故曰：而白不勝也。君之制臣，猶金之勝木，其來久矣。而白不勝，爲青所驪，是木賊金，而臣掩君之謂也。青染於白，其色碧也，臣而掩君，其道亂也，君道之所以亂，由君不正舉也。

青白不相與而相與，不相勝徐復觀曰：在文意上，「不相勝」下，應補「相勝」二字，意義始明。無之者，乃古人文字之省略。則兩明也。爭而明王琯曰：「爭而明」，當作「爭而兩明」，脫一「兩」字，下文「暴則君臣爭而兩明」可證。，其色碧也嚴可均校道藏本，「也」作「矣」。。

夫青白，不相與之物也，今相與雜而不相勝也。不相勝者，謂青染於白，而白不全滅，是青不勝白之謂也。潔白之質，而為青所染，是白不勝青之謂也。謂之青而白猶不滅，謂之白而為青所染，是白不勝青之謂也。謂之青而白猶不滅，謂之白而為青所染。錢基博曰：百子全書本云：「潔白之質，而爲青所染，是白不染青之謂也。謂之青，而白猶不滅；謂之白，而爲青所染，兩色並章」。道藏本，「白不染青」之「染」作「勝」。又總「是白不勝青之謂也。青而白，猶不滅，謂之白，而爲青所染」三語，明是衍文，當從百子全書本。按守山閣本亦無此三語，而「染」亦作「勝」兩色並章，故曰兩明也。白爭而明也譚戒甫於「白」上補一「青」字。青爭白明譚戒甫本校改爲「青白爭明」。，俗謂其色碧也。

與其碧，寧黃。黃其馬也，其與類乎？

等黃與碧，寧取於黃者：黃，中正之色也；馬，國用之材也。夫中正之德，國用之材，其亦類矣。故寧取於黃，以類於馬。馬，喻中正也。

碧其雞也，其與暴譚戒甫校改「暴」爲「異」，疑形近致誤。乎？

碧，不正之色；雞，不材之禽，故相與爲類。暴之王啓湘曰：陳本，「類」在「暴」之下。譚戒甫曰：子彙本，末句作「故相與爲暴之類」。陳柱本校改爲「故相與之爲異類」，曰：各本多作「故相與爲類暴之」，惟子彙本作「故相與爲暴之類」，然亦誤。青而白色，碧之材白，猶不勝亂陳柱曰：「故相與爲類暴之青而白色碧之材白猶不勝亂」十九字疑有誤。陳澧本引作「故相與之爲暴之類」。暴。譚戒甫本校改爲「巽」。則君臣爭而兩明也。兩明者，昏不明，非正擧也。

非正擧者，名實無當，驪色章焉。故曰：兩明也。兩明而道喪，其無有以正焉。」

政之所以暴亂者，君臣爭明也。君臣爭明，則上下昏亂，政令不明，不能正其所擧也。名者，命實者也。實者，應名者也。夫兩儀之大，萬物之多，君父之尊，臣子之賤，百官庶府，卑高等列，器用資實，各有定名，聖人司之。正擧而不失，則地平天成，尊卑以序，無爲而業廣，不言而敎行。陳柱曰：譚戒甫本全用謝（希深）、陳（澧）二注，唯於謝注，刪「君父之尊」，至「器用資實」二十字，及「無爲而業廣，不言而敎行」凡十字。若夫名乖於實，則實不應名，上慢下暴，百度昏錯。故曰：驪色之章焉。驪色之章，則君臣爭明，內離外叛。正道衰者，名實不當也。名實之不當，則無以反正道之喪也。

堅白論第五

「堅白石三，可乎？」曰：「不可。」曰：「二陳澧所據本「二」作「一」。，可乎？」曰：「可。」曰：「何哉？」

曰：「無堅得白，其擧也二；無白得堅，其擧也二。」

堅也，白也，石也，三物合體。而不謂之三者，人自嚴可均曰：「自」當作「目」。陳柱曰：按陳仁錫本、守山閣本，均作「人目」。視石，但見石之白，而不見其堅。是擧所見，名與白二物錢基博曰：「名」字，嚴可均校道藏本、百子全書本均作「石」，此譌。。故曰：無堅得白，其舉也一矣。人手觸石，但知石之堅，而不知其白，是舉石與堅二物王啓湘曰：「是舉」下，當脫「所知」二字。。故曰：無白得堅，其舉也二王啓湘曰：陳本兩「也二」下，皆有「矣」字。。

曰：「得其所白，不可謂無白；得其所堅，不可謂無堅。而之石也，之於然也，非三也。」

之石，猶此石。堅白共體，不可謂之無堅白。既得其堅白，不曰王啓湘曰：「不曰」二字當衍。非三而何？

曰：「視不得其所堅，而得其所白者，無堅也。拊不得其所白，而得其所堅。得其堅也王啓湘曰：陳本、錢本，「所堅」下有「者」字，無「得其堅也」句，惟彙函本與此本同。王琯曰：「而得其所堅，得其堅也」，證之上文，疑當爲「而得其所堅者」，遺一「者」字，衍「得其堅也」四字，涉上文錯簡。，無白也。俞樾曰：按此當作「視不得其所堅，而得其所白，得其所白者，無堅也。拊不得其所白，而得其所堅，得其所堅者，無白也」，文有脫誤。王啓湘曰：俞說是，當據補。楊壽籛曰：「而得其所堅」下，準上文例，當係脫一「者」字，衍「得其堅也」四字。譚戒甫曰：各本多作「拊不得其所白，而得其所堅；得其堅也，無白也」，俞校亦通。惟子彙本、傅本、繹史本均如前作。王琯曰：俞說竄改過甚，恐失真。陳柱曰：各本均作「拊不得其所白，而得其所堅，得其堅也，無白也」，唯陳仁錫本、傅山本、辛從益本、陳澧本、伍非百本，作「拊不得其所白而得其所堅者，無白也」，與王琯校同。」

堅非目之所見，故曰無堅；白非手之所知，故曰無白也。

曰：「天下無白，不可以視石；天下無堅，不可以謂石「謂石」，譚戒甫本校改爲「循石」，疑「循」「謂」二字草書形似致誤。。堅白石不相外，藏三可乎？」

白者，色也。寄一色，則衆色可知。天下無有衆色之物王啓湘曰：疑當作「無色之物」。，而必因色乃色王啓湘曰：疑當作「乃見」。。故曰：天下無石嚴可均曰：「石」，當作「白」。陳柱曰：陳仁錫本、守山閣本均作「白」。，不可以視石也。堅者，質也。寄一質，則剛柔等質，例皆可知。萬物之質不同，而各稱其所受。天下未有無質之物，而物必因質乃固。故曰：天下無堅，不可以謂石也。石者，形也。舉石之形，則衆物之形，例皆可知。天下未有無形之物，而物必因形乃聚。然則色、形、質者，相成於一體之中，不離也王啓湘曰：「相成」，疑「相域」之譌。「不離」當作「不相離」也。。故曰：堅白石不相外也。而人目之所見，手之所觸，但得其二，不能兼三。人自不能兼三，不可謂之無三。故曰：藏三可乎？言不可也。

曰：「有自藏也，非藏而藏也譚戒甫曰：傳本作「非藏爲藏也」。。」

目能見物，而不見堅，則堅藏矣。手能知物，而不知於白王啓湘曰：「於」衍字。，則白藏矣。此皆不知其然，自然而藏，故曰自藏也。彼皆自藏，非有物藏之之義陳柱曰：「非有物藏之之義」句，陳澧本引至「非有物藏之」止，「之義」以下有挩文。，非實觸，但得其二，實藏也。王啓湘曰：「實觸」之「實」，疑當作「視」。

曰：「其白也，其堅也，而石必得以相盛盈俞樾曰：「盛」衍字也。考察謝注，亦足以證所據本無「盛」字。譚戒甫曰：俞校是，疑「盛」字爲後人旁注，而誤入正文者。陳柱曰：辛從益本作「必得以相盈」，「相」下無「盛」字，與俞校同。徐復觀曰：「盛」非衍字。，其自藏奈何？」

盈，滿也。其白，必滿於堅白之中錢基博曰：百子全書本，「堅白」之「白」作「石」。；其堅，亦滿於白石之中；而石，亦滿於堅白之中。故曰：必得以相盈也。二物相盈必矣，奈何謂之自藏也。

曰：「得其白，得其堅，見與不見離。與不見離（俞樾曰：「「不見離」一句，當作「見不見離一」」王啓湘曰：孫氏所據本，二「不見離」三字不重。楊壽籛曰：此處當係衍「不見離」三字。否則下「不見離」之上，應係脫「見與」兩字。錢基博曰：馬驌繹史、百子全書本，第二「與」字作「離」字，為「見與不見，離不見離一」。），一一不相盈，故離。離也者，藏也。

孫詒讓曰：墨子經下篇云：「不可偏去其二，說在見與俱，一與二。」經說下篇云：「見不見離，一二不相盈。」正與此同。此「一不相盈」，亦當依墨子，作「一二不相盈」。王琯曰：此節微有譌奪。孫說甚審。近人胡適之斟酌孫、俞兩說，校本文如下：「得其白，得其堅，見與不見離，見不見離，一二不相盈，故離。離也者，藏也。」原文「見與不見離」下之「不見離」三字，疑涉上文而衍。原文「一一」當如孫校作「一二」，但「一」似不應連上讀，擬校如下文：「得其白，得其堅，見與不見離，一二不相盈，故離。離也者，藏也。」陶鴻慶曰：「不見離一」為句，「一不相盈」為句，或堅或白，皆一也。陳柱曰：陳仁錫本、傅山本、守山閣本、陳澧本，作「見與不見離不見離一一不相盈」。辛從益本作「見與不見離一一不相盈」。徐復觀曰：俞氏曰：「不見離」一句，當作「見不見離一」。按不見者離，則堅與白皆為一，故曰「不見離，一一不相盈」，不必校改。」

夫物各有名，而名各有實。故得白石者，自有白之實（錢基博曰：「白石」作「白名」，依上文「物各有名，而名各有實」，與下文「得堅名者，亦有堅之實」，則此互文見義；自當作「得白名者，自有白之實」。）；得堅名者，亦有堅之實也。然視石者，見白之實，不見堅之實。不見堅之實，則堅離於白矣。故曰：見與不見謂之離（王啓湘曰：「謂之」二字當衍。）。則知之（王啓湘曰：「之」字當衍。）與不知亦離矣。於石，一也。堅與白，二也。此三名有實，則不相盈也。名不相盈，則素離矣。素離而不見，故謂之藏。呂氏春秋曰：公孫龍與亂（王啓湘曰：「亂」當即孔字之誤而衍者。陳柱本據嚴可均校本，刪「亂」字。）。孔穿對辭於趙平原家，藏三耳，蓋以此為篇（王啓湘曰：「篇辯」誤倒。）辯。

曰：「石之白，石之堅，見與不見，二與三，若廣修而相盈也。其非舉乎？」

修，長也。白雖自有實，然是石之白也；堅雖自自實，然是石之堅也。故堅白二物，與石爲三，見與不見共爲體，其堅白廣修，皆與石均而相滿，豈非舉三名而合於一實。

曰：「物白焉，不定其所白；物堅焉，不定其所堅陳柱曰：「不」上，陳澧本衍「而」字。。不定者兼，惡乎甚石也傅山曰：「甚」字，又恐是「其」字。陳澧曰：「甚」當作「其」。錢基博曰：百子全書本「甚」作「其」。譚戒甫曰：名本多作「甚」，茲據崇文本校改。陳柱曰：辛從益本「甚」作「其」，與陳校同。各本均誤作「甚」。。」

萬物通有白，是不定白於石也。王啓湘曰：此當作「萬物通有白堅，是不定於石也」。陳本、錢本不誤，據改夫堅白豈唯不定於石乎，亦兼不定於萬物矣。萬物猶且不能定，安能獨於王啓湘曰：「於」字當衍。與石同體乎？

曰：「循石金受申曰：「循」字應爲「楯」字之譌。王琯曰：「循」通「楯」，今無「楯」字，以「循」爲之。，非彼無石，非石無所取乎楊壽籛曰：「乎」字當是「堅」字之誤。「非石無所取」爲句，「堅白」二字，合下文「石不相離」爲句。，白石不相離者傅山曰：「白」下似脫一「堅」字。，固乎然，其無已王琯曰：「其無已」三字無解，疑有脫譌。。」

賓難主云：因循於石，知萬物亦與堅同體，故曰循石也。彼謂堅也，非堅則無石矣。言必賴於堅以成名也陳柱據譚本校改「名」爲「石」。非有於石，則所取於白矣王啓湘曰：陳仁錫本「所取」作「無取」。。言必賴於石，然後以見白也。此三物者，相因乃王啓湘曰：「乃」當作「爲」。一體，故之曰堅白不相離也王啓湘曰：陳本「故」下無「之」字。「堅白」下有「石」字。錢本作「故又曰」，亦無「之」字，陳柱曰：「曰」上，道藏本有「之」字。嚴可均云：衍「之」字。陳仁錫本無「之」字，守山閣本「之」作「又」，今刪「之」字。。堅白與石，猶不相離，則萬物之與堅，固然不相離，其無已矣。

曰：「於石，一也譚戒甫曰：「於」，傅本作「于」，疑衍文，或後人妄據鑒經校增耳。按守山閣本，「於」並作「于」。。堅白，二也。而在於石。故徐復觀曰：此「故」字，疑因下文「故知與不知」之「故」字而衍。在文氣上應作「但」字始通。有知焉，有不知焉，有見焉，有不見焉。故知與不知相與離錢基博曰：馬驌繹史、百子全書本，「有見焉」句下多「有不見焉」一句，依上文「有知焉，有不知焉」觀之，明係此脫。，見與不見相與藏，藏故，孰謂之不離。」

以手拊石，知堅不知白，故知與不知相與離也。以目視石，見白不見堅，故見與不見相與藏也。藏於目而目不堅王啓湘曰：「而目不堅」當作「不見堅」，「而目」二字當衍。陳柱曰：陳仁錫本、守山閣本，「藏」上有「堅」字，「不」下有「見」字，作「堅藏於目，而目不見堅」。，誰謂堅不藏乎？白離於手不知於白王啓湘曰：下「於」字當衍。陳柱曰：守山閣本、陳仁錫本，「手」下有「而手」二字，「知」下無「於」字，作「白離於手，而手不知白」。，誰謂白不離乎？王啓湘曰：陳本，錢本作「堅藏於目，而目不見堅；白離於手，而手不知白」。彙函作「堅藏於目；而目不見堅；白離於手，不知白」，均有譌衍」

曰：「目不能堅，手不能白，不可謂無堅傅山本，「不可謂無堅」句，作「不可謂無任」。陳柱曰：此「任」字似是「堅」之訛，不可謂無白。其異任也，其無以代也。堅白域於石，惡乎離。」

目能視，手能操，目之與手，所在各異王啓湘曰：當依陳本作「所任各異」。，故曰：其異任也。目有自不能見於堅王啓湘曰：陳本作「目視不能見於堅」，「視」當爲「自」，音近而誤。陳柱曰：陳仁錫本、守山閣本，「自」上無「有」字。，乎自不能知於白嚴可均曰：「乎自」當作「手自」。王啓湘曰：陳本作「手自不能知於白」。又曰：彙函本及錢本均作「目自不能見於堅，手自不能知於白」，兩「有」字當即「自」之譌。「有」下衍「目」「手」字。陳柱亦曰：「乎自」，陳仁錫本、守山閣本並作「手自」，亦不可以目代手之知白，故曰：其無代也。堅白相城陳柱曰：「城」，百子全書本作「域」，今據改。按守山閣本亦引作「域」。不相離，安得謂之離？不相離王啓湘曰：陳本「安得謂之離」下，無「不相離」三字。陳柱譚本校，於「不相離」上增「言」字。。

曰：「堅未與石爲堅而物兼，未與爲堅而堅必堅其不堅，石物而堅。天下未有若堅而堅藏俞樾曰：「物兼未與」，當作「兼未與物」。譚戒甫曰：俞說是。惟「物」字似可不必乙轉，以「物兼未與爲堅」及「兼未與物爲兼」，文義本同耳。但舊本似有兩「物」字，因其注中兩「故曰」下皆引原文，讀作「未與石爲堅而物兼」句絕，「未與物爲堅而堅必堅」句絕，今各本正文皆無第二「物」字，蓋無者是也。陶鴻慶曰：此當讀云：堅未與石爲堅而物兼（句）未與物爲堅而堅（句）必堅其不堅（句）石（逗）物而堅（句）天下未有若堅（句）而堅藏。金受申曰：若本俞說斷句，應爲「堅未與石爲堅，而兼未與物堅；而堅必堅其不堅。石物而堅，天下未有若堅，而堅藏」。申書本文之斷句——堅未與石爲堅，而物兼。未與物爲堅，而堅必堅。其不堅石物，而堅天下，未有若堅，而堅藏——係本之謝注意。兩存其句，意應本俞。陳柱曰：傅山本「曰」上有「非」字。按此節之斷句，各家互異，稍舉數家以爲代表，非謂即此而可概其全也。

堅者不獨堅於石，而亦堅於萬物，故曰：未與石爲堅而物兼也。王啓湘曰：「而物兼也」四字疑衍。彙函本作「而物堅」，與正文不合，恐譌。亦不與萬物爲堅，而固當自爲堅，故曰：未與物爲堅而堅必堅也王啓湘曰：疑脫「其不堅」三字。。天下未有若此獨立之堅而可見，然亦不可謂之爲無堅，故曰：而堅藏也。

白固不能自白，惡能白石物乎？若白者必白，則不白物而白焉譚戒甫校改爲「則不白石物而白焉」。。黃黑與之然，右其無有，惡取堅白石乎譚戒甫曰：「石」字疑即上文錯簡，已移正。？故離也。陶鴻慶曰：此當讀云：白固不能自白（句）惡能白石（句）物乎（逗，與下文神乎例同）若白者必白（句）則不白物而白焉（句）黃黑與之然（句）石其無有（句）惡取堅白石乎（句）故離也。離也者，因是。

世無獨立之兼乎王啓湘曰：「兼」當爲「堅」之譌。陳本、錢本均作「堅」。，亦無孤立之白矣。故曰：自固不能自白嚴可均曰：當作「自白」。陳柱曰：陳仁錫本、守山閣本均作「自白」。。白既不能自白，安能自譚戒甫曰：各本此處皆衍「自」字。白於石與物，故曰：惡能自物乎王啓湘曰：「自」當爲「白」之譌。疑當作「故曰：惡能白石物乎」。陳柱曰：各本作「惡能自物乎」，今據陳澧本校改爲「惡能白石物乎」。若使白者必能自白，則亦不待白於物而自白矣，豈堅白乎王啓湘曰：疑當作「豈惟白乎」，譚戒甫說同。？黃黑等色亦皆然也。若石與物，必待於色，然後可見也。色既不能自爲其色，則石亦不能自顯其石矣。天下未有無色而可見之物，故曰：石其無有矣。石既無矣，堅白安所託哉！故曰：惡取堅白石（譚戒甫曰：「石」字爲「乎」字之訛）。反覆相見，則堅白之與萬物，莫不皆離矣。夫離者，豈有物使之離乎？莫不因是天然而自離矣。故曰因是也。

力與知，果不若，因是。

果，謂果決也。若，如也。夫不因天然之自離，而欲運力與知，而離於堅白者，果決不得矣。故不如因是天然而白離也。

且猶白以目以火見（譚戒甫曰：傅本「以目」下重一「目」字），而火不見。（孫詒讓曰：墨子經說下篇云：智以目見，而目以火見，而火不見。此文亦當作「且猶白以目見，目以火見，而火不見」。今本脫「見目」二字，遂不可通。）則火與目不見，而神見，神不見而見離。

神，謂精神也。人，謂目能見物，而目以因火見，是目不能見，由火乃得見也。然火非見白之物，則目與火俱不見矣。然則見矣（錢基博曰：百子全書本脫此四字。按守山閣本亦無此四字。），然則見者誰乎？精神見矣。夫精神之見物也，必因火以見（王啓湘曰：陳本「以見」作「以目」，彙函本同。錢基博曰：百子全書本「目」誤作「見」。），乃得見矣。火且猶且不能爲見，安能與神而見乎？則神亦不能見矣。推尋見者，竟不得其實，則不知見者誰也？故曰：而見離。

堅以手，而手以捶（王啓湘曰：「捶」疑當作「揣」，聲近誤。），是捶與手知而不知，而神與不知。神乎！是之謂離焉。離也者，天下故獨而正。金受申曰：此條應有衍文，當作「些以手，而手以捶，是捶與手知；而不知神與。不知神與，是之謂離焉。離也者天下，故獨而正」。王琯曰：此節文句不完，疑有挩譌。陳柱曰：「堅以手而手以捶是捶與手知而不知而神與不知神乎」二十二字，甚多挩衍。「乎」字當爲「手」字形似之誤衍，應據上文訂正爲「堅以手知，手以捶知，而捶不知，則捶與手不知，而神知，神不知而知離」，而以「以是之謂離焉」總束上文。

手捶與精神不得其知，則其所知者彌復不知矣。所知而不知，神其何爲哉！夫神者，生生之主，而心之精爽也。然而耳目誅能，百骸異通，千變萬化。神斯主焉。而但因耳目之所能，任百骸之自通，不能使耳見而目聞，足操而手步，又於一物之上，見白不得堅，知堅不得白，而況六合之廣，萬物之多乎？故曰：神乎神乎！其無知矣。神而不知，而知離也。推此以尋天下，則何物而非離乎？故物物斯離，不相離也。各各趣變，不相須也。不相須，故不假彼以成此。不相離王啓湘曰：當作「不相雜」，「離」字誤。陳柱曰：各本均作「離」，形似涉上誤。，故不持此以亂彼。是以聖人卽物而冥，卽事而靜。卽事而靜，故天下安存。卽物而冥，故物皆得性。物皆得性，則彼我同親，天下安存，則名實不存也王啓湘曰：陳本作「名實不浮」。陳柱曰：陳仁錫本、守山閣本作「浮」。。

名實論第六

天地與其所產焉，物也。

天地之形，及天地之所生者，皆謂之物也。

物以物其所物，而不過焉，實也。

取材以修廊廟，朝以王啓湘曰：「以」疑「廷」字之譌。車服器械，求賢以實侍御僕從，中外職國嚴可均曰：「職國」當爲「職司」。王啓湘說同。陳柱本據守山閣本作「職分」。，皆無過差，各當其物，故謂之實也。

實以實其所實，不曠焉王啓湘、王琯、譚戒甫、徐復觀並據上文「而不過焉」例，於「不曠焉」上補一「而」字。，位也。

實者充實，器用之小大，衆萬之卑高，器得其材，人堪其職，庶政無闕，尊卑有序，故曰位也。

出其所位，非位。

離位使官，器用過制，或僭於上，或濫於下，皆非其位。

位其所位焉譚戒甫本於「位其所位焉」上補「而」字。，正也。

取材之與制器，涖事之與賞刑陳柱曰：「賞刑」，守山閣本作「制賞」。，有尊卑陳柱曰：「有尊卑」上原當挩一「位」字。，神王啓湘曰：「神」字疑誤。按守山閣本「神」字作「各」。亦異數，合靜其信「合靜其信」，陳柱本據守山閣本作「靖共其位」。，而不僭濫，故謂正也。

以其所正，正其所不正，疑其所正胡適於「疑其所正」上，據經說下，補「不以其所不正」六字，曰：舊脫。馬驌繹史本有「以其所不正」五字，此處似當作「不以其所不正」。王琯、陳柱本皆據胡說補正。伍非百則據馬驌繹史本補「以其所不正」五字。譚戒甫同伍氏，曰：「以其所不正」五字，諸本皆缺。茲據子彙本、繹史本增。據舊注，似亦有此五字。。

以正正於不正，則不正者皆正。以不正亂於正，則衆皆疑之。

其正者，正其所實也。正其所實者，正其名也。

仲尼曰：「必也正名乎！」故正其實，正矣王啓湘曰：「正矣」二字，疑衍。其實正，則衆正皆正矣。

其名正，則唯乎其彼此焉。

唯，應辭也。正其名者，謂施名，當於彼此之實。故卽名求實，而後彼此皆應其名。

謂彼而彼不唯乎彼王琯曰：「彼不唯乎彼」，上一「彼」字，證下文「行不唯乎此」，疑爲「行」字之誤。，則彼謂不行。

謂者，敎命也。發號施命，而召於彼，而彼不應者，分不當於彼，故敎命不得行也。

謂此而行王啓湘曰：「而」下「行」字，當爲「此」字之譌。錢基博據馬驌繹史本，譚戒甫據子彙本、繹史本，陳柱據守山閣本、辛從益本、陳澧本，「行」均改爲「此」。，不唯乎此，則此謂不行。

施命不當於此，故此命不得行。

其以當不當也王啓湘本校改爲「其以不當當也」。，不當而亂也俞樾曰：此本作「不當而當亂也」，傳寫脫「當」字。下文云：「以當而當正也」，兩文相對。王琯曰：俞說非也。下文「以當而當」，後一「當」字，乃爲衍文，此仍作「不當而亂」。錢基博曰：馬驌繹史「不當而」下有「當」字。譚戒甫曰：「不當而當」，各本皆缺一「當」字，唯子彙本、繹史本不誤。陳柱曰：「其以當不當也」，辛從益本作「其以當爲當也」。「不當而亂也」句，譚本據子彙本、繹史本增「當」字。伍本「不當而」三字，據下文改作「當而不當」。均非是。疑此文當作「其以不當而當也，不當而當亂也」，與下文「其以當而當也，以當而當正也」對文。徐復觀則說同譚本。。

敎命不當，而自以爲當者，彌不當也。故當曰王啓湘曰：「故當曰」當作「故曰」。陳柱曰：「故」下，道藏本有「當」字，今據守山閣本刪。：其以當不當也。以其命之不當，故羣物不應，勢其命矣王啓湘曰：「勢」字當衍。陳柱本據守山閣本刪「勢」。。以不當也，恐物之不應命守山閣本，「以不當也，恐物之不應命」句作以「不當應物之不當命」。。而勢位以威之，則天下以不當爲當，所以又亂之矣。

故彼彼當乎彼，則唯乎彼，其謂行彼。此此當乎此，則唯乎此，其謂行此。其以當而當也。以當而當，正也。王琯曰：「以當而當正也」，下「當」字衍。

施命於彼此，而當彼此之名實，故皆應而命守山閣本，「命」作「令」。行。若夫以當，則天下自正。

故彼故彼止於彼嚴可均校，衍下「故」字。百子全書本依改。嚴可均曰：衍下「故」字。錢基博曰：「故彼故彼止於彼」，馬驌繹史無第二「故」字。陳柱曰：陳澧本、辛從益本、守山閣本均作「故彼彼」。，此此止於此，可。

彼名止於彼實，而此名止於此實，彼此名實不相濫，故曰可。

彼此而彼且此，此彼而此且彼，不可。

或以彼名濫於此實，而謂彼且與此相類；或以此名濫於彼實，而謂此且與彼相同，故皆不可。

夫名實，謂也。知此之非也，知此之不在此也，明不謂也。俞樾曰：此當作「知此之非此也，知此之不在此也，則不謂也」，下文云：「知彼之非彼也，知彼之不在彼也，則不謂也」，兩文相對，可據以訂正。王啓湘曰：「之非」下當有「此」字，「明」當爲「則」之譌。俞氏說是。譚戒甫曰：「知此之非此也」句，各本皆作「知此之非也」。又第四句「則不謂也」，各本皆作「明不謂也」。茲據子彙本、守山閣本、繹史本增改。陳柱曰：辛從益本、陳澧本、守山閣本、譚本、伍本均作「知此之非此也，知此之不在此也，則不謂也」，與俞校同。知彼之非彼也，知彼之不在彼也陳柱曰：陳澧本挩「知彼之不在彼也」句，則不謂也。

夫名所以命實也，故衆政之與實賞，刑名當其實，乃善也。假令知此之大功，非此人之功也；知此之小功，不足在此之可賞也，則皆不命賞矣。假令知彼之大罪，非彼人之罪也；知彼之小罪，不足在彼之可罰也，則皆不命罰矣。

至矣哉！古之明王。審其名實，愼其所謂（譚戒甫本校改爲「所愼其謂」）。至矣哉！古之明王。

公孫龍之作論也，假物爲辯，以敷王道之至大者也。夫王道之所謂大者，莫大於正名實也。仲尼曰：「唯名與器，不可以假人。」然則名號器實，聖人之所重愼之者也。名者，名於事物，以施教者也。實者，實於事物，以成教者也。失名（王啓湘曰：「失」字誤，當作「夫」，陳柱本據守山閣本作「夫名」）。非物也。而物無名，則無以自通矣。物非名也，而名無物，則無以自明矣。是以名因實而立，實由名以通。故名當於實，則名教大行，實功大擧，王道所以配天而大者也。是以古之明王，審其名實，而愼其施行者也。

六　其他有關公孫龍及公孫龍子之論著

(一) 專　著

胡道靜：公孫龍子考（民十八年六月）商務印書館萬有文庫薈要本。

篇目：事迹考、朋輩弟子考、年表、篇籍考、堅白同異無厚考、敍錄。

錢穆：惠施公孫龍（民二十年八月）

商務印書館國學小叢書本。

篇目：傳略、年表（附跋）、七說辯者言、名墨訾應辨、再辨名墨訾應、堅白盈離辨駁議。

傳略、年表（附跋）收入古史辨第六冊頁二九一——二九五。

（二）論　文

胡適：惠施公孫龍之哲學

東方雜誌第十五卷第五、六期。

馮友蘭：公孫龍哲學

清華學報六卷一期。

景昌極：名家公孫龍子之唯象主義

收入景氏哲學論文集上冊頁三一六——三三三（中華書局）。

景昌極：惠施公孫龍名理闡微

學原第二卷第五期。
鄭賓于：公孫龍考
國學月刊一卷四號，收入古史辨第六册頁二六七——二七六。
孟森：臧三耳辨
東方雜誌二十三卷十七號。
孫碌：讀王獻唐公孫龍子懸解
齊大國學叢刊一期。
伯蔚：再讀王獻唐公孫龍子懸解
山東八中校刊三期。
容肇祖：公孫龍子集解自敍
嶺南學報二卷一期。
張東蓀：公孫龍的辯學
燕京學報三七（一九四九）
金受申：公孫龍子白馬篇新釋

國學週刊，收入公孫龍子釋再版本。

黃優仕：形名法術之學歸本於黃老

譚戒甫：論刑名家的流別

武大文哲季刊一卷二號。

譚戒甫：論晚周刑名家

武大文哲季刊一卷一號。

譚戒甫：形名發微纂餘篇

武大文哲季刊六卷三號。

汪馥炎：堅白盈離辯

東方雜誌二十二卷九號。

牟宗三：公孫龍的知識論

百科雜誌創刊號。

華伯蕪：白馬一欅

尙志週刊一卷九、十期。

伍非百：堅白異同之辨
建國月刊四卷二期。
伍非百：中國古名家言序
歸納雜說二期，建國月刊八卷六期。
王時潤：周秦名學三種序
南開週刊一〇二期。
楊寬：名家言釋義
光華大學半月刊二卷八、九期。
虞愚：正名學派的論理思想
民族三卷十一期。
周金：論公孫龍子哲學
盆旦創刊號。
汪奠基：中國邏輯思想史料分析第一冊（一九六一）
陳大齊：異白馬於所謂馬與白馬非馬

大陸雜誌二卷二期。

周駿富：公孫龍子文例

臺灣省立師範大學國文研究所集刊第二期。

阮廷卓：論今本公孫龍子出現的年代及其眞僞

大陸雜誌十八卷十二期。

何啓民：馬非馬與白馬非馬

幼獅學誌三卷三、四期，增補後收入本書卷中第五節。

徐復觀：釋公孫龍子「指物論」之「指」

出版月刊第二卷第五期，收入徐著公孫龍子講疏附錄一。

（三） 日人論著

大塚伴鹿：支那古代の詭辯論に就いて

斯文二十六編八——十號。

大濱晧：公孫龍について

東京支那學會報大會臨時號（昭和二六、五）。

大濱晧：合と離——惠施と公孫龍の場合
名古屋大學文學部研究論集六哲學二（昭和二八、三）。
猪狩老史：形名家の思想（一）——（九）
日本及日本人二——六、三——三（昭和二六——六、二七——三）。
宇野精一：名學の諸問題
ロゴスとパトス（昭和二四）。
竹岡八雄：名家研究
三重大學研究紀要一（昭和二四、一〇）。
杖下隆之：公孫龍子を讀む
東洋大學紀要六（昭和二九、三）。
村山芳郎：大同而與小同異此之謂小同異について
東京支那學會報一三（一九五三、九）。
村山芳郎：名家の思想
哲學雜誌五五——六三六、六三七。

高田淳：名辨の思想（一）——公孫龍の思想

東洋學報四五——一（六九——九二）。

鈴木由次郎：公孫龍子研究

大東文化學院卒業生研究紀要第二輯。

中島千秋：公孫龍の論理思想

漢學會雜誌五卷一號（昭和十二、三）。

田中佩刀：小同異と大同異

解釋二——十一。

毛利勉：名家の成立とその終焉

富山大學文理學部文學紀要五（一九五六、二）。

宮崎市定：公孫龍子の研究

東方學報（京都）第三十六冊（昭和三十九年十月創立三十五週年紀念論文集）（九九

——一一九）

服部武：先秦名學の認識論——公孫龍堅白論について——

東方學報（東京）十一——一（昭和十五）。

諸橋轍次：名及び名實論

東京文理科大學文科紀要四（昭和十）。

高瀨武次郎：詭辯家及び奇論三十五題

東洋哲學十一——九（明治三十七）。

西脇玉峯：先秦に於ける論理思想の發展

東洋哲學九——三、五（明治三十五）。

內田周平：周末の詭辯家

東洋哲學六——九／十一（明治三十二）。

松本文三郎：公孫龍子

東洋哲學二——四（明治二十八）。

藤堂明保：堅白異同の辯はなぜ生じたか

東京支那學報第八號（昭和三七、六）。

又附見於諸家論先秦諸子及中國哲學史者不錄。

（四） 其他外文論著

Graham, A. C.: Kung-sun Lung's Essay on Meanings and Things
Journal of Oriental Studies 2 (Hongkong) (1955) pp. 282–301

Graham, A. C. Two Dialogues in the Kung-sun Lung Tzǔ: "White Horse" and "Left and Right"
Asia Major (New Series/Vol. XI/Part 2) (1965) pp. 128–152

Graham, A. C.: The Composition of the Gongsuen Long Tzyy,
A. M. (NS) 5/2 (1957) pp. 147–83

Graham, A. C.: The "Hard and White" Disputations of the Chinese Sophists
Bulletin of the School of Oriental and African Studies, Vol. XXX, Part 2 (1967) pp. 358–368, University of London, Fiftieth Anniversary Volume

Lohmann, J.: Der Sophismus des Kung-sun Lung
zur Ontologischen Amphibolie des Chinoschen, Lexis 2 (1949) pp. 3–11

Chmielewski, Janusz: Notes on Early Chinese Logic, Part 1,

Rocznik Orient Alisty Czny 26/1 (1962) pp. 7–22

（註一）參見阮廷卓論今本公孫龍子出現的年代及其眞僞，大陸雜誌十八卷十二期。

（註二）「堅白厲修之書」，「厲修」，譚戒甫校改爲「廣修」，見譚氏形名發微頁九六。

（註三）西京中秘書，多有經劉氏父子整理以成者，歆之進鄧析子曰：「中鄧析書四篇，臣敍書一篇，凡中外書五篇，以相校，除復重爲一篇，皆定殺而書，可繕寫也。」嚴可均據意林、荀子楊倞注、高似孫子略，歸之劉向。又嚴氏全漢文卷三十七，戰國策書錄：「臣向言，所校中戰國策書，中書餘卷錯亂相糅莒，又有國別者八篇，少不足。臣向因國別者，略以時次之分別，不以序者以相補，除復重，得三十二篇。」又管子書錄：「臣向言，所校讎中管子書三百八十九篇，大中大夫卜圭書二十七篇，臣富參書四十一篇，射聲校尉立書十一篇，太史書九十六篇，凡中外書五百六十四篇，以校除復重四百八十四篇，定著八十六篇，殺青而書，可繕寫也。」又晏子敍錄：「臣向言，所校中書晏子十一篇，臣向謹與長社尉臣參校讎太史書五篇，臣向書一篇，參書十三篇，凡中外書三十篇，爲八百三十八章，除復重二十二篇六百三十八章，定著八篇二百一十五章，外書無有三十六章，中書無有七十一章，中外皆有以相定。」又孫卿書錄：「臣向言，所校讎中孫卿書凡三百二十二篇，以相校除復重二百九十篇，定著三十二篇，皆以定殺青簡書，可繕寫。」又列子書錄：「臣向言，所校中書列子五篇，臣向謹與長社尉臣參校讎太常書三篇，太史書四篇，臣向書六篇，臣參書二篇，內外書凡二十篇，以校除復重十二篇，定著八篇。」又關尹子書錄：「臣劉向言，所校中秘書關尹子九篇，臣向校讎太常存七篇，臣向本九篇，臣向輒除錯不可考，增闕斷續者九篇，成，皆殺青，可繕寫。」又子華子書錄：「臣向言：所校讎中子華書凡二十有四篇，以相校復重十有四篇，定著十篇，皆以殺青，書可繕寫。」所舉書錄雖不必盡眞，要可考見劉氏父子董理中書事爲不誣矣。以此推漢志「公孫龍子十四篇」，或亦爲向歆父子刪裁而成書者也。

（註四）全唐文卷九八七亦引之，惟作闕名撰公孫龍子論。

（註五）又許愼注淮南子齊俗篇「公孫龍析辯抗辭，別同異，離堅白」曰：「公孫龍，趙人。好分析詭異之言，以白馬不得合爲一物，離而爲二。」可爲「堅白」即所以言「白馬」之旁證。譚戒甫公孫龍子形名發微頁九五引之，以此「白馬」當作「堅白」，蓋不知漢人所謂之「堅白」正說「白馬」也。

（註六）阮廷卓氏，於其論今本公孫龍子出現的年代及其眞僞一文中，考察多種著作，而證其出現於唐時，却不以其爲僞，其言曰：「若假定它是僞的話，則作僞必始於唐人，但是這五篇的文字極古樸，非漢以前人不能爲，唐人又豈能有此手筆呢？而且篇中所言，與先秦諸子所稱述的公孫龍子學說全無違異。若我們說這五篇是後人所僞作，則作僞的人對於公孫龍子學說總不至僞做得如此吻合？照理多少也會露出些破綻來的。可是現在我們在這方面仍未發現有力的證據呢？」阮氏之所以不敢疑其爲僞，蓋以無有力之證據。吾人前引諸論證，即多少予此一說明。而「堅白」即所以言「白馬非馬」，尤爲關鍵所在。以今本公孫龍子出，而「堅白」「白馬」始異說。此於釋氏中尙有一證：宋高僧傳卷五義解篇卷二之二周洛京佛授記寺法藏傳曰：「釋法藏，字賢首，姓康，康居人也。風度奇正，利智絕倫，薄游長安，彌露鋒穎，尋應名僧義學之選。屬奘師譯經，始預其國，後因筆受證義潤文，見識不同而出譯場。至天后朝傳譯，首登其數，實叉難陀賫華嚴梵文夾至，同義淨復禮譯出新經。又於義淨譯場，與勝莊大儀證義。昔者燉煌杜順傳華嚴法界觀，與弟子智儼講授此晉譯之本，智儼付藏。藏爲則天講新華嚴經，至天帝網義十重玄門，海印三昧門，六相和合義門，普眼境界門，此諸義章皆是華嚴總別義網。帝於此茫然未決，藏乃指鎭殿金師子爲喩，因撰義門徑捷易解，號金師子章，列十門總別之相，帝遂開悟其旨。」法藏雖爲康居人，然及其祖父，固已歸化中國。法藏於唐貞觀十七年，生於長安。由傳，知其學歸趣與玄奘有異，乃有退出譯場之事。以「玄奘所介紹之唯識趣中，頗有與中國人思想之傾向不相合者」（馮友蘭中國哲學史頁七三四語）。而法藏則不然，華嚴一經，卷數繁多，義旨深遠，新經較之晉譯，更爲超越完備。爲此，法藏多設巧便，金師子章，尤見慧心。雖明華嚴，亦所以明法藏之學。金師子章，列有十門。十門者：初明緣起，二辨色空，三約三性，四顯無相，五說無生，六論五教、七勒十玄，八括六相，九成菩提，十入涅槃。其名金師子者，「謂金無自性，隨工巧匠緣，遂有師子相起。起但是緣，故名緣起」。而勒十玄之五，「若看師子，唯師子無金，即師子顯金隱。若看金，唯金無師子，即金顯師子隱。若兩處看，俱隱俱顯。隱則秘密，顯則顯著，名秘密隱顯俱成門」。與堅白論實有相似處，固不妨其出發處異也。亦可以知七世紀中葉以後，「堅白」新義之流行。

（註七）公孫龍子古注唯存謝希深注，然序與注義有矛盾，當出假託，故以「舊注」稱之。可參閱本書今本公孫龍子校注考。

（註八）見北齊書卷二四杜弼傳，又拙著魏晉思想與談風頁一三九——一四二。

（註九）書目答問一書，雖名標張之洞，實出之繆荃孫。此所以柳詒徵書目答問補正曰：「文襄之書，故繆藝風師代撰。」

（註一〇）按汪兆鏞跋陳澧公孫龍子注曰：「右公孫龍子注一卷，陳東塾先生撰。……先生指物論注稿本初本改本並存，是知尚未寫定。歸道山後，門人傳抄，互有出入。嗣於哲孫仲獻茂才處，獲見先生手稿。（卷首原題「公孫龍子淺說」。各篇後均有自記「已酉七月閱過改若干處」、「庚戌四月再閱改若干處」，又記云「尚須再閱加注以發其義」，先生之不自滿假如此。按已酉，庚戌爲道光二十九年，三十年，距今七十五年矣。）假歸讎斠數過，多所是正，而參閱諸禁本，仍有牴牾，未敢臆測。今悉依原稿迻錄，略加整理，附按語以申明之。字句歧異者，別爲校勘記。其篇目存佚，及公孫事蹟，見於佗書，足資考證者，附錄於後。」而汪氏刋本，於民國乙丑（十四年）刻於澳門。與邵章續錄所云不同。

（註一一）見陳氏公孫龍子集解例略。

（註一二）譚戒甫以爲「陳注或無多，故貫復注之，然亦疑其甚簡，故皆六篇合一，卷未分也」，見譚氏公孫龍子形名發微頁八六。

（註一三）見王琯公孫龍子懸解上册頁二——四。

（註一四）見胡書頁六六——六七。

（註一五）見譚氏公孫龍子形名發微頁八九。

（註一六）見陳氏公孫龍子集解頁二九。

（註一七）見譚氏公孫龍子形名發微頁八九。

（註一八）見譚氏公孫龍子形名發微頁八九。

國家圖書館出版品預行編目資料

公孫龍與公孫龍子
何啟民著. – 初版. – 臺北市：臺灣學生，2020.10
面；公分
ISBN 978-957-15-1833-6 (平裝)

1. (周)公孫龍 2. 公孫龍子 3. 學術思想 4. 先秦哲學

121.54 109012370

公孫龍與公孫龍子

著 作 者 何啟民
出 版 者 臺灣學生書局有限公司
發 行 人 楊雲龍
發 行 所 臺灣學生書局有限公司
地 址 臺北市和平東路一段 75 巷 11 號
劃撥帳號 00024668
電 話 (02)23928185
傳 真 (02)23928105
E-mail student.book@msa.hinet.net
網 址 www.studentbook.com.tw
登記證字號 行政院新聞局局版北市業字第玖捌壹號
定 價 新臺幣四八〇元

一九七六年十月再版
二〇二〇年十月再版二刷

12176

ISBN 978-957-15-1833-6 (平裝)